근세일본의 대중문학

‘에도희작’과 ‘짓펜샤잇구’ 연구

근세일본의 대중문학

'에도희작'과 '짓펜샤잇구' 연구

강 지 현 저

전남대학교출판부

서문

'에도희작'이란 근세소설의 한 무리를 지칭하는 용어이다. 18세기 중반 일부 지식층 사이에서 코믹풍자소설인 담론본(談義本)이 발생하는데, 문인들이 여가를 이용하여 '장난삼아 창작한 소설(戲作)'이라는 의미로, 18세기 말엽 직업적 소설가들이 이 뒤를 이어받으면서 근세의 대중소설로까지 확대 발전시켰다. 에도희작의 장르로는 화류소설(洒落本, 유곽을 소재로 손님과 유녀가 노는 모습이라든지 유곽의 풍속을 그린 회화체 소설)·황표지(黄表紙, 삽화와 문장이 혼연일체가 된 30페이지짜리 그림소설책. 일본 특유의 넌센스 문학)·합권(合巻, 중·장편그림소설책)·골계본(滑稽本, 코믹소설)·독본(読本, 전기소설)·인정본(人情本, 연애소설)이 포함된다.

이 에도희작의 대표적 작가가 '짓펜샤 잇구'이다. 1765년 시즈오카에서 출생하여 1831년 67세의 나이로 사망할 때까지 주로 에도(동경)에서 집필활동을 하였다. 그의 대표작으로는 1802년 초편이 발행되는 『東海道中膝栗毛』(동해도도보여행기)가 있으나, 이외에도 전 생애에 걸쳐 500작품 이상을 출판함으로써 일본최초의 전업 작가이자, 일본문학사상 최대의 작품 양을 자랑하는 베스트셀러 작가이기도 하다.

이 짓펜샤 잇구가 간행한 에도희작의 제 장르를 아우르는 필자의 기존 논문들을 엮은 첫 번째 논문집이 본 저서이다. 일본어로 집필했던 논문의 경우에는 한글로 번역하였다. 기본적으로 초출논문을 존중하였으나 본 저서 집필에 임하면서 일부 수정한 부분도 있다.

도판게재를 허가해 주신 동경도립중앙도서관, 일본국립국회도서관, 동경대학중앙도서관, 나고야호사문고, 요코하마역사박물관 제 기관에 감사드립니다.

강 지 현

목차

제1부

골계소설(滑稽本)

제2부

화류소설(洒落本)

제3부

그림소설(草双紙)

제1부

골계소설(滑稽本)

Ⅰ 밀리언셀러의 탄생

19세기 일본의 베스트셀러 『히자쿠리게』의 대중성 확보 양상 연구 – 狂歌의 역할 – 1)

1. 서 론

『東海道中膝栗毛』(이하 『히자쿠리게』로 약칭)[2]라고 하는 골계소설이 19세기 초반 20여 년간에 걸쳐 十返舎一九(짓펜샤잇쿠)[3]라는 작자에 의하여 간행되었다. 출판문화가 대단히 성황을 이루고 발달했던 江戸시대[4]였으나, 이 장편의 골계소설 『히자쿠리게』만큼 폭넓게 그

1) 「19세기 일본의 베스트셀러 히자크리게의 대중성확보 양상연구 – 쿄카를 중심으로」『일본어문학』 20, 2004년.

2) 잇구의 문필을 확립시킨 『히자쿠리게』는 1802년 초편 간행 후, 『続히자쿠리게』로 이어지면서 1822년까지 쓰여졌다. 현재 학계에서는 주인공인 弥次(야지), 北八(기타하치)가 여행출발을 각오하게 되는 과정을 묘사한 발단(1814년 간행)을 덧붙여서, 이하 5편추가 까지를 伊勢参宮, 6편, 7편을 京都구경, 8편(1809년 간행)을 大阪, 住吉참배를 묘사한 정편(正編)으로서 취급하고 있다.

3) 작자 十返舎一九(1765~1831)는 江戸시대의 다양한 소설 장르인 黄表紙, 合巻, 滑稽本, 読本, 洒落本, 人情本 외에도, 噺本, 往來物, 案文類, 浄瑠璃와 같은 장르의 산문도 집필하여, 曲亭馬琴(쿄크테이바킹)과 더불어 근세 江戸시대의 최다 집필 작자에 속한다. 총 작품수는 580종 이상을 헤아려 작품(戯作) 집필만으로 생활을 유지한 일본 최초의 작가이기도 하다.

4) 출판인쇄문화의 개화기; 인쇄전의 고전문학작품은 사본으로 유통되었으므로, 일부 귀족에게 독점되기 마련이었다. 근세 후기, 18세기말부터 대량출판현상이 벌어지면서, 인기작가(馬琴등)의 合巻(대중소설)인 경우 6천부~1만부 팔렸고, 지인끼리 돌려읽는 독서형태가 보통이었으므로 독자 수는 출판부수의 수배에 달하고 있었다. 독자의 구매욕을 북돋우기 위하여 다채색의 화려한 표지를 붙임으로써, 어린이들의 콜렉션 대상이 되기도 하며, 신년선물, 에도의 토산품역할도 했

리고 오랫동안 일본 전국 도처에서, 또한 현대에 이르기까지 모방작을 낳고 있는 작품은 없을 것이다. 그만큼 대중적일 수 있는『히자쿠리게』의 저력은 도대체 어디에 있으며, 대중성을 확보할 수 있었던 작품의 매력은 무엇인지에 관하여, 狂歌를 매개로 골계의 구현 양상을 찾아보고자 하는 것이 본고의 목적이다.

선행연구를 보면 1926년부터『히자쿠리게』에 관한 작품 연구가 이루어졌고, 최근에는 棚橋正博氏에 의하여『十返舎一九』(新典社, 1999년)라는 소책자도 발행되었다. 그러나 여전히 그의 전기는 불투명한 점이 많으며, 특히 그의 대표작인『히자쿠리게』에 관해서는 연구 초기의 편견에 사로잡혀 그 작품성을 제대로 평가받지 못하고 있는 실정이다.

따라서, 본 고찰에서는『히자쿠리게』가 江戸시대 21년간 대중성을 확보하면서 베스트셀러(旧家の蔵書調査をしていて、目にすることの最も多い江戸の小説が、この膝栗毛のシリーズである。邪気のない笑いが、家庭の蔵書としてふさわしかったのであろう。また貸本屋から借りて、一家で樂しむのにも手ごろなものであった。; 鈴木俊幸『一九が町にやってきた』高美書店、2001年)가 될 수 있었던 일단으로서, 狂歌라는 다음의 각도로부터 접근해 본 결과,『히자쿠리게』의 그와 같은 엄청난 인기는, 현재 학계 한편에서 일컬어지고 있는 것과 같이 우연 내지는 요행이 아니었음을 알 수 있었다.

다. 読本・滑稽本・人情本은 개인적인 구매보다는, 일본전국을 다니는 봇짐렌탈 상인으로부터 빌려서 읽는 경우가 많았다.『八犬傳』의 개인판매는 600부를 목표로 하고 있었다고 한다.; 佐藤悟『近世の出版文化』(週間朝日百科世界の文学 84、2001年) p.98~106 參照要約.

2. 히자쿠리게 狂歌의 역할

2.1 서설, 狂歌의 의미

가장 기본적인 狂歌의 정의를 일본고전문학대사전에서 빌리면, 「狂体の和歌。古典和歌とちがい、構想や用語にことさら滑稽や諧謔を盛り込もうとする短歌。」라고 간단명료하게 요약되어 있다. 이 정의로 보아 알 수 있듯이, 狂歌는 和歌가 생긴 뒤, 우아 고상한 和歌의 여흥으로서 자연스레 발생했으리라고 생각할 수 있다. 이른바 能와 狂言의 관계처럼.

따라서 連歌가 융성했던 중세에는 이미 狂歌라는 용어도 존재했음을 확인할 수 있다. 藤原定家의 『明月記』의 기록을 보면, 連歌会를 시작하기 전에 「狂歌合せ」를 했다고 한다. 그러나 여기서 말하는 狂歌는 현재 일본 문학사상의 한 장르로 구별되어 있는 狂歌와는 다른 것으로 생각된다.

「狂」의 한자 뜻에는 정신착란이라는 일차적인 뜻 외에, 「くらむ、ぼける、理非得失を辨へぬ愚者になる。常規を逸する」라는 뜻이 있음을 大漢和辞典으로부터 확인할 수 있는데, 바로 이 이차적인 뜻으로 사용된 것으로 여겨진다.

狂歌라는 용어 자체는 중국의 杜甫나 白居易도 狂歌를 읊었다라는 구절이 있으니, 즉 희롱하여 장난삼아 지은 노래를 말할 때, 狂歌라는 용어를 쓰고 있는 것이다. 여기에 일본고전문학대사전에서 정의하는 狂歌의 가장 중요한 요소 「해학의 뜻을 내포한 和歌, 滑稽를 주된 취지로 하는 短歌」로서 사회표면에 전면적으로 등장, 기록문학화 하는 것은, 에도문학의 전환기로서 잘 알려져 있는 근세 중기, 특히 狂歌가 본격적으로 골계문학화 하는 것은 天明기라고 하지 않을 수 없다.

2.2 狂歌・狂書와 十返舎一九

이 시절 天明기의 狂歌유행이 있었기에, 江戸戯作은 출발할 수 있었던 것이며, 바로 十返舎一九의 戯作 그리고 狂歌 또한 이 시기의 狂歌정신의 말단에 불과하다고도 말할 수 있다. 19세 때 고향 静岡에서 俳諧를 짓기도 했던 一九의 狂歌壇 활동을 보기로 한다.

그의 狂歌는 千秋庵三陀羅法師를 스승으로 하고 神田측에 속하며, 寛政12年(1800)에 최초의 絵入り狂歌集『夷曲東日記(いきょくあずまにっき)』(村田屋治兵衛版)를 편집 간행한다.[5] 에도의 명승지 17군데를 浮世絵 풍경화 식으로 직접 그렸고, 말미에는 三陀羅法師의 狂歌가 있다고 한다(필자 未見).

三陀羅法師는 寛政・享和기의 유력한 狂歌작자라고 할 수 있다. 그가 享和2년(1802)에 편찬한 『五十鈴川狂歌車(いすずかわきょうかくるま)』(蔦屋重三郎版)는, 각 페이지마다 문하생 50명의 狂歌 1수씩과 北斎辰政(葛飾北斎)에게 그리게 한 선명한 색상의 초상화로 이루어져 있다. 그 중에 狂歌師로서의 十返舎一九의 젊은 초상이 한 페이지의 화면을 가득 메우고 있는 가운데, 一九는 다음과 같은 狂歌를 읊고 있다(底本; 帝国図書館蔵本).

はつかしや 君にふらるる 錫杖の かたちよりして 生まれたる身ハ

ふる(실연당하다, 흔들리다)를 掛詞(동음이의어)로 한 狂歌이다.[6]

---

5) 한 해 전인 寛政11년에 狂歌絵本『十廻松』(村田屋版)를 삽화도 직접 그려서 간행했다는 설이 있음(棚橋正博著『笑いの戯作者、十返舎一九』p.237).

6) 錫杖는 일본에서 修験道의 승려가 갖고 다니는 지팡이로서, 끝에 여러개의 고리가 달려 있어서 흔들면 소리가 난다. 제문을 읽을 때 박자를 맞추기 위하여 손에 들고 흔드는 기구를 말하기도 한다.

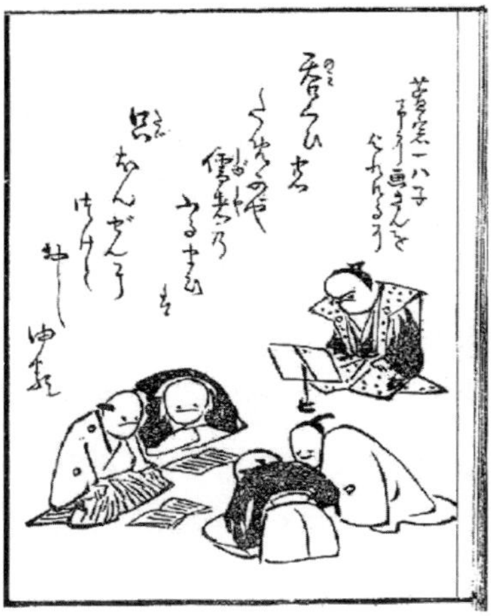

[図版 1]『南総記行旅眼石』

[図版 2]『히자쿠리게』8編下

享和2년,『히자쿠리게』초편과 동시에 十返舎一九는『南総記行旅眼石(なんそうきこうたびすずり)』를 狂歌와 그림을 넣어서 간행한다. 그림은 浮世絵풍을 벗어나, 狂画(인물의 경우 코를 생략하는 등 만화 풍의 간략한 그림)를 적용시키고 있다. 江戸戯作계에 등단하기 전에 大阪에서 耳鳥斎에게 골계스런 略画를 배웠다고 하는데, 그 솜씨를 살린 듯한 약화로서 묘사된 인물그림(図版 1)과 풍경이 주로 그려져 있다. 풍경도 간략체로 그려져 있는 것은『히자쿠리게』와 마찬가지이다.

흥미로운 것은,『히자쿠리게』8編下(文化6年1809간행)의 마지막 삽화, 즉『히자쿠리게』정편 마지막 삽화와『南総記行旅眼石』의 한 삽화와의 유사성에 관한 것이다. 一九 자신의 그림들이므로 유사한 것은 당연한 일이겠으나, 전자의 삽화는 어떤 과부의 정부가 되고자 했으나 실패해서 풀이 죽어있는 弥次가 때마침 몰아치는 천둥번개에 무서워하는 마지막 에피소드에 대응하는 그림(図版 2), 이 삽화는 改題本인『滑稽五十三駅』서울대학교 중앙도서관소장본에서는 생략되어 있다.

日本古典文学全集에서 재인용하기로 한다)이다. 이 삽화에 대하여 中村幸彦씨는 日本古典文学全集에서 다음과 같이 주를 달고 있다.

> この図の雷は、滑稽本 『膝摺木』(文化3年序)や 『住吉詣狂歌集』(天保5年)に見える、ごろごろやの看板に似ている。 一九は、住吉で終わるこの著作を、ごろごろやの看板から想を得て、大夕立で一洗しようとしたものか、単にこの挿絵のみのヒントであったかは知らない。

그러나 이미 『히자쿠리게』 8編下보다 7년 전에 간행한 『南総記行旅眼石』에서도 같은 취향의 그림(図版 3, 国会図書館所蔵本)을 그리고 있었던 것이다. 『南総記行旅眼石』 보다 후대에 그려진 다른 작가의 화풍과 같다는 것은, 천둥을 묘사할 때 다른 작가들이 一九의 화풍에서 영향을 받았다고는 단언할 수 없을지라도, 에도시대의 디자인 유형의 선구를 一九작품에서 볼 수 있다는 면에서 흥미롭다.

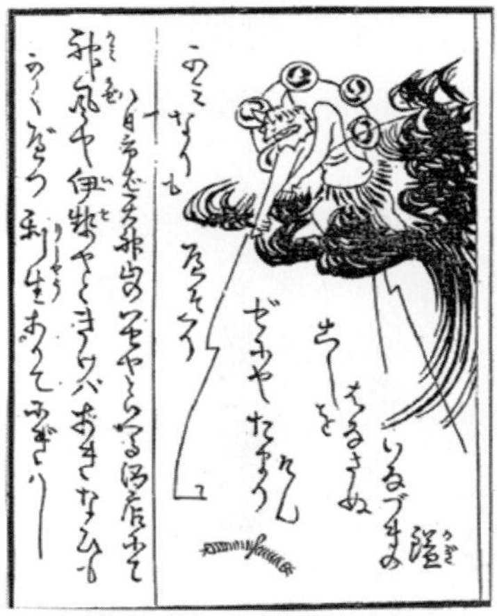

[図版 3] 『南総記行旅眼石』

한편, 이 천둥의 디자인은 一九의 독창이 아니라, 일본 화단의 전통이 있음을 확인 할 수 있다. 필자가 확인 할 수 있었던 가장 빠른 천둥 그림유형으로는 17세기초반 京都의 琳派, 俵屋宗達가 그린 병풍그림 「風神雷神図屏風」 (図版 4, 京都国立博物館保管, 小林忠 『江戸の絵を読む』 p.15에서 인용)이다. 북(太鼓)을 연결한 고리 속에서 북채(撥)를 손에 쥐고 있는 것이다. 불교의 천수관음보살의 수호신으로서 불화로서 그려지는 천둥신을 이렇게 묘사하고 있는 것이다. 이

[図版 4]「風神雷神図屛風」

画像의 이미지가 이후 浮世絵 계에서 증식 변형되는 것이 아닐까.

그 증식과정을 탐색해보면, 17세기 초반 토속 불교 속의 부처를 그리는 불화로서 출발하여, 元禄(17세기 말엽)시대에는 세속적인 画題의 戯画가 등장, 전국적으로 보급된, 大津絵(おおつえ)에서 찾을 수 있다. 東海道大津 지역에서 토산품 민화로 팔렸다고 하여 붙은 명칭인데, 화풍은 우의를 담은 유머러스한 주제와 速筆로 인한 경묘한 略画를 특색으로 했다. 이 画題 중 하나가 바로「雷と太鼓」였던 것이다.

[図版 5] 大津絵

그림 5(稲垣進一 『江戸の遊び絵』 p.118에서 인용)를 보면「雷公の太鼓吊り」라고 명명된 大津絵가 있는데, 전부가 肉筆画이며 작자미상이라는 범주에 들어가는 그림이다. 이처럼 천둥신이 물에 떨어진 북을 갈고랑이모양의 닻(碇いかり)으로 낚아 올리려고 하는 테마는 한 유형이었음을 1837년, 松川半山이 일용품을 이 画題와 대응시킨 大津絵를 보면 알 수 있다. 図版 6(稲垣進一 『江戸の遊び絵』 p.73에서 인용)에서 닻(いかり)은 문어, 북은 말린 새우를 구부린 것에 대응시키고 있으며, 壷の石ふみ라는 狂歌師의 狂歌「雲といひ 何かにつけて

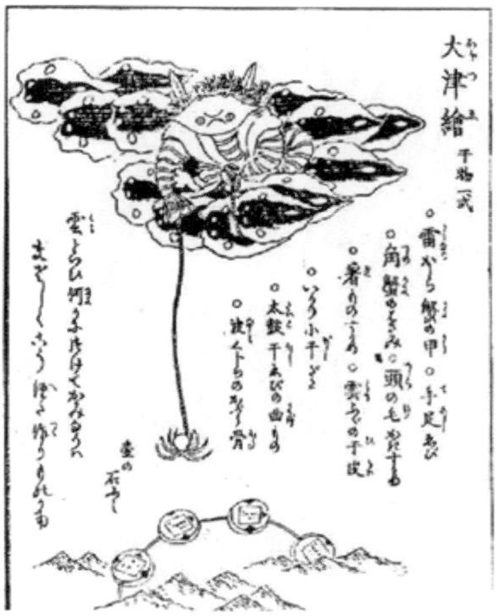

[図版 6] 大津絵

[図版 7]「新版かげ画尽し」

かみなりハ まさしくこうへた 作りものかな」를 싣고 있다.

이 테마는 1859년 一橋芳春의 「新版かげ画尽し」에서도 마찬가지로 「かみなり たいこをいかりで つりあげて」라는 설명과 함께 影絵(図版 7: 稲垣進一『江戸の遊び絵』p.88에서 인용)로서 묘사되어 있다. 寛政2년(1790) 山東京伝이 간행한 『小紋雅話(こもんがわ)』는 그야말로 도형화되어 있는 그래픽디자인을 볼 수 있는데, 그 중에 「雷文」 무늬는 천둥의 북과 북채, 번개를 서로 연결해서 도형화시키고 있다(図版 8: 稲垣進一『江戸の遊び絵』p.142, 144에서 인용). 같은 작자의 디자인집이라고 추측되고 있는 『新形紺名紋帳(しんけいこんなもんちょう)』에도 「雷八曜(らいはちよう)」라고 해서 8개의 북을 둥글게 연결한 가운데에 북채 두 개가 교차되어 있는 디자인이 있다. 동 작자가 寛政3년에 그림도 직접 그려서 간행한 『人間一生胸算用』(『江戸戲作草紙』 棚橋正博, 小學館, 2000년, p.121) 삽화 중에 京傳이 작중인물로 등장하여 북을 치는 장면(図版 9)이 있다. 이 북에는

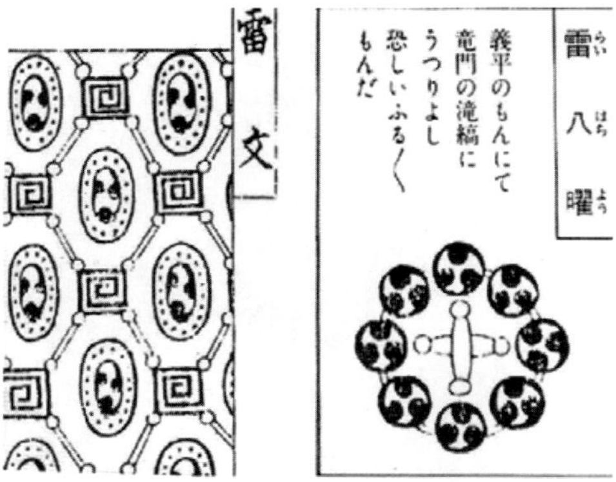

[図版 8]『小紋雅話』『新形紺名紋帳』

[図版 9]『人間一生胸算用』

소용돌이(巴)가 무늬로 그려져 있어서 이 당시의 북 모양을 확인 할 수 있다.

이와 같이 천둥과 북, 북채, 닻이 연결되어 画題가 된 데는 일본인들의 언어유희와 연상 작용에서 비롯된 것이 아닐까 라고 추측해 본다. 즉, 천둥소리에서 우렁찬 북소리를 연상하고, 천둥신이 북 여러 개를 치고 있을 때, 지상에서는 천둥소리로 들리는 것이라고 유추한 것이 아닐까. 비 오는 날, 북을 치다가 그만 실수로 북 하나 또는 전부를 물에 떨어뜨린 천둥신은 갈고랑이 닻으로 북을 낚아 올리려고 한다. 닻이 연상되는 것은 いかづち(천둥)의 地口 또는 바다에서 사용하는 기구, 번개와의 형태의 유사성 등, 여러 가지로 이유가 짐작된다. 또한 북과 비의 연결은 「どうもならない」를 뜻하는 속담 「雨降りの太鼓」가 있다는 것을 보아도 알 수 있다. 즉, 비 오는 날은 북의 울림이 나쁘기 때문에 「胴鳴らない」라고 地口로 희롱한 속담이다.

이 밖에도 천둥과 북의 연결은 18세기 말부터 대중적 인기를 누렸던 川柳를 보아도 알 수 있다. 『誹風柳多留』 54편 「雷が出るのを太鞁で触歩行」, 77편 「雷にする丸漬もへそをくり」. 천둥신이 갖고 있다

는 북의 모양과 닮았다고 해서 생긴 이름인 「雷干」는, 오이를 하룻밤 소금에 재워서 나선형으로 연결되도록 해서 말린 다음에 먹는다. 이 이름을 약칭해서 「雷」라고도 했던 데서 읊어진 川柳이다.

또한 앞의 図版 3에 있는 一九의 狂歌를 번각하면 「かみなりも へそくりぜにや たまりけん こしをはなさぬ いなづまの鍵」. 길에 떨어져 있는 돈 다발을 열심히 주워 올리려고 시도하고 있는 천둥이다. 여기서 へそくり를 사용한 것은, 배꼽을 내놓고 자지 말라고 할 때나, 천둥치는 날은 바닥에 엎드려야 한다고 말하면서 그 이유로 「雷が臍を取る」라는 속담을 이야기하듯이, へそ를 地口(臍をくる; 배꼽을 도려내다・파내다)로 사용하여 세속화한 것은 아닐까.

ごろごろや라고 하는 것은 당시 大阪住吉명물인 「ごろごろ煎餅」를 팔고 있었던 가게로, 간판 그림을 『膝摺木』에서 인용한 日本古典文学全集에서 재인용한다(図版 10). 『히자쿠리게』 8編下장면의 무대가 大阪住吉이므로 장소와 에피소드(천둥소리)와 명물을 교묘하게 융합시킨데 一九의 신취향이 있는 것 같다.

그밖에도 다른 사람의 狂歌集에 그림을 보내거나 狂歌를 보내는 경우도 있었다.

[図版 10] 『膝摺木』

2.3 合巻『方言修行金草鞋』와의 비교

2.3.1 작자와 독자의 관계

지방독자들이 자신들이 사는 고장의 풍경을 『히자쿠리게』에 그려달라고 의뢰를 했다는 것은, 지방독자들에게 그럴 가치가 있다고 판

단되는 소설이었다는 증거가 되며, 부탁하면 실제로도 이루어질 수 있었다는 증거도 된다. 十返舎一九는 자신의 작품 성격상, 평생 취재 여행을 해야 했는데, 그의 작품들은 일반적인 기행문학과는 달리 「旅は辛いもの、悲しいもの」가 아니라, 서민들의 현실적인 삶에서 우러나는 골계에 입각하고 있기에, 취재여행에서도 항상 지방 사람들의 일상생활에 밀착하고자 했을 것이다. 그리하여 지방의 풍경을 그릴뿐만 아니라, 그 곳 사람들의 狂歌 혹은 発句를 본문 속에 넣기도 하고, 삽화 속에 画賛형식으로 넣기도 했던 것이다. 평생 유지되었다고 볼 수 있는 이 十返舎一九의 창작태도는, 『히자쿠리게』의 성공이 예견한 바였다. 다시 말하면, 『히자쿠리게』의 중요한 창작 태도로서, 그 당시의 戯作문단에서는 찾아보기 어려웠던 태도, 즉 독자, 특히 지방독자와의 긴밀한 관계였다.

이러한 창작수법의 결정판이라고 한다면, 곳케이본 『히자쿠리게』의 合巻판이라고 할 수 있는 『方言修行金草鞋(むだしゅぎょうかねのわらじ)』(喜多川月麿画)를 들 수 있을 것이다. 제목이 말해주듯이 狂歌師와 遊歴僧 콤비(이번에는 히자크리게의 江戸っ子가 아니라, 정반대인 동북지방仙台시골출신)가 전국각지를 구석구석 여행하면서, 각 지방을 두루 소개하는 형식을 취하고 있다. 게다가 『히자쿠리게』처럼 두 주인공이 일으키는 에피소드로 구성되는 게 아니라, 그들 눈에 비친 고장의 명소·풍습 등을 독자에게 소개하는 중개인(구경꾼), 내지는 방관자(관람객)로서의 역할을 시킬 뿐이었으니, 十返舎一九와 지역주민들과의 밀착관계는 평생 더욱 깊어졌다고 할 수 있다.

또한 곳케이본과 달리 고칸은 매 장마다 삽화가 들어가야 했고, 그 삽화는 『方言修行金草鞋』의 테마와 상응하기 위해서, 지방의 풍물을 그려 넣어야 했을 테니, 더욱더 열심히 취재여행을 다녀야 하는 一九의 모습이 비춰진다. 왜냐하면 비록 다른 전문화가가 삽화를 그리기는 했으나, 전적으로 일임하는 것이 아니라, 스토리에 적합한 밑그림을 작자가 그려서 건네주는 출판체재였기 때문이다.

2.3.2 狂歌의 주체자

이와 같은 독자와 작자의 상부상조 체재 하에 탄생 유지되었다고 볼 수 있는 『方言修行金草鞋』는, 『히자쿠리게』 정편을 4년 전에 겨우 마치고, 계속해서 『続히자쿠리게』 간행 중이던, 文化10년(1813)에 간행을 시작하여, 히자크리게 시리즈가 20여년 간 연작되었던 것과 필적되는 세월동안, 즉 十返舎一九 사망후인 1834년까지 연속 간행되었으니, 히자크리게 시리즈 버금가는 대베스트셀러였음을 알 수 있다.

물론 이 작품의 주인공 한 명의 직업이 狂歌師인 만큼, 『히자쿠리게』보다 훨씬 많은 狂歌가 등장한다. 初編과 二編[7]만 보더라도 매 장마다, 평균 2~3수의 狂歌를 읊고 있다.

그러나 구경꾼에 불과한 주인공 鼻毛延高(はなげののびたか) 등이 읊는 狂歌의 작품 속에서의 역할은, 이 작품의 주된 목적에 보조를 맞추듯이 「풍물소개」였다. 그러면, 『히자쿠리게』의 두 주인공이 읊는 狂歌의 작품 속 역할은 무엇일까.

『히자쿠리게』의 본문 속의 狂歌는 극소수이기는 하나, 弥次・北八가 아닌 제 3의 등장인물이 읊는 경우도 있으며, 『히자쿠리게』의 삽화 속의 狂歌(画賛)는 작자 一九 외에, 에도의 狂歌人을 비롯하여 지방의 狂歌人들도 읊고 있는 경우가 많으며, 일본고전문학대사전의 小池正胤씨의 설명을 참조하면, 鈴木牧之(越後의 저명한 문인)도 있었다.

그러나 『方言修行金草鞋』는 누가 狂歌를 읊는지 주체자가 불명확한 경우가 대부분이다. 두 주인공이 사건에 휘말리는 주체자가 아니

7) 林美一校訂『金草鞋』初編・二編、江戸戯作文庫、河出書房新社、1984年.

기에 일어난 현상일 것이다. 보통 이 당시의 合巻은, 매 장마다 엮어진 꽁트집과 같았던 黄表紙의 취향의 매너리즘으로 인하여, 黄表紙가 두 세 권씩 묶여 장편소설화하면서 탄생한 장르였다. 따라서 黄表紙와 달리, 合巻은 복수담과 같은 기승전결이 있는 스토리가 담겨지는 경우가 많았다.

그러나 이 『方言修行金草鞋』는 合巻임에도 불구하고, 『히자쿠리게』의 인기에 편승하듯 명소 소개의 목적 하에 집필되어졌기에, 기승전결은 불필요한 구성이었다. 한편, 그 당시 왕성하게 간행되고 있던 여행가이드북(道中細見、道中分間絵図)과 같은 무미건조한 실용서를 목적한 것도 아니었으므로, 주인공과 기타 등장인물이 필요했다. 이 인물들이 있어야 合巻의 한 요소이기도 한 골계성을 발휘할 수 있기 때문이다. 즉, 『히자쿠리게』와 같은 사건사고 속에서 골계가 표출되는 것이 아니라, 그들이 주고받는 짧은 대화 속에 농담(그 농담의 성격을 빈도순으로 순위 매긴다면, 외설, 넌센스, 스카토로지, 궤변, 다변 등등, 『히자쿠리게』에 사용된 수사법이 수단으로서 이용되고 있다.)이 섞여 들어가는 것이다.

예를 들면, 2편 神奈川에서 마부가 손님을 부르면서 하는 말

> コレ旦那衆、馬にのらねへか。馬はじゃじゃ馬だから落ちることは受合いだ。その代り良いことにやアどんな怪我をさっしゃっても、わしは一向かまひませぬ。

여기에 쓰인 넌센스적인 골계 수사법은 『히자쿠리게』초편에서 주막의 여자가 손님을 부르는 「おやすみなさいやアセ。あったかな冷飯もございやアす。そばのふといのをあがりやあせ。うどんのおっきなのもございやアセ。」와 같은 취향이라고 할 수 있다. 손님에게 일부러 자랑하듯이 거친 말이라든지, (맛없는) 굵은 메밀국수라든지 우동을 광

고하고 있다는데 공통된 골계기법이 보인다.

2.3.3 구성과 언어유희

合巻의 구성요소는 문장과 그림이며, 문장은 크게 본문과 대사로 나눌 수 있다. 『方言修行金草鞋』에서 본문은, 어디를 출발해서 어디를 지나, 어디에 도착했다, 그 곳의 명물은 무엇이다, 그 곳에서 무엇을 보았다, 그 곳에서 무엇을 들었다, 그래서 狂歌 한 수를 읊는다, 라는 구성으로 전편 통일된다. 매 장의 삽화 위에는 작은 사각형 속에 지금 장소가 어디인지를 알려주는 글자가 새겨져 있다. 매 장마다 그 장소 이름이 바뀐다. 따라서 東海道편인 제2편은 30장(60페이지)으로 구성되어 있는데, 그 지명을 세어보면, 55개를 헤아릴 수 있다. 즉 한 페이지 당, 한 군데 꼴로 동해도를 숨가쁘게 지나가는 것이다. 『히자쿠리게』는 초편에서 5편까지 5년 걸려서 겨우 도착한 伊勢를 그들은 단숨에 통과한다. 주인공들이 사건을 일으킬 틈도 없다. 가끔씩 삽화에서 주인공 모습이 사라지기조차 한다.

『히자쿠리게』가 대중적 인기를 확보할 수 있었던 가장 큰 공을 弥次・北八에게 돌리는 경우가 많은데, 그 말은 히자쿠리게의 골계는 언어유희 뿐만이 아니라 사건사고도 기여하고 있다는 결론이 된다. 히자쿠리게에 있어서 언어유희를 조사해 보면, 그 절반 정도가 狂歌에서 구사되고 있음을 알 수 있다. 그러나 狂歌가 감소함에 따라 그 횟수의 절반 정도는 狂歌에서 구사되고 있는 언어유희도 격감하면서, 골계본으로서 에피소드에 의지하는 비율이 높아진다.

合巻 『金草鞋』에서는 狂歌가 히자쿠리게만큼 다양한 언어유희를 구사하지는 못한다. 주로 掛詞(동음이의어) 한 수법에 의존하고 있다. 이에 반하여 히자쿠리게는 狂歌에서 掛詞는 물론이고, 끝말잇기(尻取り)・縁語등등, 골고루 사용되고 있다.

가령, 히자쿠리게의 골계스러운 명장면으로서 丸子宿(2편하, 1803년간행)에서의 일화를 들 수 있다. 모처럼 丸子의 명물인 とろろ汁를 먹으러 주막에 들어간 弥次・北八가, 주막부부의 싸움에 휘말려 먹지도 못하고 주막을 나오게 된다는 한편의 단막극이 펼쳐진다. 싸움을 말리러 온 옆집 아낙과 弥次・北八, 그리고 주막부부까지 とろろ汁에 미끄러져 넘어지는 소동 끝에 とろろ汁를 단념한 北八가 다음과 같은 狂歌를 읊으면서 장면이 매듭지어진다.「けんくはする 夫婦は 口をとがらして 鳶とろろに すべりこそすれ」縁語와 끝말잇기, 속담, 掛詞등의 수사법이 동원되고 있다. 그렇게 とろろ汁를 시식하는데 실패한 두 사람이지만, 원망하거나 억울해 하는 기색도 없이, 같이 넘어지는 소동 끝에 웃음으로 마무리된다.

이 장면이 合巻『金草鞋』에서도 丸子라고 새겨진 한 페이지(12丁表)에 기록된다. 삽화는 見開き로 되어 있기 때문에 그 전 장소인 府中安倍川(11丁裏)의 두 주인공을 蓮台에 태워서 어깨에 메고 강을 건네주고 있는 인부들의 모습이 그려진다(図版 11; 전게서 江戸戯作文庫로부터 인용). 따라서 대사도 주인공들의 대사는 없고 이들 인부들의 대사뿐이다. 丸子의 부분은 다음과 같이 간단명료하게 몇 줄로 묘사될 따름이다.

> ここ(府中)を打過ぎ手越の里を越へて丸子の宿に着く。このところにとろろ汁・麦飯あり。ここにて支度しけるに、むさくるしき婆いでて給仕しければ
>
> とろろかと 思へば婆の 水洟に あやまりことて 迷惑ぞする

이것으로 丸子장면은 종결된다. 掛詞와 스카토로지 기법을 사용한 이 狂歌의 주체자는 불분명하다. 히자쿠리게 주막의 기세 좋았던 안주인은 10년 후에는 이렇게 콧물을 흘리는 할머니로 묘사되는 것이

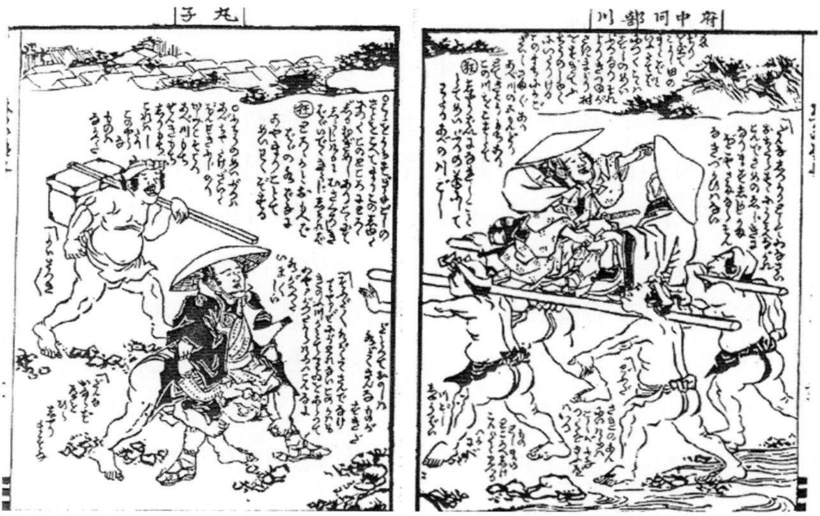

[図版 11]『金草鞋』

다. 이 장면만 보더라도 一九에게 있어서의 滑稽本과 合巻의 장르 변용의 특색을 알 수 있다.

또한 여기에『히자쿠리게』狂歌와의 차이점이 명확해진다.

2.4 狂歌의 분류

필자는 일찍이『히자쿠리게』에서의 狂歌를 세 종류로 분류한 적이 있다(1994년한국외대석사학위논문). 즉,

1) 그 지방의 명물이나 전설 등, 일반적 事象을 읊으며, 장면의 이동을 나타내는 狂歌

2) 장면의 이동을 나타내지만, 일반적이지 않은 작품 속의 화제에 입각하고 있는 狂歌

3) 그 지방에 관계없이, 작품속 사건의 결착으로서 읊어지고 있는 狂歌

1)은 가령 3편상에서「はやくも鐙が淵といふ所にいたり、例のすきの道なれば、弥治郎兵衛取あへず ‘爰もとは 鞍のあぶみが ふちなれど 踏またがりて 通られもせず’ それより平嶋口田中を打過ぎ……」와 같이, 그 지방(鐙が淵)의 명물이나 전설(여기서는 지명의 연상작용) 등, 일반적 事象을 읊으며, 장면의 이동(いたり)을 나타내는 狂歌.

2)는 초편에서 程ケ谷의 숙소에서 손님을 부르는 여자와 여행객들의 실랑이 후에「弥治郎兵へ北八この体を見て、始終興に入、弥次又こぢつけるうた ‘おとまりは よい程谷と とめ女 戸塚前ては はなさざりけり’ と打わらひ過行ほどに、品川坂といふ所に至る」와 같이 장면이동(過行く)과 일반적이지 않은 작품 속 화제(여자와 손님의 실랑이)에 입각하는 狂歌.

3)은 3편상에서 弥次・北八가 젊은 무녀인 줄 알고 동침을 노렸다가 실패를 하는 일화의 마지막에 弥次가「いち子ぞと おもふてしのび 北八に 口をよせたる ことぞくやしき」와 같이 그 지방과 관계없이 사건의 결착으로서의 狂歌가 이에 해당된다.

이와 같은 구별법을 도입함으로써 작자 一九가 어떻게 각 편마다 狂歌의 역할을 변모시켜갔는지를 알 수 있었다.

흔히, 선행연구에서 히자쿠리게의 狂歌는 에피소드의 落ち역할을 하여, 스토리를 진행시키는데 있어서 절대적인 기능을 한다고 일컬어진다. 落ち역할을 하는 狂歌를 위의 분류에 입각한다면, 2) 또는 3)이 이에 해당된다.

히자쿠리게의 狂歌를 정편에서 자세히 분석해보면, 편수를 거듭함에 따라 즉, 뒤편이 될수록, 장면이동시 읊어지는 狂歌(1))가 적어지면서, 사건 결착으로서 읊어지는 狂歌(3))의 비율이 증가하고, 狂歌를 읊는 것만으로는 사건이 해결되지 않는 장면도 많아지고 있다는 사실을 간과할 수는 없다. 그러나 落ち와는 무관한 1)인 경우가 초편

24수중에는 62퍼센트(15수)의 비율을 점할 정도로 많으며, 8편하까지 계속 존재할 만큼의 역할은 부여받고 있다. 즉, 『히자쿠리게』의 狂歌역할을 落ち라고 단정짓기에는 어려운 경우가 초편에 많다는 것이다.

한편, 狂歌의 갯수 자체가 초편 이후는 급격히 감소하고 있으므로, 2)와 3)의 落ち로서의 狂歌 갯수가 증가하는 것도 아니다. 다만, 초편에서만 예외적으로 狂歌가 많이 읊어지고 있는 가운데, 1)이 특히 많다는 것이다.

『히자쿠리게』 초편에서는 장소 이동이 여러 번 이루어진다. 장소가 바뀔 때마다, 弥次・北八가 사건을 일으키기에는 한계가 있었을 것이다. 한 장소 당, 한 개의 狂歌가 정확하게 들어맞는 것은 아니나, 狂歌의 이와 같은 쓰임새는 『히자쿠리게』 초편의 성질을 단적으로 보여주는 좋은 예이기도 하다. 애당초 一九는 『浮世道中膝栗毛完』이라고 해서 초편만 간행할 예정이었으나, 뜻밖의 대히트로 인하여 『히자쿠리게』가 연작 소설화하게 되었다는 경위를 생각한다면, 창작태도 변화에 따른 狂歌취급법의 변화는 자연스러운 현상이리라.

부언하자면, 『히자쿠리게』를 집필 해나가는 도중에 작자는 狂歌의 취급법을 바꾸어, 작품의 주안점을 골계담, 즉 골계스런 에피소드로 비중을 높였던 것이다. 이것은 기행문의 성격으로부터 滑稽本으로의 탈피를 더욱더 도모한 결과라고도 할 수 있겠다. 東海道에서는 여행 도중의 한 지점으로부터 다른 지점으로 장소를 이동시켜야 했지만, 5편부터는 목적지였던 伊勢에 도착하고, 이후, 京都, 大阪라고 하는 한정된 장소에서 인물들이 움직이게 되므로, 자연히 1)의 장소 이동과 얽힌 狂歌를 줄이지 않을 수 없었을 것이라는 무대 배경적 상황도 미루어 짐작이 간다. 따라서 토지의 이동이 제한적이므로 전후 길게 이어지는 에피소드가 증가하고, 동해도를 이동하고 있었을 때와

같이, 스토리 하나하나를 狂歌로 정리해서 끊는 기법(落ち)이 어려워지고, 狂歌의 횟수도 감소한 측면이 있지 않을까 추측할 수 있다.

여기서 『方言修行金草鞋』의 집필 의도를 생각해 볼 수 있다. 『히자쿠리게』 시리즈의 히트로 인하여 자신감과 대중의 인기를 한 몸에 누리게 된 시점에서 『金草鞋』를 집필하게 되었다는 점을 고려할 때, 최초의 집필 의도부터가 『히자쿠리게』와는 달랐을 것이라는 점이다. 숨가쁘게 장소가 이동되는 『金草鞋』를 보건데, 처음부터 일본전국을 구석구석 소개하는데 의도가 있었을 것이라고 짐작할 수 있으며, 그러기 위해서는 주인공이 弥次・北八처럼 사건을 일으키는 존재여서는 곤란했을 것이다. 狂歌의 역할도 2)나 3)의 落ち역할은 부여하지 않았다.

『金草鞋』는 『히자쿠리게』 정편과는 출발시점이 달랐기에, 여러모로 狂歌의 쓰임새도 달랐다면, 출발시점이 비슷한 『続히자쿠리게』와는 어떤 유사점과 상이점이 있는지, 금후과제이다.

2.5 성격차별화

『金草鞋』의 狂歌에는 『히자쿠리게』의 狂歌처럼 두 주인공의 성격을 차별화 시키는 역할은 없다.

조연이 아닌 주연으로서, 방관자가 아닌 참가자로서, 개성적인 성격까지 부여된 골계적인 인물 콤비가 스토리 전면에 등장하는 것은, 야지・기타하치 콤비가 일본 문학사상에 최초라고 감히 말할 수 있다[8]. 『히자쿠리게』에 있어서의 狂歌의 역할 중에는 앞서 논했고 기존 선행연구에서도 주로 말해지는 한 사건과 다른 사건과의 원활한 연결 외에, 우매해 보이는 인물이 능수능란하게 狂歌를 구사함으로

8) 『竹斎』『東海道名所記』의 두 콤비를 염두에 두더라도 비교할 수 있다.

써 사람들을 놀라게 하고, 주인공 등 등장인물의 성격을 복잡하게 해서 적극적으로 골계를 산출하는 인물로서 묘사하게 하는데 기여하는 역할이 있다고 보여진다.

종래 일반적으로 弥次・北八는 구분하려고 해도 구분할 도리가 없는 서로 닮은 성질의 소유자로 취급되어 왔다. 그러나 골계의 기법 중 「임기응변, 허식, 겁쟁이, 승벽」은 주로 弥次에게서, 「빈정거림, 우매함」은 주로 北八에게서 발견된다는 사실을 전고에서 논한 적이 있다. 이는 이 두 주인공에게 성격 차가 배려되어 있음을 말해 준다.

그들이 읊고 있는 狂歌를 보더라도 弥次의 폭넓은 狂歌 소재에 비해, 北八는 대부분이 여자, 음식물, 의복, 금전에 한정되어 있다는 것도 애당초 교양의 차이를 설정했기 때문이라고 보지 않을 수 없다. 그리고 北八의 狂歌에는 그다지 공들인 수사법도 없을 뿐더러 소재도 서민적이어서, 우매함으로부터 웃음을 자아내는 면이 강한 점을 보더라도 弥次보다 교양이 낮은 인물로 설정되어 있음을 알 수 있다. 그로 인해 弥次의 허영가라는 성격이 더욱 부각된다. 기회가 있을 때마다 허세를 부리고 싶어하여, 스스로의 거짓말과 사기적 행각에 의한 실패가 계속 되는 것이 弥次인 것이다.

한편, 北八의 역할 비중이 편을 거듭하면서 점점 높아지고 있는 것도 주목 할 만하다. 北八는 처음에는 弥次의 허풍에 참견하는 정도의 존재로서 출발했지만, 弥次와 대등한 골계 인물로서 성장해 가는 것이다. 이것은 뒤편이 될수록 北八가 읊는 狂歌의 비율이 높아지고 있다는 사실과도 결부된다.

3. 결 론

弥次, 北八라고 하는 이름을 듣기만 해도 일본인은 자신도 모르는 사이에 입가에 미소를 띄우게 된다고 한다. 나아가, 일본인뿐만 아니라 일본어를 알고 『히자쿠리게』를 읽은 사람이라면 국적을 불문하고 웃지 않을 수 없을 것이다. 그만큼 대중적일 수 있는 『히자쿠리게』의 저력을 찾고자 했던 것이 본 고찰이었다.

그리하여 『히자쿠리게』가 21년 간 베스트셀러가 될 수 있었던, 즉 대중성을 확보할 수 있었던 일단으로서, 狂歌라는 각도로부터 접근해 본 결과, 『히자쿠리게』의 그러한 엄청난 인기는, 현재 학계 한편에서 일컬어지고 있듯이 우연 내지는 요행이 아니었음을 알 수 있었다. 골계구현 양상의 측면에서 볼 때, 合巻 『方言修行金草鞋』와 비교해서, 狂歌를 읊는 주체자를 확실하게 했던 집필 의도에 의해 주인공의 성격을 차별화 하는 효과를 가져왔고, 언어유희를 풍부하게 담았고, 집필의도 차이에 따른 狂歌의 쓰임새의 변화를 분석할 수 있었다. 合巻과 滑稽本이라는 장르 변용에 따른 취향상의 특색 또한, 狂歌를 매개로 할 때 한층 선명하게 부각됨을 알 수 있었다. 그리고 『히자쿠리게』 초편과 동시 발행한 『南総記行旅眼石』의 狂画・狂歌와 『히자쿠리게』 8편의 삽화를 계기로 에도狂画壇을 살펴봄으로써 一九의 취향의 특색을 선구성 이라는 면에서 생각해 보았다.

이상, 본고에서는 기존의 선행연구들과는 다른 방법으로 좀 더 면밀하게 『히자쿠리게』에 담긴 狂歌의 역할을 살펴보고자 하는데 목적이 있었다. 『히자쿠리게』 속 狂歌에 대한 분석을 시도해 봄으로써, 구체적인 狂歌의 역할을 고찰한 바이다. 이와 같이 一九가 고심하여 발안한 『히자쿠리게』는 전국규모의 독자를 획득하고, 에도문예의 지방 유통에 있어서 커다란 추진력이 된 상품이라는 점에서도 그 역사적 의의는 결코 평가절하 할 수 없을 것이다.

[참고문헌]

棚橋正博(1999), 『笑いの戯作者、十返舎一九』, 新典社, pp.237.

鈴木俊幸(2001), 『一九が町にやってきた』, 高美書店.

佐藤悟(2001), 『近世の出版文化』, 週間朝日百科世界の文学84, pp.98-106.

中村幸彦(2002), 『東海道中膝栗毛』, 新編日本古典文学全集, 小学館.

小林忠(1990), 『江戸の絵を読む』, ペリカン社, pp.15.

稲垣進一(1988), 『江戸の遊び絵』, 東京書籍.

棚橋正博(2000), 『江戸戯作草紙』, 小学館, pp.121.

康志賢(1994), 『東海道中膝栗毛の一考察』, 韓国外大修士学位論文.

林美一校訂(1984), 『江戸戯作文庫、金草鞋』, 河出書房新社.

『五十鈴川狂歌車』, 底本; 帝国図書館蔵本.

『南総記行旅眼石』, 底本; 国会図書館所蔵本.

川柳大事典.

日本古典文学大辞典.

大漢和辞典.

2 밀리언셀러의 계승: 주사위판그림(1)

<히자쿠리게물> 그림주사위판의 表象과 表現[1]

1. 서 론

다색목판화인 니시키에(錦絵)의 기법은 게임을 겨루면서 그림도 즐기는 주사위판(双六)[2]에도 그대로 구사되고 있었다. 이미 주사위판그림은 우키요에(浮世絵)의 일종이라고 하는 주장[3]도 제기되고 있다. 「몇 장의 니시키에와 주사위판그림을 비교해 보면 한 화공의 창작의욕뿐만이 아니라 주사위판이 풍경화와 미인화 배우그림(芝居絵)에 끼친 영향이라든지 또 그 반대 경우를 포함하여 미술사적 관점에서도 주사위판그림은 재고되어야만 한다.」[4]라고 하는 논고도 오래전부터 보인다.

에도시대에는 비주얼한 화상이 흘러넘치고 있었다. 그 대표적 장르로서는 우키요에(浮世絵)와 에도희작(江戸戯作)을 들 수 있다. 이 두 가지가 결합해서 태어난 〈히자쿠리게물〉그림주사위판이야말로 에

---

1) 「膝栗毛もの絵双六の表象と表現」『国際日本文学研究集会会議録』30, 2007년, 国文学研究資料館.

2) 「絵双六とは、紙面上に区画を施し、そこに絵を書き、振出しから上りまで賽を振り、その出た目によって駒を進める「遊び」である。」和田実『道中双六』豊橋市二川宿本陣資料館、1998年.

3) 北川博子「上方における双六と役者絵」『浮世絵芸術』150号、2005年 7月.

4) 「幾つかの錦絵と双六を比べてみると、一絵師の創作意欲だけでなく、双六が風景画や美人画、芝居絵に与えた影響やそのまた逆の場合も含めて、美術史の観点からも双六は見直されねばならない。」増川宏一『双六』Ⅱ、法政大学出版局、1995年.

도시대 表象文化의 발달정도를 단적으로 가늠하게 하는 좋은 예라고 할 수 있을 것이다. 히자쿠리게물 주사위판그룹 중에서 비교적 초기에 판목으로 새겨지고 인쇄되어져 많은 추종작을 도출한 그림주사위판 4종류에 초점을 맞추어 고찰하고자 한다.

우선 기본적 서지사항을 확인하겠다.

[図版 1]『五十三駅滑稽膝栗毛道中図会』梓元好・一猿斎国升戯画・大坂心斎橋通塩町角 綿屋喜兵衛梓・改印(검열도장)없음(다른 3종보다 초기간행이라고 필자추정.[5] 이하『図会』라고 약칭).

[図版 2]『浮世道中膝栗毛滑稽双六』一立斎広重画・板元 照降町恵比寿屋庄七・改印 : 改・卯五(安政二1855年五月刊行. 이하『浮世』라고 약칭).

[図版 3]『伊勢参宮膝くりげ道中寿語録』広重狂画・板元 山城屋甚兵衛・改印 : 改・卯五(安政二1855年五月刊行. 이하『伊勢』라고 略称).

[図版 4]『新板膝栗毛道中双六』歌川重宣画・山城や甚兵衛・改印 : 改・辰九(安政三1856年九月刊行. 이하『新版』이라고 약칭).

이들 히자쿠리게물 그림주사위판군이『히자쿠리게』원화(原話)를 어떻게 각색해갔는지를 조사하기 위하여『하자쿠리게』正編[6]에 있는 에피소드 전부와『伊勢』53화면,『図会』『浮世』『新版』각각 55화면을 상호 비교분석해야 한다. 그 결과 각색방법은 크게 세 가지로 분류되는데, 원화의 역참에 상응하는 에피소드를 묘사하거나, 원화의

---

5) 一猿斎国升를 一猿斎芳升 → 歌川貞升一世 → 歌川国升라고 하는 画号를 襲名해 가는 인물로 간주하고『図会』의 描線과 물감으로부터 弘化期以降, 安政二年以前으로 추정한다.

6)『히자쿠리게』正編이란, 享和二年刊行된 初編으로부터 二編上・下, 三編上・下, 四編上・下, 五編上・下・追加, 六編上・下, 七編上・下, 八編上・中・下(文化六年刊), 그리고 発端(文化十一年刊)을 가리킨다. 通称으로서 以下『히자쿠리게』라고 약칭하며, 本文 및 삽화 引用은『동해도중히자쿠리게』(中村幸彦校注, 日本古典文学全集, 小学館)에 의한다.

다른 역참 에피소드를 차용하거나, 원화에 입각하지 않는 화공의 창안・발안이거나 함을 알 수 있었다. 삽화에 주목할 경우, 원화삽화를 답습하거나 궁리하거나 또는 전혀 새로운 그림의 창조로 나눌 수도 있었다.

본고는 특히 히자쿠리게물그림주사위판에 있어서의 인물과 문체, 『図会』의 취향과 같은 측면에서 고찰함으로써 滑稽本 『히자쿠리게』의 당대에서의 독서법 및 그림주사위판의 본연의 모습을 확인해 가고자 한다.

[図版 1] 『五十三駅滑稽膝栗毛道中図会』 동경도립중앙도서관소장본(061－S53)

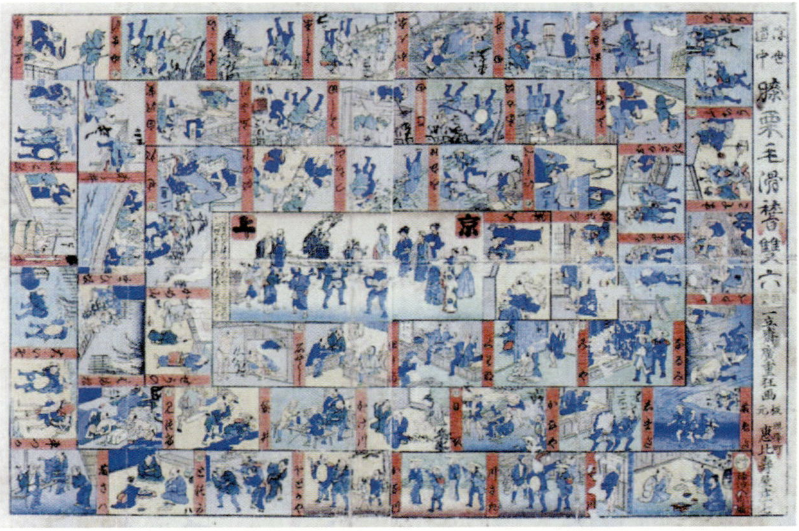

[図版 2]『浮世道中膝栗毛滑稽双六』 요코하마시역사박물관소장본

[図版 3]『伊勢参宮膝くりげ道中寿語録』 일본국립국회도서관소장본

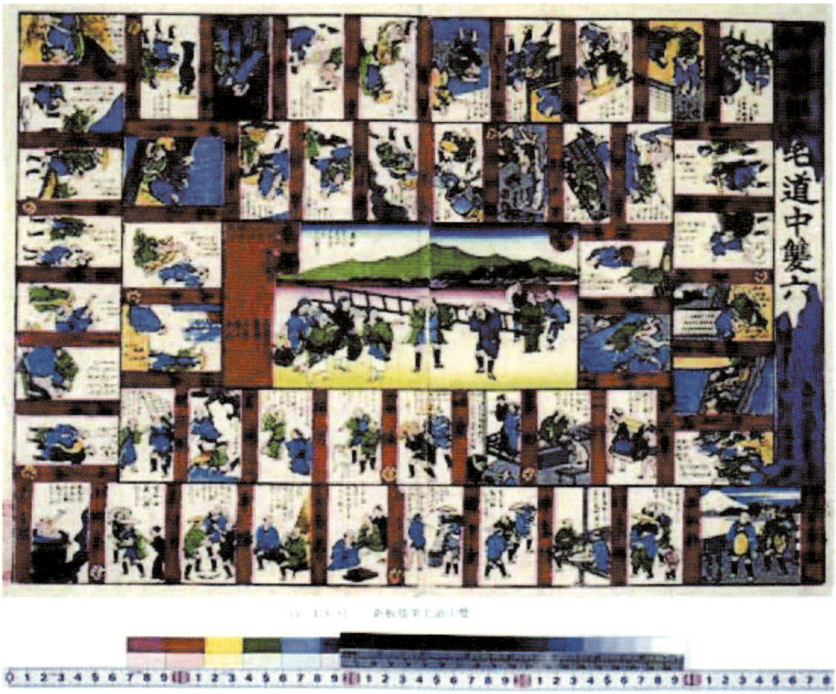

[図版 4]『新板膝栗毛道中双六』 동경도립중앙도서관소장본(478－S1)

2. 『히자쿠리게』의 인물변경과 문체

모사를 의심할 만큼 도안이 흡사한 「図会・由井」와 「伊勢・程ヶ谷」인데, 이와 같은 경우 문체에 있어서만 『図会』는 회화체라는 점이 『伊勢』와의 차별화적 성격이 된다. 같은 장면을 『図会』에서는 대사[7]로 표현하고 『伊勢』에서는 지문[8]으로 표현한다.

---

7) 「図会・由井」「(北八) √ヱゝくさい/＼/＼/＼。ヤ√コレそんな上だんしてハいけねへ、アゝくさい/＼/＼/＼。(肥え取り) √ハイたのみます/＼/＼」

8) 「伊勢・程ヶ谷」「こひたこのしたにあるぎんのかんざしを取らんとしてこひをあびる」

즉 滑稽本『히자쿠리게』의 회화와 "라고"식 문체(ト書き)가 양 작품에서 다르게 구현되고 있는 것이다. 그림주사위판의 이 두 작품을 합하면『히자쿠리게』의 문체가 나타나는 셈이다. 그 밖에도『히자쿠리게』三編上・嶋田의 에피소드를 묘사하고 있는「図会・시마다」와「伊勢・嶋田」는 주사위판 쌍방의 그림이 흡사하지만 역시 등장인물 3인의 가지각색 대사[9]에『図会』만의 독특한 궁리가 보이는 것이다.

『히자쿠리게』三編上・金谷의 에피소드를 묘사하는「図会/浮世・가나야」는, 순례(順礼)를 두 명으로 증가시킨 외에는「伊勢・金谷」와 도안이 흡사하다. 양쪽 다 무대배경은 언덕길로 그려지고 순례들은 하얀 의복을 착용한다.『히자쿠리게』원화와 이들과의 상이점을 탐색하면 (1) 가마에서 떨어진 당사자를 양쪽 다 야지로 변경, (2)『図会』에 있어서 가마꾼이 뱉는 농담(원화에서는 추락한 것을 그저 가엾게 생각하여 그 대책을 강구하는 인물상이었다), (가마꾼):"짝아 이걸로 가벼워져서 한층 좋구먼."(가마꾼) "엉뚱한 일일세."[10](3)『図会』에서는 가마꾼외에 야지랑 순례의 대사까지 상황에 맞추어 원화와는 어투를 달리하고 있다. 이는『図会』의 특징이기도 하다.(順礼) "저거 보게. 저것 봐."야지"아프다 아파. 이런 가마에 태워대다니 가만 안둘껴, 가만 안둘껴, 가만 안둘껴!허리가 삐어서 일어설 수가 없네. 아파라 아파아파."[11]

이와 같이 대사에 있어서의 궁리는『図会』의 창의성이 가장 발휘된 부분일 것이다. 그 중에서 화자(話者)의 변경은 종종 구사되는 수

9) 「図会・しまだ」「北√サアはやくゆきなせへ、おめへいわねへでもいゝむたくちをいったから、といやばのおやぢがあつくなるのサ、サア/＼。(問屋) √このやろうめ、まちをれヤイ。ヤ√こいつハへんちきたごめんさっせい/＼。」

10) (棒組) √相棒よこれれてかるくていっそいいね。(棒組) √とんだことだ。

11) (順礼) √あれみさっせ/＼。ヤ√いたい/＼こんなかごにのせおってすまねへぞ/＼/＼こしがぬけてたてねへいたい/＼/＼。

법이다. 사건당사자라든지 놓여있던 입장을 원화와는 역전시키면서도 대사는 원문을 그대로 옮겨오거나, 거의 원문의 상황그대로이거나 혹은 완전하게 창작하는 등 다양한 시도가 이루어진다.

『히자쿠리게』 二編下・丸子의 에피소드를 묘사하면서 방향을 바꿨을 뿐으로 도안이 「伊勢・鞠子」와 흡사한 「図会・마리꼬」의 야지는 “이것 참 재미 검게 있군, 하하하하”(こいつハおもくろいはゝ/＼)라고 농을 하고, (가게주인)“이 추녀 맛 좀 봐라!”(마누라)“때릴 거면 때려봐라 자식아!”((亭主) このおふくめどふしや。(女房) ぶつならふってみやがれ。)하고 위세 좋게 욕설들을 내뱉는데, 이 세명의 대사는 원문에는 없는 창작이다.

『히자쿠리게』 二編下・우추산 고갯길에 있어서 실제로 넘어진 것은 야지였지만, 「図会・오카베」와 「伊勢/新版・岡部」에서는 입장을 역전시킨다. 원화는 대사조차 없는 짧은 삽화인데다가 찻집여주인도 등장하지 않으므로 『図会』의 여주인과 야지・기타하치의 대사[12)]는 완전한 창작이다. 또한 『図会』의 무대배경이 언덕길이 아닌 점, 찻집 바로 앞에서 구르고 있는 점이 연출상의 각색이다. 덧붙여 말하자면, 「伊勢・岡部」에서는 원화대로 빗속, 언덕길에서 구르는 모습이 극명하게 그려진다.

『히자쿠리게』 三編下・掛川에 있어서 사건 와중에 야지의 대사는 없다. 따라서 『히자쿠리게』 삽화 [図版 5]에도 야지는 그려지지 않는다. 그러나 「図会・가케가와」에서는 야지를 등장시켜서 이 사건의 계기를 원화의 기타하치가 “요거 마침 좋은 수가 있어. 나를 강에 빠뜨린 앙갚음을 해 주지.” 라고 말했던 것을 대신 말하게 한다. 즉 「図会・가케가와」의 야지의 대사 “저 맹인이 아까 강에 빠트려 댄 앙갚

12) 「図会・おかべ」「(茶屋の女将) √ヤレコラすべらしやったきのどくだ。ヤ√ヨヲ/＼いたい/＼/＼エゝはらがたつハ。(北八) √アハゝゝ/＼」

음으로 (기타하치가) 술을 마셔주니 절묘하군."(アノざとふもさきに川へはめおったいしゅかへしに、さけをのんでやるとハきめうた)인데, 이 말이 성립하기 위해서는 원화와 같이 직전의 시오이강(塩井川)에서 떨어뜨려진 것으로 되어있지 않으면 안 되는데 『図会』에서는 「후지에다(세토강, 瀬戸川)」라고 하는 네 장소나 앞선 이전 역참의 사건으로서 그리고 있으므로 모순을 내포하는 대사이기도 하다.

[図版 5]『히자쿠리게』三編下・掛川

「図会 / 浮世・가와사키」는 『히자쿠리게』四編上・二川의 사건을 앞서서 차용하고 있다. "그러는 사이에 앞서거니 뒤서거니 하며 가던 비구니는 아직 나이도 스물 두셋, 다른 한사람은 서른 전후한 중년 여인, 열한두 살 되는 어린 비구니를 데리고 세 사람 동행하여 가는데, 그 중 젊은 비구니가 기타하치의 옆으로 다가와서, "여보세요 당신, 담뱃불은 있나요?"

기타하치 "예 예 지금 붙여 드리지요. ……어서 피우시죠. 그런데 당신들은 어디로 가시오?……오늘 밤 같이 묵고 싶은데. ……거 참 감사합니다. 저기, 아무쪼록 담배 한 대 주세요. …….”[13] 그러나 찻

13) 「此内あとになりさきになり行びくには、まだとしも廿二三、今ひとりはとしま、十一二の小びくにともに三人づれ、中にもわかいびくにが、きた八のそばへよって、「モシあなた火はおざりませぬか。北八 「アイ / ＼今うってあげやせう……サアおあがり。時におまへがたアどけへいきなさる。……今夜一所に泊てへの。……びくに 「それはありがたふおざります。モシどふぞお多葉粉を一ッぷく

집에 도착하자 비구니들은 샛길로 얼른 들어가 버리는 것이었다. 담배를 청하는 사람이 비구니로부터 『図会』에서는 야지로 변경. 담배를 빌리고 싶은 일념에 비구니는 적당하게 맞장구치고 있었다고 하는 것이므로, 원화 에피소드와 「図会・가와사키」는 내용이 상당히 달라진 셈이다. 원화의 기타하치의 대사를 『図会』에서는 야지에게 "담배 한 모금 빌려주게나. 자네들은 어디로 가나? 우리와 함께 묵는 건 어떤가?"[14]라고 말하게 하고 있다. 『図会』의 기타하치와 여자의 대사[15]는 창작이다.

'중 만나면 짐 들어주기'(坊主持ち)라고 하는 내기 도중이었으므로 원화에 충실하기 위해서는 야지가 기타하치의 봇짐까지 짊어지고 있지 않으면 안되는데도 불구하고, 『図会 / 浮世』 『伊勢』에서는 각자 짊어지고 있다. 『図会』의 비구니는 국자를 가지고 손등덮개(手っ甲), 앞치마를 하고 있다.

이 「図会 / 浮世・가와사키」의 비구니는 『히자쿠리게』 삽화 [図版6]과는 다소 다른 모습이지만, 「伊勢・興津」와는 서로 비슷하다. 당시 비구니는 일반적으로 세 명이 동행하여 여러 지방을 편력했다고 하는데, 『히자쿠리게』・『図会 / 浮世』・『伊勢』 모든 화면에서는 두 명이 일행인 것으로 그려진다. 이들이 단발머리스타일로 머리를 자르고 있는 것은 당시 비구니의 공통적 행색이기 때문이다.

くださりませ。」

14) 「ヤ√一ふくかしてくんなせへ、おめへたちハとけへいくのた、おれらと一しょにとまるハとふたナ」

15) 「図会・川さき」「北√あねさんどふだおれがたのみを(「き」の脱字？) いてくれるきハねへかね。女√こんたハばかけた人さねヲホゝゝ／＼。」

[図版 6]『히자쿠리게』四編上・二川

[図版 6－1]「図会・가와사키」

[図版 6－2]「浮世・가와사키」

[図版 6－3]「伊勢・興津」

[図版 6－4]「新版・江尻」

그 밖에도 많은 가운데 몇 가지 예를 들자면, 「図会・미시마」에서는 야지의 대사였던 것이 이번에는 기타하치의 대사로 화자변경. 「図会・후지사와」에서는 원작에서는 없는 노파의 새로운 대사를 원화의 스토리에 입각하여 삽입. 원화에서는 두 사람의 대화였던 것을 「図会・간바라」에서는 간추려서 한사람에게 말하게 한다. 「図会・오키츠」의 기타하치, 「図会・후지에다」의 맹인의 대사는 창작. 「図会・日坂」의 무녀・야지・기타하치 세 명의 대사는 비교적 원문에 충실. 「図会・하마마츠」는 『히자쿠리게』 三編下・浜松의 에피소드를 묘사하고 있는데, 대사는 완전한 창작이므로 원문에 유사한 대사는 없다. 「伊勢・舞坂」는 '야지로의 짧은 칼 물에 떠서 흘러간다, 모두들 웃는다.'[16]라고 되어있지만, 원화에서 죽도를 조롱하며 비웃는 것은 뱀을 흘려보낸 영감뿐으로 승객일동은 칼을 떨어뜨린 '기타하치'를 동정하고 있었던 점이 차이점이다. 「図会・마이사카」에서는 원문에 입각한 대사를 『히자쿠리게』의 영감에서부터 『図会』에서는 승객일동으로 화자를 변경. 「図会・후타가와」에서는 원화의 싸움 중에는 등장하지 않는 기타하치를 등장시켜서 대사를 부여한다. 「伊勢・吉田」에서는 야지가 기타하치로 사건당사자가 변경. 「図会・고유」의 대사는 원문에 입각한다. 「図会・나루미」의 야지와 여관주인의 대사는 원문을 거의 옮겨오는 형태로 이용되고 있다. 「図会・미야」의 기타하치 대사는 원문에 입각하지만, 야지의 대사는 원문에서는 기타하치의 대사였던 것이 할당되고 있는 것이다. 거리여악사의 노래는 원문 그대로이다. 「図会・미나쿠치」에서는 말에서 추락되는 이가 원화의 기타하치로부터 야지로 변경. 「図会・구사츠」의 대사는 전부 창작. 「図会・오츠」의 야지 대사, 「図会・京」의 기타하치・오하라매(大原女)의 대사는 창작.

---

16) 「弥二郎のわきざし水にういてながれゆくみな／＼わらふ」

이와 같은 대사에 있어서의 각색 과정에서 몇 가지 모순점도 발생한다.

「伊勢・藤枝」에서 '세토강에서 두 사람 맹인을 속여 강을 건너다'고 되어 있으나, 원화에서 실제로는 속이다 실패한 기타하치는 강 한가운데에 떨어뜨려지고 「伊勢・掛川」에서 기타하치가 그 앙갚음을 시도하므로 '두사람'(両人)이라고 하는 문장은 모순이라고 하지 않을 수 없다. 「図会・袋井」는 『히자쿠리게』 三編上・藤枝에 있어서의 시골영감과 맞부딪힌 기타하치가 물웅덩이에 굴러서 사골영감에게 한바탕 위세 좋은 말을 퍼부어대는 에피소드에 기인하고 있다. 그러나 『図会』에서 시골영감의 외모에다가 게다가 영감의 대사로 적합한 내용을 야지의 대사라고 하고 있는 것은 모순이다. 원화에서 야지는 이 사건 한창 중에는 등장조차 하지 않으며, 『히자쿠리게』의 기타하치 ・영감의 대화는 위세 좋은 욕설을 내용으로 구성되고 있다. 따라서 「図会・袋井」의 대사[17]는 전부 창작이다.

또한 「新版・日坂」의 문장은 「伊勢・日坂」와 같이 '야지로 마누라의 원령을 불러서 탄식에 잠기다'(弥二郎女ぼうを口よせしてなげく)라고 해야 할 부분을 '야지로 마누라의 것을 원령을 불러서 탄식에 잠기다'(弥二郎女ぼうのを口よせしてなげく)와 같이 불필요한 조사가 들어간다. 「伊勢・掛川」의 '기타하치 맹인의 술을 훔쳐먹다'(北八さとうのさけをぬすみてのむ)와 같아야 할 문장이 「新版・掛川」에서는 '기타하치 맹인의 술을 마시고 훔쳐 먹다'(北八さとうの酒をのみぬすみのむ)와 같이 날림 문장이 된다. 「伊勢・御油」에서 '기타하치를 여우라고 생각해서 야지로 묶어서 추궁하다'(北八をきつねと思ひ弥二郎

17) 「図会・袋井」「(北八) √ヤア／＼水たまりへすへりこんておきられねヱしつめてくんなせへヤア／＼／＼。ヤ√コレ／＼まこハとふしたんた、アゝこいつア大へんた、はやくにけろ／＼」

しばりてせめる)라고 되어 있는 부분을 「新版・御油」에서는 '기타하치 야지로를 여우라고 생각해서 묶어 보이다'(北八弥二郎をきつねと思ひしばりてみせる)라고 사건당사자를 역전시키는데, 화공의 의도된 연출인지 작성을 서두른 결과의 실수인지 의심스러운 부분이다.

『新版』의 도안은 모든 역참을 사각판에 맞추어서 『伊勢』를 길고 가늘게 늘린 것에 지나지 않은 듯한 인상이 있다. 전체적으로 차분한 색감인 점으로 보아, 초판(初版)을 사용한 에도 말기의 인쇄라고 추정되는 東京大学南葵文庫藏『伊勢』는 47(41) cm × 70(61) cm이며, 재인쇄(後摺)라고 추정되는 東京都立中央図書館藏『伊勢』는 43 cm × 66 cm이다. 이들보다 다소 작은 사이즈인 36 cm × 49 cm의 東京都立中央図書館藏『新版』은『伊勢』의 무대배경을 생략해서 인물에게만 클로즈업하면서『伊勢』의 등장인물수를 줄이는 등의 궁리를 하고 있다.

원래『新版』은 히로시게의 제자로 후에 2대 히로시게(二代広重)를 습명하는 우타가와 시게노부(歌川重宣)가 전년도 간행한『伊勢』의 도안을 그대로 물려받되 정방형의 격자 칸인『伊勢』를 길고 가는 격자 칸에 맞추면서 새로 꾸며 安政三年에 제작한 것이다. 출판검열도장(極印)과 출판업자(板元)로부터 東京都立中央図書館藏本은 安政三年의 판목(板木)임을 알 수 있으나, 그림물감의 색채로부터 명치시대에 들어서 인쇄된 것이라고 추측된다. 더욱이 이 都立図書館藏本의『新版』은「日坂」지역부터 날림으로 작성한 듯한 문장이 눈에 띄어 안이한 제작임을 알 수 있는바, 재판(再版)일 가능성이 상당히 높다.

3.『五十三駅滑稽膝栗毛道中図会』의 趣向再考

구사조시에 있어서의 화면구성법(매 페이지마다 그림과 대사와 본문) 을 주사위판에 응용해서 성립된 것이 『図会』라고 하는 견해가 가능할 것이다. 따라서 『図会』는 그 전거(粉本)가 된 滑稽本 『히자쿠리게』의 구사조시화(草双紙化)라고 감히 말할 수 있는 것은, 『히자쿠리게』의 작품으로서의 흥미・재미의 대부분은 화화주체의 골계에 있으며, 실로 그 중추적 부분을 취하고 있기 때문이다. 그 취하는 선정 과정에서 『図会』 작자의 솜씨는 어떻게 발휘되고 있는 것일까.

『히자쿠리게』 四編下・岡崎에 있어서 찻집에서 메추라기떡을 기타하치가 싸게 사는 에피소드를 「図会 / 浮世・오카자키」에서도 묘사한다. 『히자쿠리게』에서는 3문의 메추라기떡을 2문으로 깎아 주면 3문의 둥근 떡을 4문으로 사겠다고 하여 교섭이 성립하고 나서, 기타하치 담뱃갑에서 동전 2문을 꺼내, '"4문 있으면 둥근 놈을 사려고 했지만 2문 있으니 이 메추라기떡으로 하겠소."라고 메추라기떡을 집어 먹어대면서 간다.'[18]

「図会・오카자키」에서는 (기타하치) "이쪽은 싼데 이쪽은 비싸니까, 싼 쪽을 3문짜리를 4문에 삽시다. 대신 비싼 쪽을 2문으로 깎아 주게. 그런 까닭에 이 2문(떡)을 다섯 개 삽니다~ 아하하하, 아하하하~"[19] 2문밖에 없으니까 하고 말하며 메추리기떡 하나를 날름 집어먹는 원화와 비교하면 2문의 메추라기 떡 5개 사겠습니다, 라고 하는 『図会』의 끝맺음익살은 평범하다고 할 수 있다. 『히자쿠리게』 쪽이 리듬감 있게 이야기가 척척 진행되어 의외의 끝맺음 익살이 효과적이다. 『히자쿠리게』의 「떡집 주인」이 『図会』에서는 안주인으로

---

18) 「北八たばこ入からぜに二文取出して「四文あらば丸いのをふとおもったが、二文あるから、このうづらやきにしやせう、トうづらやきをとって打くらひながら行」。

19) 「……(北八) √こちらハやすいがこちらハたけへから、やすいほうを三文のを四文にかいやせう、そのかはりたかいのを二文にまけなせへ、そこでこの二文を五ツかいやす、アハゝゝ／＼」。

바뀐다.

반면, 원화의 긴 골계담을 짧게 간추리는 수법이 탁월한 장면도 있다. 『히자쿠리게』 四編上・아라이에 있어서 시골무사와 야지와의 짚신을 둘러싸고 누가 잘 걷는지 자랑하는 긴 골계담이 「図会・あら井」[20]에서는 컴팩트하게 묘사되면서도 원화의 스토리를 충실히 반영하고 있다.

나아가, 내용 중의 세세한 묘사에도 당대성을 느끼게 하는 고안이 『図会』에서는 보인다. 이는 전거인 『히자쿠리게』 해당 부분과 비교를 해보면 명확해진다. 『히자쿠리게』 四編下・池鯉鮒의 짚신을 싸게 구입하고자 획책하는 에피소드를 묘사하는 「図会・치류」. 『히자쿠리게』 四編간행당시(文化二1805年) 는 짚신이 16문이었으나, 『図会』 간행당시(늦어도 安政二1855年까지는 간행)의 물가를 반영하듯이 18문으로 가격을 올린 다음에 동일한 골계담을 전개한다. 그저 원화를 모방한 것이 아니라, 당시의 실상을 살피면서 옮긴 것임을 알 수 있다. 이야기 길이에 있어서도 원화의 상당히 긴 에피소드를 「図会・치류」는 컴팩트하게 잘 간추리고 있다. 『図会』에서 가게처마 끝에 늘어뜨려져 있는 것은 상품인 짚신으로 생각된다.

「図会 / 浮世・白須賀」의 도안은 『히자쿠리게』 四編上・시라스카의 에피소드를 묘사한다. 가마꾼들이 모인 술잔치로 술안주까지 그려진다. 원화에서는 돈을 주웠다고 착각한 기타하치가 한턱내지만 자신은 직접 술잔치에 참가하지 않으므로 『図会 / 浮世』에서는 원화를 충실하게 회화화하고 있다. 『伊勢 / 新版』과 같이 시라스카와 다음 역참

---

20) 「図会・あら井」「(侍) √わしどもハ御くにから江とまでもとうちうにわらじハ一そくですむが、なんとゑらいもんじゃないかネ。ヤ√それハまだ道中がすけなうござい升。」侍√それハどふしたあるきやうじゃナ。ヤ√ヘイそのかはりきゃはんが大そういりましたデ。侍√ハテのウなぜだ。ヤ√まいにちむまにのりつめでこさいます○アハゝゝ/＼/＼。

인 후타가와에 걸쳐서 두 역참에서 벌어지는 사건으로 분리하지 않더라도 하나의 격자 칸에 모은 구성력이 탁월하다. 4문짜리 동전을 100개 연결한 돈꿰미 한 줄을 손에 움켜쥐고 웃고 있는 기타하치의 표정이 일의 추세를 암시한다.

『図会』의 특색으로서, 생활도구가 세세하게 그려지며, 세간살이를 통해서 『히자쿠리게』 당시의 살림형태, 연변가도의 풍속이 시각적으로 보이는 것을 들 수 있다. 상술한 4문짜리 동전 한줄 외에, 예를 들면 『히자쿠리게』 四編上・후타가와에서는 우비바구니(合羽籠)에 부닥친 야지에게 흙 묻은 발을 집어넣었다고 싸움을 거는 종복무사(中間)와의 분쟁을 「図会・후타가와」는 묘사한다. 그리고 싸움이 발발하는 계기가 되는 우비바구니가 선명하게 그려진다. 사전류를 참조하면 우비바구니는 영주님의 여행 시 종복들의 우비도구를 보관하는 바구니인데, 뚜껑이 달려있고 봉으로 짊어지고 운반하도록 되어있다는 설명이 보인다. 실로 본 장면의 도안에서 한눈에 그렇다고 알 수 있는 것이다.

「図会/浮世・누마즈」는 『히자쿠리게』 二編上・三嶋역참을 출발하여 누마즈역참 도착직전의 에피소드를 그리고 있다.

> 둘이 함께 지팡이에 의지해 비틀비틀 걸어가는 맞은편으로부터, 편지함을 짊어진 파발꾼 "아앗사 아싸 아싸~" 기타하치 "뭐야 상투 튼 위태천같이 마구 쳐달려오네.……이 봐, 위험해. 이쪽으로 비켜." ……지나치면서 편지함 모퉁이로 야지로의 옆머리 끝을 탁 부딪친다. 야지 "아, 아파파파파파." 파발꾼은 전혀 상관 않고 "아 아앗사 아싸~" 야지 "아아아아, 아프다 아퍼. 무슨 인과응보로 이런 일을 겪는 걸까? 나 죽고 싶어졌네."[21)]

---

21) 「ふたりながらつゑにすがり、ゑちら／＼と行むかふから、状箱をかつぎしにんそく「エイさっさ／＼／＼。北八「なんだ野良の韋駄天さまア見るよふに、やみと

와 같은 원화(삽화 없음)의 사건이 「図会・누마즈」에서는 다음과 같이 요약된다.

> (야지) "아 아프다 아파, 무슨 영문인가. 아 아파 아파. 돈은 도둑맞지, 머리는 부닥치지, 나 이젠 죽고 싶을 정도라네. 아 아파 아파 아파~"(편지함을 짊어진 파발꾼) "이 찢어죽일 놈이, 조심하라고! 아앗사 아싸 아싸 아싸~"[22)]

그리고 실로 달려가는 편지함 파발꾼이 리얼하게 그려진다.

더불어 『保永堂版 広重 東海道五拾三次』[23)](同書에서 天保四年부터 七年刊行이라고 추정)에서는 大判錦絵「東海道五拾三次之内 平塚縄手道」해설에서 '오이소 방향으로 가는 역참간 연결파발꾼이 달려와서 막 그들(일꾼 두 명)과 스치는 순간이다. 이 파발꾼은 아래턱이 나온 얼굴생김새도 닮은 게 『続膝栗毛』四編권두그림「여행 중 스치는 사람들」 중의 「역참 연결꾼」을 달리게 한 모습이 아닐까.'[24)]라고 설명되어지는데, 「図会/浮世・누마즈」의 편지함파발꾼도 그들과 적지 않은 영향관계를 볼 수 있다.

『히자쿠리게』六編下・京都五条新地의 私娼街에서 벌어지는 에피

かけてきやアがる……ソレあぶねへ。こっちへよんな。……トとふりすがいに、御状ばこのかどで、弥二郎が小びんさきへがったりとあたる。弥二　「アイタヽヽヽ。にんそくはいさいかまはず「エイこりやさっさ／＼。弥二「アヽアヽいたい／＼。なんの因果でこんな目にあうか。おらアしにたくなった」。

22) 「(弥次) √アゝいたい／＼、とふしてくれるのた、アゝいたい／＼。かねハとられる、あたまハこわされ、おらハモウしにたいくらいた、アゝいたい／＼／＼。(御状箱の人足) √このはっつけやろうめ、きをつけろ、エイさっさ／＼／＼／＼」。

23) 鈴木重三・木村八重子・大久保純一編著(2004)『保永堂版 広重 東海道五拾三次』小学館

24) 「大磯方向からは宿継飛脚が走ってきて、今しも彼ら(雲助二人) とすれ違うところである。この飛脚は、下顎の出た顔付きも似、『続膝栗毛』四編口絵「道中ゆきかいぶり」の「宿継(しゅくつぎ)」を走らせた姿ではないだろうか。」

소드를 「図会 / 浮世 · 구사츠」와 다음 역참인 「図会 / 浮世 · 大津」에 계속해서 차용하였다고 여겨진다.

> ‘어느새 두 명의 유녀, 하나는 기치야, 또 하나는 긴고, 둘 다 굵은 줄무늬 비단옷에 검은 색 벨벳 장식을 옷깃에 덧대고 ……드디어 아래층에서 술병과 안주를 내오고 큰 접시요리가 한사람 앞에 하나씩, 큰 칠그릇 쟁반위에 얹혀 내온다. 야지로 깜짝 놀라 ……(접시 안에는) 파를 넣은 떡국 떡이다. 이 유녀(기치야) 술을 못 마시는 듯, 자신이 좋아하는 음식을 손님에게 권하여 주문한 것이다. (떡안주로는 술을 먹을 수 없다고 이번에는) 사발요리를 가지고 온다. 그 안에는 관서지방에서 유행하는 새조개초밥이다. 이 유녀(긴고)가 좋아하는 음식인 듯 이 초밥을 가져오도록 한 것이었다. ……야지 “나오는 것은 전부 이상한 것들뿐으로 더 이상 술은 못 먹겠군, 못 먹겠어.”[25]

유녀들이 마음대로 안주를 부탁하는 바람에 야지 기타는 어리둥절해하는 원화가 『図会 / 浮世』에서는 상당히 각색되어진다. 유녀 둘과 기타하치가 손에 들고 젓가락을 대고 있는 음식은 새조개초밥이 들어있을 듯한 사발요리, 큰 칠그릇쟁반위에 떡국 떡이 들어 있을 듯한 큰 접시요리가 얹혀있다고 하는 식으로 원문에 충실한 도안으로 해석가능하다. 그러나 유녀가 손님 앞에서 마음대로 식사를 하는 것은 드문 일로 『히자쿠리게』의 이 에피소드가 뒷받침이 되기 때문에 야말로 상대유녀 두 명 모두 사발요리를 게걸스럽게 먹고 있는 「図

25) 「此内おやまふたり、一人名は吉弥、今一人は金五、いづれもふとりつむぎじまやうのきものに、くろびろうどのはん゙ゑり、……やがて下より、てうしさかづきをいだし、大平が一人まへにひとつヅヽ、ひろぶたにのせもち出す。弥次郎きもをつぶし……(平の中には) ねぎを入れたるぞうにもち也。此おやま(吉弥)、下戸とみへて、おのれがこうぶつゆへ、客にすゝめてとりよせたる也。(餅では酒が飲めないというと、今度は) どんぶりものをもってくる。なかには上がたにはやる鳥貝のすし也。此おやま(金五) のすきとみへて、此すしをいひ付やりたる也。……弥次「出すものも／＼、へんちきな物ばかりで、もふ酒ものめぬ／＼」。

会/浮世・구사츠」의 도안일 것이다. 「図会・구사츠」의 대사 야지 "맘껏 드시게. 사양할 필요 없다네." 유녀 "손님 그럼 대접받겠사옵니다."[26]도 유녀들의 게걸스러움을 용납하는 야지인 셈이다. 모든 대사는 창작이다.

이 「図会・구사츠」장면에 대하여 加藤康子씨는 「그림주사위판에 보이는 서민문화의 공간」[27]과 『幕末・明治의 그림주사위판』[28]에서

> '(전략) 소설내의 다른 역참 이야기를 잘 이용하고 있다. 예를 들면 「구사츠」에서는 야지 기타가 여자들과 식사를 하는데, 야지의 "맘껏 드시게. 사양할 필요 없다네. 좋아." 라고 하는 대사가 적혀 있다. 이것은 소설의 후루이치에서 주연을 하는 그림과 문장을 잘 이용해서 적용시키고 있는 것이라고 생각된다.'[29]

와 같이 논하고 있다. 전술한 바와 같이 원화가 대폭적으로 각색되고 대사도 원문에 입각하지 않는 관계로, 이와 같은 오해가 생겨난 것이라고 본다.

그러나 『히자쿠리게』 五編追加・山田(伊勢)에서는 후루이치유곽에 간 야지 기타이지만 그 삽화 [図版 7]은 상대유녀를 둘러싸고 교토사람과 싸움을 벌여, 기타하치와 두 명의 유녀가 난처해하고 있다는 같은 술자리일지라도 분위기가 상당히 판이하다. 본문에서도 상대유녀와 같이 식사를 하는 장면은 등장하지 않는다. 덧붙여 말하자면

---

26) 「ヤ√たんとくひなせへゑんりゃうハいらねヱヨ」に対して、女郎が「おきゃくさんそんならよばれ升」

27) 「絵双六に見られる庶民文化の空間」『日本文学』53、日本文学協会、2004年 10月.

28) 『幕末・明治の絵双六』加藤康子・松本倫子編著、国書刊行会、2002年。

29) 「(前略) 小説内の他の宿場の話をうまく当てはめている。例えば、「草津」では弥次喜多が女達と食事をしているが、弥次の「たんと喰いなせえ。遠慮はいらぬ。ええよ」というせりふが書き込まれている。これは、小説の古市で酒宴をしている絵と文章をうまく利用して当てはめたものと思われる」

[図版 7]『히자쿠리게』五編追加・山田

후루이치유곽의 다음날 아침 소나무가지에 걸린 야지의 샅바소동으로 원화는 이어진다.

「草津」의 다음 역참인 「大津」에도 계속하여 『히자쿠리게』 六編下・京都五条新地 私娼街에 있어서의 다음날 에피소드를 「図会／浮世・大津」에 갖고 오고 있다고 생각한다. 「図会／浮世・大津」와 「伊勢・松坂」 「新版・水口」와 도상이 유사하다. 『히자쿠리게』에서는 야지도 같은 죄라고 간주되어 변명의 여지도 없이 함께 포박당하므로 「図会・大津」에 있어서의 야지의 대사[30]는 창작이다.

30) 「図会・大津」「ヤ√このおとこハちったアたらぬもんでごぜへすから、どふかモウりゃうけんしてやって下さいませ。(下男) √どふしてこまそ。(亭主) √このがきめひとをばかにさ○しおった」。

4. 결　론

이상 에도희작과 우키요에가 결합하여 태어난 장르인 그림주사위판 중에서 에도시대 베스트셀러 문학작품의 확대를 상징적으로 보여주는 〈히자쿠리게물〉 그림주사위판 군에 대해서 고찰하였다. 매 페이지마다 그림과 대사와 본문이 융합하여 한 작품을 이룬다고 하는 구사조시의 화면 구성법은 완구로서 사용된 그림주사위판에도 응용되는 경우가 있었다. 그 대표적인 그림주사위판으로 『五十三駅滑稽膝栗毛道中図会』를 들 수 있다. 따라서 『図会』는 그 전거인 滑稽本 『히자쿠리게』의 구사조시화, 라고 감히 말할 수 있는 것은 『히자쿠리게』의 작품으로서의 재미의 태반은 회화주체의 골계에 있으며, 실로 그 중추적 부분을 취하고 있기 때문이다. 환언하면 滑稽本 『히자쿠리게』는 지문(卜書き)과 화화와 삽화로 구성되어 있는데 『伊勢』 등의 다른 히자쿠리게물그림주사위판은 대체적으로 지문을 취하고 있다면, 『図会』는 회화를 취함으로써 도안에서 뿐만이 아니라 문장으로부터도 골계미를 자아내고 있다는 점에 특징이 있다. 또 한 가지 『図会』의 특색으로서 생활도구가 세세하게 그려지고 있어서 세간 살이를 통하여 『히자쿠리게』 당시의 살림살이, 가도연변의 풍속이 시각적으로 재현된다는 점도 지적하고 싶다. 나아가 그림주사위판의 도안에 주목하면 『히자쿠리게』에 삽화가 있어서 그에 입각하는 경우도 단순한 모방뿐만이 아니라, 창안・발안된 도안도 종종 보인다는 점이다.

이상 이른바 작품세계와 예술분야는 어떻게 관련되어졌는가를 표시하는 좋은 예로서, 滑稽本 『히자쿠리게』가 그림주사위판에서는 어떻게 표현되었는지를 논한 바이다. 본고에서 거론한 4작품 외에 히자쿠리게물 주사위판으로서 『東海道五十三次道中双六名物入』(立川斎国郷画, 安政三年刊), 『東海道五十三次滑稽双六』(一英斎芳艶画, 安政

六年刊), 『五十三駅東海道滑稽双六』(一恵斎芳幾画, 万延元年刊) 등이 있다. 이들에는 소설세계가 어떻게 계승되어지고 어떻게 변화하였는지 후속과제로 삼고자 한다.

3 밀리언셀러의 계승: 주사위판그림(2)

<히자쿠리게물> 그림주사위판에 나타난

江戸表象文化考[1)]

1. 서 론

그림 주사위 판이란[2)], 한 장의 종이 위에 그려진 격자모양 칸을 따라가서 최종 목적지에 빨리 도착하는 자를 승리로 하는 게임 도구이다. 에도시대초기부터 왕성하게 제작되어 에도시대 중기이후 목판 인쇄의 우키요에 기법을 도입하면서 더욱 다양하게 간행되었다. 그림 주사위판 형식으로서 칸의 순서를 따라서 주사위의 눈 숫자만큼 나아가는 '순례주사위판'(廻り双六)과 칸에서 지시하는 칸으로 넘어가는 '넘기 주사위판'(飛び双六), 양쪽 형식이 혼합된 순례 넘기 주사위판(飛び回り双六)이 존재한다. 그림주사위판은 한 장짜리이기는 하나 세세하게 분할된 각 칸마다 다량의 동시대 정보가 함유되므로 치밀한 주석 작업이 필요하다. 각 칸이 이른바 서적의 한 페이지에 상응하기 때문이다.

에도시대만해도 천 종류이상 간행되었다고 일컬어지는 그림주사위판의 전모 규명을 위한 한 걸음으로서 본고에서는 같은 간행물인 소설 세계와의 관련에 주목하여 滑稽本 『동해도중히자쿠리게』[3)]에 입각

1) 「〈膝栗毛もの〉絵双六に現れた江戸表象文化考」『日本研究』 39호, 2009년, 한국외국어대학교일본연구소.

2) 『幕末・明治の絵双六』(加藤康子・松本倫子編著, 国書刊行会, 2002年) 3~5頁 / 290頁으로부터 발췌해서 정리한다.

한 〈히자쿠리게물〉그림주사위판의 注釈分析을 행한다. 그 결과 소설에서 우키요에로 장르를 넘나드는 江戸表象文化를 살펴보고 그림주사위판의 취향과 전용-그 수용과 창조-를 규명하고자 한다.

고찰 텍스트로서는 一猿斎国升戯画『五十三駅滑稽膝栗毛道中図会』(嘉永期既刊行으로 필자추정. 以下『図会』라고 略称), 一立斎広重狂画『浮世道中膝栗毛滑稽双六』(安政二年五月刊, 以下『浮世』라고 略称), 広重狂画『伊勢参宮膝くりげ道中寿語録』(安政二年五月刊, 以下『伊勢』라고 略称), 歌川重宣画『新板膝栗毛道中双六』(安政三年九月刊, 以下『新板』이라고 略称)를 제재로 한다.[4)]

이 고찰대상 작품으로부터 엿볼 수 있듯이 그림주사위판 제작에 있어서 가장 현저한 활약을 하는 화가는 초대 히로시게(初代広重)이다. 히로시게는 〈히자쿠리게물〉이 아닌 다른 여행소재주사위판(道中双六)으로서『東海駅路狂歌寿娯録』를 春友亭의 狂歌동료에게 배부하기 위하여 이미 嘉永二1849~五1852年에 간행한 경력을 지니고 있다. 이것은 니혼바시(日本橋)를 기점으로 京都三条大橋를 도착점으로 한다.[5)]

豊橋市二川宿本陣資料館刊『道中双六』(1998年) 도록에 수록되어 있는 広重그림道中双六는 18점을 헤아리며, 빠른 작품으로는 天保十四1843年~弘化四1847年에 간행되고 있는 것이다.

아울러, 그림주사위판의 게임방법 중에 먼저 튀거나 제자리로 되

3) 『東海道中膝栗毛』(中村幸彦校注, 新編日本古典文学全集, 小学館, 1995年)의 通称으로서 以下『히자쿠리게』라고 약칭하며 本文 및 삽화 인용은 同全集에 의한다.

4) 拙論「〈膝栗毛もの〉絵双六の表象と表現」(『国際日本文学研究集会会議録』第三十回、国文学研究資料館、2007年3月30日)과 本稿는 考察対象이 겹치나, 논증과정과 결론 모두 상이함을 밝혀둔다. 또한 当該会議録96頁~97頁에 図版 를 소수하고 있으므로 여기에서는 생략한다.

5) 『広重画業展』図録(馬頭町広重美術館、2005年 9月) 所収.

돌아오거나 휴식이 들어가거나 하는데, 여행소재주사위판(道中双六)에서는 '쉰다'고 하는 것을 〈泊〉으로 표시한다. 따라서 『新板』「沼津」와 같이 확실히 잠자리 장면을 도안에서는 그리면서 〈泊〉이라고 표시하지 않는 모순이 발생한다. 더욱이 『図会』 『浮世』에서는 원화와 도상에 준할 때 「三嶋」가 〈泊〉이 되어야 하는데, 묵지도 않는 「沼津」가 도상과 부적합하게 〈泊〉이 되어 있거나 한다. 마찬가지로 『図会』 『浮世』의 「하마마츠」도 도상에 부응하여 〈泊〉이 되어야 하는데 직전 역참에 〈泊〉을 가져옴으로써 하마마츠에서는 〈泊〉으로 하지 않는 도안과의 모순이 발생한다. 이와 같이 그림주사위판의 놀이 방법으로 〈泊〉은 단순한 한번 휴식이라는 뜻밖엔 지니지 않는 경우가 종종 있는 것이다.

2. 그림주사위판이 창안한 도상 검토

한 장짜리 놀이도구인 그림주사위판은 소설의 세계를 도입할 때 화공의 발안보다는 모방 쪽에 더 급급할 것으로 여겨져 창조성이 부족한 장르로 인식되어지기 쉽다. 그러나 그림주사위판의 한 칸 한 칸에 주석적 분석을 실시해 보면 그 창조성이 발견되는 것이다.

2.1 원화에 입각하면서 새로운 도안을 발안

원화에 기초하면서 새로운 그림을 발안하는 경우를 보겠다. 예를 들면 『図会』 『浮世』의 「나루미」[6], 『伊勢』 『新板』의 「鳴海」는 『히자

6) 『図会』「なるみ」「(北八) √やぢさんモウよしなさい。こゝなあるじハせうぎてうつゝだからはじまらねヱ。ヤ√これハいくらだネ。ていしゅ√ヘイそれでございますかこうつとあんたのおてにハきん%＼ハないはづしゃ、どうしてもまけハ

쿠리게』 四編下・鳴海역참 바로 직전인 아리마츠마을(有松村)의 에피소드[7]를 사용한다. 『히자쿠리게』 나루미 역참에서는 홀치기염색옷감(나루미시보리)에 관한 狂歌를 읊을 뿐. 그러나 아리마츠시보리는 일명 나루미시보리라고도 일컬어졌으므로 원화의 역참에 상응하는 에피소드로 간주 할 수 있다. 원화(삽화없음)에 기초하면서 새로운 도안을 화공은 발안하고 있는데, 『新板』의 「鳴海」는 '기타하치 시보리 옷감의 가격을 교섭하다'(北八しぼりのねをつける)로, 『伊勢』「鳴海」[8]의 야지로부터 기타하치로 주체가 역전한다. 도안은 유사하지만 장기를 두고 있는 가게주인을 그린 것이 『伊勢』(『図会』『浮世』도 마찬가지) 라면, 그 다음의 손님대응에 나선 가게주인을 그린 것이 『新板』이다. 『伊勢』에 추종하는 『新板』이나, 전 칸 중에서 가장 차별성이 있는 한 칸이라고 하겠다.

『히자쿠리게』 四編上・二川역참에서는 우비보관용 바구니(合羽籠)에 흙발을 집어넣었다고 하는 종복무사와 야지와의 싸움[9]이 있고(삽

せんテ。ヤ√そんならこれハいくらた」
『浮世』「四〇・なるみ」

7) 『히자쿠리게』 四編下「此町(有松村) のとっぱづれに、小みせなれども、そめ地いろ／＼、おもてにつるしある内へはいりて、弥次 「コレ此しぼりは、いくらします トいふに、此うちのていしゅと見へて、しゃうぎをさしていたるが、よねんなく、うてうてんとなりて、……ハテかいたふても金銀はあらまい。ないはづじゃ。わしが手におはしますじゃて。……ト(弥次が) 大きなこへする、ていしゅはっと心づき、そう／＼しゃうぎをやめて、「へイ／＼是は粗相申ました。何なとまけてあげませずに、おめし下されませ。」 그래서 주인 次兵에게 비싼 물건을 사는 듯한 말투로 가격을 물어대다가 결국 有松홀치기염색수건 한 장 사는 야지였다.

8) 『伊勢』「鳴海・弥二郎なるみしほりのねをつける」

9) 『히자쿠리게』 四編上「このしゅく(二川) はいづれのとのさまにや、お小休(こやす)みと見へて、御本陣のまへに……弥次 「アイタヽヽヽヽわりい所に合羽籠をおきやアがる。トけつまづいてこゞとをいふを、おやといの中間ていにみゆる男「コノやろうめ、合羽かごへ土足をふみかけやアがって、……なんだこいつ、ぶち

화 없음. 『図会』『浮世』의 「후타가와,[10] 『伊勢』『新板』의 「平塚」[11]), 그 후 짐을 중이 보이면 들어주기 내기를 하는 와중에 비구니와의 희롱이 있다(삽화 있음. 『伊勢』의 「興津」[12], 『新板』의 「江尻」[13], 『図会』『浮世』의 「川崎」.[14]) 이와 같이 다른 역참에 차용하기도 하면서 『히자쿠리게』 후타가와역참의 에피소드는 『図会』『浮世』, 『伊勢』『新板』양쪽 전부에 채택되고 있다. 동일한 사건을 역참을 변경하면서까지 채택하고 있는 것으로 보아 당시 인기 있었던 에피소드였음을 알 수 있다.

『図会』『浮世』「후타가와」의 도상을 보면 종복무사의 칼끝은 꺾어져서 죽도로 그려지고 원화의 싸움 한창 중에는 등장하지 않는 기타하치가 등장한다. 그려진 벽은 무대가 공인여관 앞임을 나타낸다. 우비바구니는 영주의 여행 시 종복들의 우비도구들을 넣는 뚜껑 달린 바구니로 봉으로 짊어지게 되어있음을 도안에서 잘 알 수 있다. 『図会』에서는 우비바구니 외에 4문짜리 동전 한 줄, 편지함 파발꾼과

はなすぞ(＝斬り付けるぞ)、弥次　「きさまたちの赤鰯でナニきれるものか。……サアきれ／＼。(かのお中間) 引ぬいてつきにかゝる竹みつを、弥次郎ひっつかんでねぢたをせば、……此内はやとのさまのおたちと見へて……けんくはもそれぎりとなり、」。

10) 『図会』「ふた川」「(中間) √このやろうめかっはかこへとそくてゆきあたりおった　すまねへそ／＼いまぶちはなす、かくこせへ。(弥次) √きれるならきってみろ、たけみつたろうはかめ。(北八) √やぢさんうっちゃっておきなせへそらおたちたハ」
『浮世』「三三・ふた川」

11) 『伊勢』「平塚・喜多八おり介(＝仲間) とけんくわ弥二郎とりさへる」
『新板』「平塚・喜た八おり介とけんくわを弥二郎とりさへる」와 문장 흡사, 그림 흡사.

12) 『伊勢』「興津・弥二郎○女○○ハびくにとつれだちてひやかされる」

13) 『新板』「江尻・〈泊〉・びくにとつれだちひやかされる」と、『伊勢』「興津」の文章と絵柄を縮約。

14) 拙論「〈膝栗毛もの〉絵双六の表象と表現」에 詳述.

같이 생활도구를 세세하게 그림으로써 당시 생활풍속이 저절로 눈앞에 펼쳐진다. 『図会』「후타가와」와 『伊勢』「平塚」의 도안은 죽도 및 석벽 등이 유사하다. 『히자쿠리게』 四編上・후타가와의 에피소드를 무척 앞당겨 『伊勢』「平塚」에 가져 온 것이다. 『히자쿠리게』에서는 히라츠카(平塚)라는 지명은 등장하지 않는다. 바뉴강(馬入川)에서 狂歌를 한 수 읊을 따름이었다.

『伊勢』『新板』의 '구와나・배안에서 주전자와 오줌 그릇을 착각하여 소변을 먹고 대소동'(桑名・船中にてきびしゃうとしびんとまちがへ小べんをのみおほさわぎ)[15]은, 『히자쿠리게』 六編上・淀川의 에피소드[16]를 상당히 앞당겨 전용한 것이다. 원화에서는 교토보다 오사카에 먼저 가고자 우지후시미(宇治伏見)의 교바시(京橋)에서 요도가와(淀川)강을 三十石의 내려가는 배(下り船)에 탔을 때 발생한 사건이었다. 『히자쿠리게』 삽화에는 앞머리를 밀지 않은 죠마츠(長松)와 은거노인이 그려진다. 토하고 있는 것은 야지일 것이다. 비바람을 막

---

15) 『新板』「桑名・船中にてきひしゃうとしびんとまちがへ小べんをのみ大さわぎ」와 문장 동일, 그림 흡사.

16) 『히자쿠리게』 六編上、大阪로 가기 위하여 宇治伏見의 京橋로부터 淀川를 三十石船 하행선을 탄 참이었다. 「十二三のまへがみ(長松) つれたる、ゐんきょらしきぢいさま」から弥次は尿瓶(しびん)を借りたつもりが、暗がり紛れに間違えて急須(きゅうす・きびしょ) に小便をする。それを知らない隠居と北八は急須の中の水(小便) を捨てて酒を入れ燗をして呑んで気持ちが悪くなる。二人は気づき、「北八 「ヱヽきたねへ、ゲエイ／＼……とんだこった。むねがむかゝ／＼する。いんきょ 「アヽこりゃ、ゲエイ／＼。長松よ背中たゝいてたも。アヽむさやの、ゲエイ／＼」急須は捨てて口直しに買ったばかりの尿瓶に酒を入れて燗をして乗り合い衆みんなで廻し呑む。その尿瓶が病人の所へ行って戻ったのだが、「(病人の親父が)　しびんをおくりもどす。北八とって弥次郎へ、なみ／＼とついでやる。弥次ひといきにぐっとのんでちゃわんをなげだし、弥次 「ヱヽヽヽヽこりゃとんだこった。ゲヱイ／＼。……コリャ酒じゃねへ。小べんだ／＼。(病人の) おやぢ 「ハヽアこれはしたり、そゝうしました。わしらがとこの御病人のしびんと、取違へました。サア／＼酒のはこゝにある。ソレとりかへてくだんせ。」

기 위하여 배 안에 봉 같은 것을 세우고 거기에 멍석처럼 짠 뜸(苫:とま) 을 덮어씌우고 있었던 요도가와강의 밤배 모습이 구현되어서 그려지고 있었다. 그림주사위판 『伊勢』「桑名」에도 이 뜸(苫)이 보인다.

한편 『히자쿠리게』 四編下・宮에서 桑名로 해상을 가는 객선에서는 죽통의 사용법을 오해한 야지가 배안을 온통 오줌천지로 만든다. (『히자쿠리게』 五編上・桑名에서는 비싼 가격이라면 가마를 타겠다고 가마 삯을 둘러싼 역전의 골계가 있고, 어르신 행세를 하는 야지가 구운 대합에 화상입는 에피소드가 이어진다.) 이와 같이 원화에서도 야지 기타는 미야에서 구와나까지 배로 건너므로 바다와 강이라는 차이는 있으나, 같은 배 안의 일화를 『伊勢』『新板』의 「桑名」에 가져온 것이다. 『히자쿠리게』 六編上・淀川의 본 장면에서 오줌냄새 나는 술을 먹은 기타하치 말하기를 "구와나 나룻배에서도 이 사람이 배 안에서 소변을 보아 대소동이 있었습니다"(桑名のわたしでも、此人が船の中で小便して、大さはぎをやりやした)라고 고자질하듯이 양쪽이 일맥상통하는 이야기이기 때문으로 여겨진다.

2.2 원화에 입각하지 않는 화가의 창안

또한 원화에 입각하지 않는 화가의 창안・발안에 의한 도상의 경우도 있다. 『히자쿠리게』 三編下・袋井의 직전[17]에서 야지 기타는

17) 『히자쿠리게』三編下袋井의 직전「砂川の坂道にかゝりけるに、両方より木立生茂りて日の陰くらく、…… 「コヲレ／＼、たびの人ヲ／＼。トよびかけられ、両人うしろをふりかへりみれば、かたわらの木かげより、のさ／＼とふところ手にて出来るは、どてらぬの子に、一こしぼっこみ、山をかづきんをかぶりたる、ひげだらけのむさくろしき男、……ふたりはびっくりし、こは%＼ながら」。이 다음에 袋井 역참외곽에서부터 가미가타양반과 길동무가 되어 吉原에 대하여 아는 체 하는 야지.

체격 좋은 사내가 뒤로부터 불러대자 도둑에 틀림없다고 무서워하는데, 실은 거지였다고 하는 끝맺음익살이 오는 골계담이 전개된다. 원화에 삽화는 없지만 원화의 상황설명을 그대로 묘사한 듯한 장면이 『伊勢』『新板』의 「袋井」[18]이다. 밤이라고 각색하면서도 겁쟁이 두 사람의 모습이 화면으로부터 배어나온다. 원화에서는 도적이 아니라 거지였다는 끝맺음이었고, 『伊勢』『新板』의 「袋井」의 몸집 좋은 사내는 통소매로 만든 솜 둔 두꺼운 겨울옷을 입고 2자5치 정도의 큰 칼을 비스듬하게 옆에 차고 정면에서 보면 삼각형으로 보이는 야마오카두건(山岡頭巾, 연극에서는 산적의 상징적 두건임)을 쓰고 있다. 얼핏 보면 원화에 입각한 듯이 보이는 『図会』『浮世』의 「즈치야마」의 도안이나, 『図会』「즈치야마」의 대사[19]에 주목하면, 웃음이 없는 완전한 창작이며 여행에서 일어날 수 있는 실제 도적과의 조우를 그렸다고 이해하는 쪽이 자연스럽고 타당함을 알 수 있다. 따라서 화가의 창안이 돋보이는 장면이라고 할 수 있다.

필자가 〈히자쿠리게물〉 그림주사위판의 선구라고 생각하고 있는 東一그림 『신판동해도기분전환그림주사위판(しんはん東海道鬱散(きさんじ)双六)』(天保五1834年가을刊行)에도 원화와 어긋나는 창작담이 보인다. '袋井・(弥次 / 北) : 이 このわげ(髷?) ぶし가 얼마지? (金比羅 참배객) : 발원을 하여 곤삐라 신에 참배 갑니다(しんぐわんでこんひらへまいります)'도 창작 에피소드이다. '二川・ま○○や・자네 집에 이런 얼굴의 사람을 묵게 한 적은 없나?(おまへのうちへこんなかほの人をとめたおぼへハないかね)'는 수배전단지를 보이고 있지도 않으므

18) 『伊勢』「袋井・夜みちに大男にであひ大ひにおどろく」
『新板』「袋井・夜道にて大男に出会おとろく」와 문장생략, 그림흡사.

19) 『図会』「つち山・(弥次北) √こなたからはやくたってハいけねへといふのた。(弥次北) √イヨウとろほうた。(男) √ここまちくされおのれまたぬとどゐらいめにあはそをヨ。

로 자신이 자신을 찾는다는 골계가 우스운 창작담. 『히자쿠리게』 五編追加・伊勢에서 후지야(藤屋)라고 하는 여관을 찾아 헤매는 야지를 연상케 하지만 창안에 가깝다. 또한 '욧카이치・그렇게 능란하게 홀릴 수 있으랴. 꼬리를 내놔라 꼬리를 내놔.'(四日市・そふうまくばかされるものか しりほをだせ／＼)는, 『히자쿠리게』 四編上・御油의 에피소드를 차용하고 있으나 창작한 대사에 맞추어 도안・상황 모두 원화와는 다른 분위기로 각색되어진다.

3. 『히자쿠리게』 삽화의 계승

원화의 삽화계승은 답습과 각색으로 나누어 생각할 수 있다. 원화의 삽화를 그대로 답습하기 보다는 뭔가 연출해 보이는 경우가 태반이다.

3.1 원화삽화를 답습하다

원화삽화를 답습하는 예로서 『히자쿠리게』 三編上・日坂의 에피소드를 묘사하는 『図会』 『浮世』의 「日坂」를 들 수 있다. 그 도안은 원화의 삽화와 구도라든지 소도구까지 유사하다. 특히 『図会』 『浮世』 「日坂」와 『伊勢』 「日坂」와는 무녀의 복장과 머리스타일, 상자, 밥공기, 방의 구조까지 흡사하므로 모사(模写)한 게 아닐까 여겨진다. 세 명(무녀・야지・기타하치) 의 대사는 비교적 원문에 충실하다.

『히자쿠리게』 三編上・日坂에서

> 드디어 야지로 기타하치 안쪽 방에 들어가서 부탁한다. 무녀 여느 때의 상자를 꺼내서 (자신 앞에) 바로 놓자, ……여관 여자, 물을 떠 온다.

야지로 죽은 마누라 일을 떠올리며 붓순나무 잎에 물을 공양하재[묻혀 무녀에게 흔들어 뿌리재], …… 기타하치 "어라? 야지상, 너 울고 있는 거냐? 하하하하하, …… 무녀는 가래나무 활을 치운다[상자에 담는다].[20]

라고 하는 상황을『伊勢』「日坂〈泊〉」'야지로 마누라의 영혼을 불러서 탄식한다(弥二郎女ぼうを口よせしてなげく)'는 그대로 묘사된다. 원화의 삽화와 구도라든지 소도구까지 비슷한 것이다. 무녀(いちこ)는 일반적인 복장을 하고 안에 불상·가래나무 활·염주 등을 보관한 장방형 상자를 자신의 정면에 놓고 가래나무 활을 꺼내어 붓순나뭇잎(樒の葉)이나 남천목(南天)잎으로 자신에게 물을 뿌리게 하고 활을 켜고 염주를 굴리며 손님과 여러 가지 문답을 한다. 나중에 기타하치는 이 무녀침소에 몰래 숨어들지만 착각하여 그 모친과 잠자리를 한다. 늦게 일어난 야지는 기타하치를 무녀라고 착각하여 희롱하려고 한다. 잠에서 깬 무녀의 모친을 뿌리치고 도망가는 야지였다.

더욱이『図会』「〈泊〉日坂」의

무녀 "비석에도 딱 한번 성묘를 오셨을 뿐이므로, (비석이) 지금은 울타리 밑 돌담이 되어서 개가 오줌을 뿌립니다. 물 한번 공양해 준 적은 없지요. 정말 정말, 오래 죽다보면 갖가지 고생을 합니다."야지 "지당한 말씀, 지당한 말씀, 자네 말 대로네." (야지) "지당하네, 지당해, 지당해. 슬픈지고 슬픈지고." (기타하치) "야지상, 슬픈가? 몹시도 우는군 하하하, 하하하."[21]

---

20) 「やがて弥次郎きた八おくのまへはいりたのむと、いち女れいのはこを出してなをすと、……やどの女、水をくみ来る。弥次郎すぎさりし女房のことを思ひだして、しきみのはに水をむけると、……北八 「ヲヤ弥次さん、おめへなくかハヽヽヽヽ……いちこはあづさの弓をしもふ。」

21) 「みこ√せきとふも一へんだけまいったなりで、今ハへいの下のいしかけとなって犬に小へんかけられたり、水ひとつた向てくれたことハない、ほんにほんにながじにすれバいろんなくがごさるて。ヤ√もっともた／＼そのとふりだ。(弥二) √

라고 하는『図会』『浮世』「日坂」의 도안은『히자쿠리게』三編上・日坂의 에피소드를 묘사한다.

> 무녀 "비석은 세워졌지만 그 뿐으로 성묘도 오지 않고 ……지금은 비석도 절 울타리 밑 돌담이 되어 버려서, 이따금씩 개가 (공양을 위한 물 대신) 오줌을 뿌릴 뿐, 지금까지 물 한번 공양해 주신 적 없으시지요. 정말 오래 죽다보면 여러 가지 수모를 당하네요." 야지 "지당한 말씀, 지당한 말씀."22)

이라는 원화의 대사에 입각하여 세 명의 대사는 비교적 원문에 충실함을 알 수 있다.

3.2 원화삽화를 각색하다

원화삽화에 각색을 하는 예로서는『図会』『浮世』「京」의 도안을 보겠다. 표주박을 두들기는 공야승려(空也僧)23)는『都名所図絵』의 공야당(空也堂) 부분에 그려진 두 명의 공야승려를 한사람으로 바꿔 그린 것이라고 추측된다. 아기를 업은 상점의 사환 그림은 같은 책

もっともた／＼／＼かなしい／＼。(北八) √やちさんかなしいかひとくなくナハゝゝ／＼」

22) 「いち子「石塔はたてゝ下さったれど、それなりで墓まいりもせず、……今では石塔も塀のしたの石がけとなりたれば、折ふし犬が小べんをしかけるばかり、ついに水ひとつ手向られた事はござらぬ。ほんに長死(ながじに)をすれば、いろ／＼なめにあひますぞや。弥二「もっともだ／＼。」

23) 広重는 天保初年에 浜松屋幸助로부터 小短冊을 출판하고 있는데, 그 중 한 장에 한명의 茶筅장수가 그려진다. 그 画賛은「納豆切 音しはし まて 鉢たゝきはせを」. 이것과『히자쿠리게』七編下삽화의 空也僧그림이 흡사하다. 그 밖에 広重는 安政四年에 絵入狂歌本『狂歌やまと人物』을 간행하며, 四編에 한명의 茶筅장수를 그린다. 以上『広重画業展』図録(馬頭町広重美術館、2005年 9月) 所収. 볏짚에 茶筅을 찔러 넣고 막대기를 붙여서 짊어지는 茶筅장수는 広重画保永堂版「京師・三条大橋」(天保四年부터 五年刊行)에도 등장한다.

의 서약문제거(誓文払い)[24]의 해당 부분에 보이는 자를 방향을 바꾸어 등장시키면서 조화시킨 것.[25]

주사위판『図会』「京」의 두 명의 공야승려와 두 명의 이세참배 어린이는 이상의 조화를 의식한 것임에 틀림없다고 생각한다.

『히자쿠리게』三編下・掛川의 에피소드를 묘사하고 있는『図会』『浮世』「가케가와」와『伊勢』『新板』「掛川」는 상점의 구도, 등장인물 네 명의 위치관계라든지 각자가 손에 들고 있는 물건(담뱃대・찻잔・술병・빈손), 뒷모습의 사루이치(猿市)가 봇짐을 짊어지고 있는 점, 이누이치(犬市)와 사루이치 사이에 놓여진 안주(넓적 쟁반 요리인 듯) 등이 흡사한 점으로 미루어 보건데, 모사한 것으로 추정되며 그림 주사위판끼리의 영향을 엿볼 수 있다.

『히자쿠리게』三編下・掛川에서는 그 직전의 시오이강(塩井川)에서 맹인을 속이려다 실패해서 강 속으로 떨어진 기타하치인데, 가케가와의 찻집에서 앙갚음을 하려고 하여 '(작은 사기)술잔에 가득 따라서 한 입 먹고 내려놓자, 기타하치 슬쩍 손을 뻗어서 술잔의 술을 마셔 버리고는 잽싸게 원위치에 놓는다. ……기타하치 술 주전자를 잡고 자기가 마신 찻잔 두 번에 비우고는, 슬며시 술 주전자를 원위치에 둔다.'[26]라고 하는 장면을『伊勢』『新板』의「掛川」[27]는 묘사하

24) 음력 10월20일에 교토의 상인 창녀들이 그동안 고객을 속인 죄를 용서해 달라고 비는 행사. 이날을 전후하여 교토지방의 상점은 염가 대매출을 함.

25) 空也僧의 説明은 日本古典文学全集『東海道中膝栗毛』(中村幸彦校注、小学館、1975年) 頭注를 참조했음.

26)「(さる市が) ちょくにいっぱいついでひと口のみ、下におくと、きた八そっと手を出し、ちょくのさけをのんでしまい、ちゃっともとの所におく。……北八てうしをとり、じぶんがのんだ、ちゃのみぢゃわんふたつにあけて、そっとてうしを、もとのところにおく」

27)『伊勢』「掛川・北八さとうのさけをぬすみてのむ」
『新板』「掛川・北八さとうの酒をのみぬすみのむ」

고 있다.『히자쿠리게』 삽화에서는 이누이치(犬市)의 손에 작은 사기 술잔(猪口), 기타하치가 자신의 찻잔에 술 주전자(銚子)(이 술주전자에는 이홉 정도의 술을 넣어 둔다) 로부터 술을 따르고 있다.『伊勢』에서는 찻잔을 들고 있는 것이 기타하치, 이누이치는 긴 술병(徳利)을 들고 있다. 원화의 삽화를 각색하고 있는 것이다.

> (기타하치) "이거 참 성찬이군. 공짜로 마실 수 있다니, 절묘하다 절묘해~" (야지) "저 맹인이 아까 강에 빠트려 댄 앙갚음으로 (기타하치가) 술을 마셔주니 절묘하군." (이누이치) "네놈이 방금 따라 준 술이 벌써 없다고, 네놈이 마셔버렸지?" (사루이치) "뭐라고? 나는 지금 막 따랐네. 야, 야, 또 술병[도쿠리] 안의 술도 없어 없다고."[28]

라고,『浮世』「二六・가케가와」의 도안도『히자쿠리게』三編下・掛川의 에피소드를 묘사하고 있다.

> 기타하치 "요거 마침 좋은 수가 있어. 나를 강에 빠뜨린 앙갚음을 해주지." ……술 주전자를 낚아채서 따라 보더니, 이누이치 "야아 이 사루이치 놈! 혼자서 몽땅 먹어치웠구나!" 사루이치 "무슨 말도 안 되는 소리를~" 이누이치 "글쎄 술 주전자가 싹~ 이라고!"[29]

이와 같이 원화에서는 술주전자(銚子)라고 되어 있는 것을『図会』

---

28) 『図会』「かけ川」「(北八) √こいつハこちそうた、たゝのめるとハめう／＼。(弥二) アノざとふもさきに川へはめおったいしゅかへしに、さけをのんでやるとハきめうた。(犬市) √てめへ今ついてくれたさけかモウないハ、てめへのんてしまったナ。(猿市) √ナニおれハいまついたのたヤア／＼またとくりのさけもないそ／＼」

29) 「北八「こいつはいゝことがある。おいらを川へはめた意趣返(いしゅげへ)しをしてやろふ。……(犬市は) てうしをとってついでみて「ヤアこのさる市め、ひとりでくらってしまやアがった。さる市「ナアニ、とんだことを。犬市「それでも銚子がさっぱりだ」。

에서는 술병(とくり)이라고 바꾸고 그림도 술주전자 대신에 술병을 등장시킨다. 『히자쿠리게』에 있어서 이 사건 한창 중에 야지의 대사는 없다. 따라서 『히자쿠리게』 삽화에도 야지는 그려지지 않는다. 그러나 『図会』에서는 야지를 등장시켜 이 사건의 발단을 기타하치를 대신해서 말하게 하고 있는 것이다.

이상과 같이 『히자쿠리게』 원화에 삽화가 존재 할 경우, 그것을 밑바탕으로 하기 쉬우므로 그림주사위판에 있어서도 유사한 구도가 도출될 가능성이 높지만, 특히 『図会』『浮世』와 『伊勢』『新板』의 주사위판끼리의 영향관계가 두드러진 격자 칸으로서, 39칸을 헤아릴 수 있다. 그 중에서 「掛川」「藤沢」「小田原」 등과 같이 동일한 역참에서 모방하는 경우(15칸[30])은 4작품 전부다 일치, 5칸[31])은 3작품이 일치) 도 있는가 하면, 『図会』『浮世』「二川」와 『伊勢』『新板』「平塚」 등과 같이 다른 역참에서 모방하는 경우(19칸[32])) 도 있으므로 답

30) ①『図会』『浮世』「藤沢」と『伊勢』『新板』「藤沢」。②『図会』『浮世』「小田原」と『伊勢』『新板』「小田原」。③『図会』『浮世』「鞠子」と『伊勢』『新板』「鞠子」。④『図会』『浮世』「岡部」と『伊勢』『新板』「岡部」。⑤『図会』『浮世』「藤枝」と『伊勢』『新板』「藤枝」。⑥『図会』『浮世』「嶋田」と『伊勢』『新板』「嶋田」。⑦『図会』『浮世』「金谷」と『伊勢』『新板』「金谷」。⑧『図会』『浮世』「日坂」と『伊勢』『新板』「日坂」。⑨『図会』『浮世』「掛川」と『伊勢』『新板』「掛川」。⑩『図会』『浮世』「濱松」と『伊勢』『新板』「濱松」。⑪『図会』『浮世』「舞坂」と『伊勢』『新板』「舞坂」。⑫『図会』『浮世』「御油」と『伊勢』『新板』「御油」。⑬『図会』『浮世』「赤坂」と『伊勢』『新板』「赤坂」。⑭『図会』『浮世』「藤川」と『伊勢』『新板』「藤川」。⑮『図会』『浮世』「宮」と『伊勢』『新板』「宮」

31) ①『図会』『浮世』「箱根」と『伊勢』「箱根」=『新板』「三嶋」。②『図会』『浮世』「吉原」と『伊勢』「吉原」。③『図会』『浮世』「四日市」と『伊勢』「四日市」=『新板』「石薬師」。④『図会』『浮世』「かめ山」と『伊勢』「白子」=『新板』「亀やま」。⑤『図会』『浮世』「京・上り」と『新板』「京都・上り」

32) ①『図会』『浮世』「品川」と『伊勢』『新板』「日本橋」。②『図会』『浮世』「川崎」と『伊勢』「興津」=『新板』「江尻」。③『図会』『浮世』「神奈川」と『伊勢』『新板』「品川」。④『図会』『浮世』「江尻」と『伊勢』『新板』「神奈川」。⑤『図会』『浮世』「由井」と『伊勢』『新板』「程ケ谷」。⑥『図会』『浮世』「二川」と『伊勢』

습하고자 하는 화공의 의도가 표출되는 부분이다.

이상의 성립사정으로 고찰하건데 주사위판끼리의 밀접한 영향관계는 명약관화하다 하겠다.

3.3 그림주사위판끼리의 영향이 보이지 않는 장면

한편, 그림주사위판끼리의 영향이 보이지 않는 장면으로서 『図会』『浮世』는 神田八町堀・戸塚・平塚・大磯・沼津・原・府中・荒井・白須賀・岡崎・池鯉鮒・鳴海・桑名・坂下・石部・草津의 16칸을 들 수 있다.

『伊勢』『新板』는 川崎・戸塚・府中・荒井・白須賀・二川・吉田・池鯉鮒・鳴海・桑名의 10칸, 『伊勢』「原」=『新板』「吉原」, 『伊勢』「蒲原」=『新板』「由井」, 『伊勢』「二見浦」「外宮内宮」과 같이 『伊勢』 4칸, 『新板』 2칸이 있다.

가령, 『히자쿠리게』 발단의 에피소드를 묘사하는 『図会』『浮世』「기점・神田八町堀・도치멘야 야지로베 혼례 올리는 곳(とちめんや弥次郎兵衛こんれいの所)」[33]은, 다른 그림주사위판에는 보이지 않는 장

『新板』「平塚」。⑦『図会』『浮世』「保土ヶ谷」と『伊勢』『新板』「大磯」。⑧『図会』『浮世』「見附」と『伊勢』「三嶋」=『新板』「沼津」。⑨『図会』『浮世』「三嶋」と『伊勢』「沼津」。⑩『図会』『浮世』「蒲原」と『伊勢』「由井」=『新板』「奥津」。⑪『図会』『浮世』「興津」と『伊勢』『新板』「見附」。⑫『図会』「関」と『伊勢』「江尻」と『新板』「草津」。⑬『図会』『浮世』「土山」と『伊勢』『新板』「袋井」。⑭『図会』『浮世』「袋井」と『伊勢』『新板』「岡崎」。⑮『図会』『浮世』「吉田」と『伊勢』「雲津」=『新板』「土山」。⑯『図会』『浮世』「石薬師」と『伊勢』「津」=『新板』「坂の下」。⑰『図会』『浮世』「庄野」と『伊勢』「小俣」=『新板』「石部」。⑱『図会』『浮世』「水口」と『伊勢』「上野」=『新板』「関」。⑲『図会』『浮世』「大津」と『伊勢』「松坂」=『新板』「水口」

33) 『図会』「や√ときにしうぎハすみやしたが、右のぢさんきんハどふだね、いも七さんよろしくおたのみもうしやす。いも七√おっとしだが、こんやハまにあはねへ。あすハとってすぐともってよこすから。女√こりゃいもひちさん、なにかと

면이다. 멜대생선장수(棒手振り)인 이모시치를 중개인으로 지참금 15냥 목적으로 산달이 인접한 오츠보(お壷)를 맞이하여 혼례를 올리는 밤, 장소는 '간다 핫쵸보리 신미치의 셋집 야지로의 집. 야지 "여보게 이모시치 지참금 소식이 없는데 어찌됐나?" 이모시치 "거기는 빈틈없네. ……내일 정오 무렵에 은거노인 쪽에서 틀림없이 오기로 되어있다네."[34] 이모시치가 돌아가자 "요전부터 자네에게 부탁한 15냥 내일은 가게물건을 도매하기 시작하므로 반드시 내일아침까지 내가 횡령한 손실을 메꾸어놓지 않으면 안됩니다."[35]라고 기타하치가 찾아온다. 야지는 새로 맞이한 마누라가 발각되면 성가시다고 오츠보를 궤 안에 황급히 감추고 있었는데, 원화삽화에서는 야지 기타하치 이야기 중에 오츠보가 '궤의 뚜껑을 안에서 열고(はんびつのふたをうちよりおしあけて)' 복통을 호소하는 장면이 그려진다. 『図会』『浮世』「기점・神田八町堀」의 도상은 이 원화삽화를 약간 참조하면서 스토리 면에 있어서는 원화의 전 단계를 그리고 있다.

4. 맺음말－『히자쿠리게』 삽화전용의 취지

『히자쿠리게』 三編下「日坂・塩井川」[36]에서 발생한 맹인을 속이려

おせはさまでございましたヨ」(外の北八) √なんでもこんや中に十五両の金がなくてハ大しくじり、だが弥次さんどふしてくれるのだ。イヨこいつハ大へんた。

34)「神田の八丁堀に、新道の小借(こじゃく)家住居(すまい)」の弥次郎宅。「弥次;コレいも七、持参金のさたがないがどふする。いも七;そこはぬからねへの。……あしたの昼時分、隠居のほうから、くるはづに間違はないといふことだ」。

35)「此間からおめへに頼んだ十五両の金の事、翌日(あす)は店おろしにかゝるゆへ、ぜひ／＼あすの朝まで、わっちが遣ひ込だ穴を、埋ておかねばなりやせぬ」

36)『히자쿠리게』三編下「犬市は大きにせきこみ「コレさる市、どこにゐる。さる市川中にて「イヤこいつはだれだ。と北八を川の中へ、どんぶりおとす。北八「ヤアイたすけてくれ／＼。ト手あしをもがきながれるゆへ」

다 강에 전락하는 일건을 『図会』『浮世』「후지에다」[37]라든지 『伊勢』『新板』「藤枝」[38]에 가지고 온다. 이들은 원화 삽화와 유사하지만 『図会』『浮世』의 「후지에다」는 원화삽화나 『伊勢』『新板』과는 달리 사건의 클라이맥스 즉 기타하치가 강에 빠지는 순간이 포착된다.

『히자쿠리게』 四編下・宮[39]의 에피소드를 묘사하고 있는 『図会』『浮世』「미야」[40]와 『伊勢』『新板』「宮」[41]도 쌍방의 도안이 닮아있다. 『히자쿠리게』 삽화는 여악사 한명이 샤미센을 켜고 있는 옆방의

---

37) 『図会』「藤えだ」「ざとう√どこのやろうかめくらとおもって人をたしぬきやがったかはりだコリャどんぶりこ／＼ハゝえいさまた」
『浮世』「二二・藤えだ」

38) 『伊勢』「藤枝・せと川にて両人ざとうをたばかりかはをわたる」
『新板』「藤枝・せと川両人ざとうをたばかり川をわたる」와 文章類似. 그림 흡사. 실제로는 속이려다 실패한 北八는 강에 빠지므로 「両人」이라고 하는 문장은 모순.

39) 『히자쿠리게』四編下「弥次郎あんまにもませる。このうちとなりざしきにとまり合せし、ごぜふたりが、なぐさみに三みせんを出し、いせおんどをうたふこへする。……北八 「イヤこいついゝこへだ。ナントあんまさん、わしはおどりが上手だ。……ほめてもらはにゃアはりやいがねへから、こうしやせう。わしがおどりしまった所で、おめへのつむりをちょいとなでよふから、それをきっかけに、やんやアとほめてくんな。……三味せんにあはせて北八手をたゝきをどるまねをして、北八 「よい／＼／＼よいやさア、トおどりしまい、ざとうのあたまをちょいとあしにてなでると、あんま 「ヤンヤア盃らい／＼……又となりのうた 「さす手ひく手にわしゃどこまでも、浪のうきねの梶まくら」。이 다음에 맹인여악사의 침소에 숨어든 야지가 샅바를 잊고 발각되는 에피소드가 이어진다.

40) 『図会』「〈泊〉みや」「北√あんまさんどうだおどりハうめへもんだろう、サアへうしをとりなせへ、となりのうたにうまくあふだろう、よい／＼／＼よいやサア。(あんま) √あんたおどりハお上づたヤンヤ／＼／＼。ヤ√こいつハおかしい／＼。こせ√さすてひくてにわしゃどこまても、なみのうきねのかちまくら、よい／＼」。北八의 台詞는 原文에 입각한다. 原文에서는 北八台詞였던 것이 弥次에게 할당되고 있다. 맹인여악사의 노래도 원문 그대로임.
『浮世』「〈泊〉みや」

41) 『伊勢』「宮〈泊〉・北八をどりながらあんまのあたまをあしでたゝく」
『新板』「みや〈泊〉・北八をどりながらあんまのあたまをたゝく」와 문장생략, 그림 흡사.

모습을 클로즈업하고 있고 야지는 안마사에 어깨를 주무르도록 하고 있으며, 기타하치는 방바닥에 뒹굴며 샤미센 소리에 귀를 기울이고 있는 듯한 모습으로 아직 사건의 발단을 그리고 있다. 그러나 『伊勢』『新板』도 『図会』『浮世』도 춤추면서 말로 맹인안마사의 머리를 쓰다듬는 기타하치를 그리고 있고, 『伊勢』『新板』 쪽은 안마사가 기타하치의 장난을 알아채고 있는 모습까지 그려 넣는다. 『図会』『浮世』 쪽은 두 명의 여악사 모습을 옆방에 절반정도 보이게 그림으로써 원화의 상황이 오히려 『히자쿠리게』 삽화보다도 정확하게 회화화되고 있다.

『히자쿠리게』 五編上・桑名[42]의 에피소드를 묘사하고 있는 『図会』『浮世』「구와나」[43]이나, 『히자쿠리게』 삽화는 대합을 굽고 있는 찻집 앞에 주인어르신 시늉을 하는 야지와 종복시늉을 하는 기타하치가 있어서 지금부터 그 가게 안으로 들어갈까 하는 발단을 포착하고 있었다. 그리고 드디어 그 찻집에 들어가 식사 중에 구운 대합을 다리가랑이에 떨어뜨려 당황하는 두 사람이 『図会』『浮世』에서는 취재된다.

『図会』『浮世』「四日市」[44]와 『伊勢』「四日市」[45]는 『히자쿠리게』

---

42) 『히자쿠리게』 五編上 「(茶屋の女は) はこにしたいろりのよふなものゝ中へ、はまぐりをならべ、松かさをつかみこみ、あふぎたてゝやくうち、……大さらにやきはまぐりをつみかさねていだし、……(弥次は) はまぐりをもってある皿をひっくりかへすひゃうしに、やけはまぐりが弥次郎兵への ふところへ、ひょいとはいるト、……きた八うろたへて、弥次郎がもゝひきのうへから、きん玉とはまぐりを、いっしょにつかむ。弥次 「アヽヽアツヽヽヽヽ、コリャどふする。きんたまがこげらア」

43) 『図会』「くわな」「ヤ√アツゝ/＼/＼/＼北八はやくたすけてくれ、やきはまくりかまたのうちへアツゝころけてアツゝゝきんだまがひになるアツゝゝ。北√こいつハたいへん/＼/＼アハゝゝ/＼/＼。かゝ√はやくたっておびてもおときなさいヲホゝゝ/＼/＼」。여자의 대사는 창작.
『浮世』「四二・くわな」

五編上・追分[46]의 삽화와 유사하다. 곤피라 참배객(金比羅参り)은 흰색 무명옷(白木綿襦袢)을 입고 바지 (股引) 등 모두 흰색을 사용한다. 그리고 텐구(天狗)가면 또는 신주 술단지(神酒壺) 한 쌍을 넣은 상자를 등짐 진 자가 많았는데 원화삽화나 『図会』 『浮世』에서는 그 신주상자(御神酒箱)가 그려진다. 원화삽화에서는 쟁반에 두세 개 놓여있던 찐빵이 『伊勢』나 『図会』 『浮世』에서는 다리달린 나무밥상(足付折敷 木具膳)에 산처럼 쌓여 있는 것이 특징이다. 많이 먹기 내기를 하는 클라이맥스를 포착하고 있기 때문일 것이다. 이와 같이 원화삽화를 밑바탕으로 그리고 있는 장면은 삼자가 서로 유사한 도상이 많다.

『図会』 『浮世』 「이시야쿠시」[47]와 『伊勢』 「津」 『新板』 「사카노시

---

44) 『図会』 「四日市」 「(金比羅参り) √こんたハ三百文かけてこのまんぢう二十くうことハどふてこざり升。北八√やぢさんこいつアおほつかねへヨ。(弥次) √そいついきやせう、そのかはりにくわなけら三百とまんちう代ハそっちからたしてもらふそ、よしか」
『浮世』 「四三・四日市」

45) 『伊勢』 「四日市・こんぴら参りにだまされまんぢうのかけをしてぜにをとられる」 『新板』 「四日市」뿐으로 내용이 없다. 이어지는 다음 역참인 『新板』 「石薬師」에 『伊勢』 「四日市」와 同内容이 그려진다.

46) 『히자쿠리게』 五編上 「此所(追分) の茶屋、まんぢうの名物あり、……此うち、こんぴらまいりと見へて、ぬのこのうへに、しろきひとへのはんてんをひっぱりたるおとこ、……弥次 「しかしあんまり見ごとだから、もふ二十くひなせへ。今度はおはつを三百文あげやせう。そのかはり、くはねへとこっちへ弐百とりっこだが、どふだ／＼。……(こんぴらは) たちまち二十くってしまひ、手ばやくかの三百文をちゃくぶくして、…… 「まんぢうの代もよろしうおたのみ申ます。……トおみきばこをせなにおひ、あとをも見ずして、出て行」。나중에 金比羅참배객으로 보인 것은 실은 「大津の釜七といふ、ゑらい手づまつかひ」로 찐빵을 소맷자락에 숨기고 있었던 것을 알게 되지만 이미 엎질러진 물. 原話의 弥次台詞를 金比羅참배객에게 말하게 하고 있다. 北八台詞는 창작.

47) 『図会』 「〈泊〉石やくし」 「(弥次) √北八かヤレおそろしやこのなかにしひとかいらア、はやくにけろ／＼。(北八) √やちさんかはやくきてくんなさへ、このたなかおちているから、とふもしかたかねへモウてかもけるやうた」

타」[48]는 도안이 유사하다. 『히자쿠리게』 五編上・四日市[49]에서 '(야지는) 속옷 한 장 차림으로 추워오고(じゅばんひとつでさむくはなるし)'라고 되어 있듯이 『히자쿠리게』 삽화 및 『図会』『浮世』「이시야쿠시」『伊勢』「津」『新板』「사카노시타」의 야지는 샅바위에 속옷(襦袢)을 걸치고 있다. 선반이 빠져서 '(야지 말하기를) 뭔가 잡동사니가 잔뜩 올려져 있는 듯.(なにかがらくたがしこたまあげてあるよふす)' '(여관주인 말하기를) 밥상 상자든 뭐든 (엉망진창이 되었다)(膳ばこもなにも(目茶苦茶になった))'와 같은 것이 선반에서 떨어져 오는 순간을 『伊勢』「津」에는 야지가 도망치는 순간과 이시동시법(異時同図法)으로 그리고 있다. 『히자쿠리게』 삽화는 돌지장에 놀란 기타하치와 그것을 보고 추궁하는 여관주인이라고 하는 결말 쪽을 그리고 있다.

이 밖에도 『히자쿠리게』 七編下・京都[50]에 있어서 에피소드는 결

『浮世』「〈泊〉石やくし」

48) 『伊勢』「津〈泊〉・石ぢぞうよばひして死人と思ひおどろきてたなをおとす」
『新板』「坂の下〈泊〉・ち蔵のよばへ」

49) 『히자쿠리게』 五編上「北八「ヲヽ弥次さん、おめへどこへいった、コウちょっとこゝへ。弥次 「イヤそこ所ではない。あそこに死だものへ菰がかけてあるから、もふ／＼うそきみのわりいうちだ。……おそろしや／＼トそう／＼にはひいだしにげ行。……(北八は) がた／＼ふるへるひゃうしに手がゆるみて、うへのたながぐはら／＼／＼。」

50) 『히자쿠리게』 七編下・京都「としのころ、六十ちかき、うそよごれたひげむしゃくしゃ(で、鼻ひしゃげ) の大ぼうず(: 丸哲)」が梅ヶ枝、幟を染め返した着物を着た北八が源太、源太が母の安寿が弥次という役回りで、小橋屋の亭主の十三四なる娘おとらが三味線を弾きながら浄瑠璃を語って平仮名盛衰記無間の鐘が始まる。「弥次郎はしごのうへより、うちがへのぜにを、ばら／＼となげいだし……(丸鉄が) かきよせて、たもとに入れんとするを、弥次郎兵へはしごのうへからぐはんてつをとらへ……あらそふひゃうしに、かもゐにかけたる、はしごはづれて、弥次郎兵へひっくりかへり、どっさりおちると、はしごはぐはんてつのうへになり、むすめも、ひばらのほねをうたれて、わっとなきいだせば、弥次郎こしぼねをなでさすりながら、「アイタヽヽヽ、ぐはんてつ「アヽウヽ／＼、てい

말 쪽을 삽화에서 그리고 있었는데, 이와 유사한『図会』『浮世』「사카노시타」[51]는 사건이 한창 진행 중일 때를 그리고 있다. 이와 같은 시점의 차이가 생겨나는 원인을 책자와 회화라고 하는 미디어의 차이에서 고찰한 졸고[52]가 있으므로 참조를 바란다.『히자쿠리게』삽화와 그림주사위판 도상에 있어서의 차이점을 한마디로 말하면 원화의 삽화가 아직 사건의 서막·종막을 그리고 있다면 그림주사위판 쪽은 사건의 클라이맥스를 그리려고 하는 점이라고 할 수 있을 것이다. 그림주사위판이『히자쿠리게』삽화를 전용할 때, 그 취지는 여기에 있었던 것이 아닐까.

이상, 滑稽本『히자쿠리게』에 유발되는 그림주사위판의 주석분석을 통하여 소설에서 우키요에로 월경하는 에도표상문화, 이른바 책자를 수용해서 한 장짜리 회화로 확대하는 에도 의 독특한 문화현상의 일면을 고찰한 바이다.

[참고문헌]

加藤康子・松本倫子編著(2002),『幕末・明治の絵双六』, 国書刊行会.

鈴木重三・木村八重子・大久保純一編著(2004),『保永堂版　広重　東海道五拾三次』, 小学館.

しゅ 「どしたぞやい／＼、卜家内ぢうがうろたへたちて、たばこぼんひっくりかへすやら、あんどうをうちこかすやら……ていしゅ 「コリャ目がまふたのじゃ。ヤアイおとらヤアイ／＼」。

51)『図会』「坂の下」「(弥次) √ヤアしまった／＼はしこかこけるヨ、たすけて。(坊主) √アいた○ゝゝゝ。(亭主) √ゑらいおとしゃ、こりゃいったいとふしたんしゃ。ヤアむすめハめかまふたアア／＼／＼ゑらいことになったサア／＼そうとしゃ／＼／＼。(娘) √ウン引フウ／＼／＼／＼／＼」
『浮世』「四八・坂の下」。図柄が『히자쿠리게』삽화와 다소 유사.

52)「浮世絵に見る『東海道中膝栗毛』滑稽の旅」『浮世絵芸術』151号、国際浮世絵学会、2006年 2月.

拙稿(2007), 「〈膝栗毛もの〉絵双六の表象と表現」, 『国際日本文学研究集会会議録』第三十回, 国文学研究資料館.

拙稿(2006),「浮世絵に見る『東海道中膝栗毛』滑稽の旅」,『浮世絵芸術』151号, 国際浮世絵学会.

豊橋市二川宿本陣資料館刊図録(1998), 『道中双六』.

中村幸彦校注(1995), 『東海道中膝栗毛』〈新編日本古典文学全集〉 小学館.

馬頭町広重美術館刊図録(2005), 『広重画業展』.

4 밀리언셀러의 계승: 풍속화

우키요에로 보는 『東海道中膝栗毛』 골계 여행[1)]

1. 서 론

『東海道中膝栗毛』는 2005년 7월 국립분라쿠극장, 같은 해 9월 가부키좌에서 흥행되는 등 아직도 여전히 살아 있다. 알려진 바와 같이 짓펜샤잇구작 『膝栗毛』[2)]는 享和二年(一八〇二) 초편이 발행 된 후 그 영향력이 지대한 베스트셀러 골계본이나, 우키요에로부터도 그 영향력을 가늠할 수가 있다.

画題가 『膝栗毛』를 함유하거나 또는 야지 기타와 같은 이인조의 인물이 무심코 나오는 우키요에는 다수 존재한다. 그 중에서 본고는 명확하게 十返舎一九의 『膝栗毛』 版本삽화를 밑바탕으로 해서 그렸다고 간주할 수 있는 이른바 원화의 회화화를 목적으로 하는 우키요에 몇 점을 거론하면서 비교고찰을 하고자 한다.

가장 유명한 『膝栗毛』의 戯画시리즈로서 初代広重에 의한 「道中膝栗毛」와 「膝栗毛道中雀」를 들 수 있을 것이다. 둘 다 1830년데 후반 무렵인 天保중엽 경 간행으로 여겨지고 있는 작품들이나, 잇구 사후(1831년 사망)에도 『膝栗毛』의 열기가 식지 않았다는 당시 상황을

---

1) 「浮世絵に見る『東海道中膝栗毛』滑稽の旅」『浮世絵芸術』151号、p15～33、国際浮世絵学会、2006年 1月.

2) 以降、中村幸彦校注 『東海道中膝栗毛』(新編日本古典文学全集、小学館、一九九五年)의 略称으로서 『膝栗毛』를 사용한다. 『膝栗毛』의 原文 및 図版 引用은 同書에 의한다.

알 수 있다. 현재 전자의 시리즈는 6점, 후자 시리즈는 3점이 전해지고 있다.

소장처로서 東海道広重美術館에 「道中膝栗毛」 시리즈 중에서 부제목이 「小田原숙박」(蔦重板), 「大井川검문소」(佐野喜板), 「菊川언덕」(蔦重板), 「瀬戸川」(佐野喜板)을 확인 할 수 있다. 또한 中右瑛氏所蔵에도 同시리즈 가운데 「瀬戸川」(耕書堂板), 「参宮道白子」(耕書堂板)을 확인할 수 있다. 神奈川県立歴史博物館에는 「小田原숙박」(蔦屋板)과 「四日市숙박」(蔦重板)이 현존한다.

「膝栗毛道中雀」 시리즈의 소장은 東海道広重美術館과 神奈川県立歴史博物館에 「雲津역참외곽」(前者는 佐野喜板, 後者는 耕書堂板)이, 中右氏에게 「京都大仏殿」(耕書堂板)을 확인 할 수 있으나, 그 밖에 「浜松숙박」이 있다고 한다. 佐野喜板 「京都大仏殿」은 日本浮世絵博物館・神奈川県立歴史博物館에도 소장되어 있으며 『浮世絵大系』 十一에는 실물 크기로 佐野屋喜兵衛板이 실려 있다. 그 해설에서 출판업자가 처음에 蔦重이고, 후에 佐野喜로 바뀌었다고 한다. 「道中膝栗毛」 시리즈와 마찬가지로 「膝栗毛道中雀」 시리즈도 가로형 대형채색화(横大錦:약A3사이즈)로서 처음에는 蔦屋重三郎板으로서 간행되고 있었을 것이다.[3)]

---

3) 『原色浮世絵大百科事典』(日本浮世絵協会、一九八一年) 四巻・画題 「膝栗毛」 解説에서는, 横大錦, 蔦屋重三郎板으로서, 「道中膝栗毛」의 三種, 「膝栗毛道中雀」 六種의 細目을 들고 있으며, 神奈川県立歴史博物館蔵 「四日市숙박」 도판이 同項에 掲載된다.

2. 본 론

2.1 맹인을 속이려다 강에 빠지다

[図版 1] 歌川広重画「道中膝栗毛・瀬戸川」, 耕書堂板, 天保中期頃刊行, 中右瑛所蔵

[図版 2] 十返舎一九作画 『膝栗毛』 第三編下(享和四・一八〇四年刊) 삽화

닛사카를 지나 가케가와 역참 직전인 시오이강에 다다른 야지 기타는 맹인 두명이 가위바위보로 진 쪽이 이긴 쪽을 업고 건너기로 하는 장면을 우연히 목격한다. 진 사루이치의 등에 살짝 업혀서 무사히 건넌 야지. 한편 아직 이쪽 강가에 남겨진 이누이치가 재촉해서 사루이치와 말다툼이 벌어지고 할 수 없이 다시 되돌아온 사루이치 등에 이번에는 기타하치가 업힌다. 강을 건너는 도중 다른 사람을 업은 것을 알아차린 사루이치는 기타하치를 강물에 첨벙 떨어뜨리고 만다. 익사 직전의 기타하치를 야지가 구해낸다고 하는 에피소드가 펼쳐진다.

이 삽화 [図版 2]는 리듬감 있게 척척 진행되는 잇구의 원문과 조합해서 보면 그 재미가 배가한다. 사건의 서막에 해당하는 부분을 삽화에서 선택한 것도 한 가지 이유가 되겠으나, 작자 잇구의 경쾌한 필치는 스피디하게 사건을 진행시키면서 독자로 하여금 마치 그 현장에 있는 듯한 착각을 불러일으키는 힘이 있기 때문이다.

版本삽화는 우키요에와는 달리 인물명은 적히지 않으나 본문과 대응하면 젊은 사루이치 등에 업혀 웃고 있는 야지, 사루이치의 봇짐까지 짊어지고 아직이려나 아직이려나 하고 기다리고 있는 수염투성이 이누이치, 그것을 보고 저런 저런하고 손가락질하며 놀려대고 있

는 기타하치이다. 사건의 발단이라는 상황상 네 명 다 비교적 평화로운 표정을 보인다.

우키요에 [図版 1]이 되면 분위기가 180도 바뀌어 이어지는 다음 장면으로 급전환한다. 실로 사건의 클라이맥스를 포착했다고 할 수 있으리라. 건너편강가에서 이쪽을 보고 깜짝 놀라고 있는 작게 그려진 인물은 [図版 2]에서 무사히 건넌 야지이다. 인물은 회화화되고 있으며 우스움이 한층 두드러진다. 画賛「빠졌노라 눈이 없는 사람이라고 얕잡아 본 대가는 빠른 강물에(はまりけり目のなき人とあなどりしむくひははやき川のながれに)」는, 『膝栗毛』 本編에서 야지가 읊조리는 교카를 그대로 차용한 것이다.

[図版 2-1] 渓斎英泉画 『絵本膝栗毛』 四編上(弘化四・一八四七年刊) 삽화

[図版 1-1] 『東海道中滑稽五十三駅』 三編中(文久二・一八六二年刊) 삽화

滑稽本『膝栗毛』를 合巻化한『絵本膝栗毛』[4] 第四編 塩井川장면에서 渓斎英泉의 삽화 [図版 2-1]도 사건의 서막을 그리면서 인물의 위치관계 등이 흡사한 점으로 미루어 보건데 옆에 一九의 版本삽화 [図版 2]를 두고 보면서 그렸을 가능성이 극히 높다.

広重浮世絵 [図版 1]은 강에 늘어진 버들나무, 네 명의 위치관계로부터 文久二年(一八六二)에 간행된 一九作『膝栗毛』의 改板本『東海道中滑稽五十三駅』[5](椀屋喜兵衛외板, 東京大学待鳥文庫蔵) 三編中의

---

4) 鳥居フミ子編 『ソウル大学校所蔵近世芸文集』 第六巻(勉誠出版、二〇〇〇年) 所収. 図版 引用은 同書에 의한다.
『絵本膝栗毛』第二編巻末의 名壺에「故人十返舎一九原稿」「添削補綴英泉戯画」라고 있어서『絵本膝栗毛』成立事情을 알 수 있다.

5) 麻生磯次校注『東海道中膝栗毛』(日本古典文学大系、岩波書店、一九五八年) 解

삽화 [図版 1－1]가 粉本이 되었음에 틀림없으리라. 맹인을 속이려다가 강에 전락하는 일화 외에 동일한 현상이 보이는 삽화를 이후 지적해 감으로써 개판본 삽화가 히로시게의 우키요에로부터 구상을 얻어서 재탄생하고 있음을 입증하고자 한다.

또한 改板本刊行과 같은 해인 文久二年에 흥행되는『壮花四季所作(わかきのはなしきのふりごと)』(中村座、二番目大切、所作事) 라든지 이듬해 文久三年의 『露尾花野分濡事(つゆとおばなのべのぬれごと)』(八月부터 市村座、大切)는 膝栗毛物歌舞伎인 점 등, 이 文久기는 히자쿠리게가 붐을 일으키고 있던 시기라는 점도 주의해야 할 사항이다.

[図版 3] 一勇斎国芳画「膝栗毛五十三駅・奥津川의 場」, 安政元年(一八五四) 七月刊, 演劇博物館所蔵

安政元年(一八五四) 七月부터 江戸中村座에서 亀山복수담에 膝栗毛를 섞어서 만든『旅雀我好(あひやど)話』를 흥행한다. 야지는 初代中山市蔵, 기타는 初代中村鶴蔵, 犬市는 三代目嵐音八가 연기하고 있으며 [図版 3]은 그에 관련된 배우그림(役者絵)이다.[6]

三世桜田治助作의 이『旅雀我好(あひやど)話』는 크게 히트하면서 江戸時代歌舞伎의 대표적인 야지기타가 된다. 演劇博物館에 소장된 작품만 보더라도 19점이나 헤아릴 수 있는 것이다. 이 때 기타를 연

說에서는 外題『東海道中膝栗毛』、内題『滑稽五十三駅』라고 하는 改板本을 소개한다. 東京大学待鳥文庫本(椀屋喜兵衛他板)과는 別本인 듯. 図版 引用은 東大本에 의한다.
또한 改板의 諸異本의 画工을 国文学研究資料館데이터베이스에서는 일괄해서 一九自画作으로 하지만, 一九는 天保二年사망. 画風으로부터 広重의 문하생이 그린 것으로 추측할 수 있다. 初代広重浮世絵의 構想을 받고 있는 점으로 보아서도 가능한 추측이 아닐까.

6)『歌舞伎年表』第七巻과 演劇博物館의 画像解說参照.

기한 初代中村鶴蔵(三代目中村仲蔵) 는 이 역할이 평생의 출세역할이 되었다[7]고 한다. 참고로 『旅雀我好(あひやど)話』에서 中山市蔵는 弥次・藤川水右衛門의 두 역할을 연기하고 있으며 그 배우그림이 東京都立中央図書館에 소장되어 있다. 国芳役者絵 [図版 3]은 「사루이치」 등에 업힌 「기타하치」, 초조해 하는 듯한 「犬市」, 놀려대는 「弥二郎兵衛」로 구성된다.

먼저 건네진 야지는 태평스럽게 손가락질하며 놀려대고 있는 모습이다. 원화에 의하면 안달한 이누이치가 「여봐 사루이치 어디에 있냐?(コレさる市、どこにゐる)」라고 부르는 바람에 이를 들은 사루이치가 「야아, 이 녀석은 누구더냐(イヤこいつはだれだ)」하고 기타하치를 강에 첨벙 빠트린다고 하는 바로 그 직전의 실로 広重浮世絵 [図版 1]의 직전 장면이 회화화되고 있다. 이슬아슬한 기타하치의 표정이 불안한 듯 묘사된다. 배우그림(役者絵)으로서 네 명다 클로즈업되고 있으며 이른바 서양의 원근법은 사용하지 않는다.

그러나 [図版 1] [図版 3] 모두 다 강의 이름이 원화와 다른 것은 이 에피소드가 지명과의 필연성이 그다지 없기 때문일 것이다.

오키츠강은 由井역참의 다음 興津역참 바로 앞을 흘러, 여름에는 보행으로 건너고 겨울에는 가설교가 설치되는 작은 강이다. 広重의 「東海道五拾三次之内・奥津」(天保四・一八三三年刊, 保永堂板)에 여행 중 씨름꾼들을 인부들이 연대(輦台)에 태우고 건네는 그림이 있다. 「五十三次名所図絵・興津・오키츠강 삿타고개」(安政二・一八五五年刊, 所謂 「竪絵東海道」, 蔦吉板)에서는 인부가 어깨 위에 태우고 남녀를 건네기도 한다.

瀬戸川은 広重의 「東海道五十三次之内・藤枝・瀬戸川歩行渡」(天保十三・一八四二年頃刊, 所謂 「行書東海道」, 江崎屋板)에 있어서 어

7) 渡辺保 『歌舞伎手帳』(講談社、二〇〇一年) 参照.

깨에 태울 뿐만 아니라 업어서 여행객을 건네는 인부들이 그려져 있으므로 보행으로 건널 수 있는 강이었음을 확인 할 수 있다.

맹인을 속여서 강을 건너는 에피소드에 입각하여 분명히 膝栗毛物浮世絵라고 생각되는 또 한점 [図版 1－2]를 히로시게는 安政三年(一八五六) 二月에 간행하고 있다. 이것은 다른 두 가지 역참 金谷・島田駅과 같이 한 장에 그린 하리마제그림(張交絵)인데, 「藤枝・膝栗毛滑稽」라고 적은 다음에 전술한 야지의 교카가 그대로 화찬(画賛)으로 수록되기 때문이다. 여기에서 거듭 원화의 塩井川에서의 사건은 다른 역참에서 이용되어지고 있다.

[図版 1－2] 歌川広重画 「東海道五十三次図絵・藤枝」, 山口屋藤兵衛板, 安政三年(一八五六) 二月刊, 神奈川県立歴史博物館所蔵

원화의 三編上을 보자. 藤枝역참 어귀에서 시골영감과 부닥친 기타하치는 위세 좋게 욕설을 퍼부은 후 기분 좋게 「웃으면서 세토강을 건너 그로부터 시다마을 오키의 다리를 건너 세토라고 하는 곳에 이른다(打笑ひつゝ瀬戸川を打越、それよりしだ村大木のはしをわたり、瀬戸といふ所にいたる)」. 이 마을 외곽 찻집에서 아까 그 영감에게 대접받는다는 것이 요릿값만 지불하게 되는 실패 후에 이어지는 오이강검문소(大井川問屋)에서의 한바탕 소동 순으로 진행된다. 따라서 히로시게는 원화의 塩井川에 있어서의 에피소드를 원화와는 무관한 藤枝라든지 瀬戸川에 전용한 것이다. 마찬가지로 二編下에서는 유이역참을 나와 「그로부터 유이강을 건너(それより由井川を打越、)」 계속해서 삿타고개도 무사히 건넌 야지기타는 오키츠역참에 이르러 찻집에서 휴식한다는 흐름이므로, 전게 国芳의 배우그림, 나아가 연극상에 있어서 지명을 각색한 연출이 이루어지고 있었음을 추측할 수 있다. 이와 같이 보행으로 건너는 것이 가능한 강이라면 『膝栗毛』

原話의 무대에 구애받지 않고 우키요에에서는 자유롭게 장소를 변경하고 있었던 것이다.

[図版 3] 외에도 同興行 『旅雀我好(あひやど)話』에 입각한 役者絵(大判錦絵)가 演劇博物館에 약 18점 보존되고 있다는 것은 전술한 바와 같다. 그 중에서 4점은 같은 一勇斎国芳그림으로 小田原宿・由井宿등의 장면이며, 14점은 三代豊国그림인데 고에몽부로(五右衛門風呂)에 입욕하는 기타하치, 돌지장에 놀라는 야지로, 세탁물에 놀라는 기타하치를 그린 장면을 제외하면, 그 밖의 그림들은 각색이 심하다. 가령 原話에 小田原역참의 五右衛門風呂의 욕조 바닥을 기타하치가 게타로 뚫는 사건이 있다. 国芳画小田原宿에서는 게타를 신고 五右衛門風呂에 입욕 중인 기타하치를, 원화에는 등장하지 않는 하녀 오토쿠와 과부 오사루가 에워싸고 쟁탈전을 벌인다. 원래 묵지도 않은 由井역참에 원화의 미시마역참에서 벌어진 자라 소동을 차용한다. 이와 같이 연극 무대에서 새로운 장면이 집어넣어져 연출되고 있었음을 알 수 있게 한다. 이들을 감안하면 膝栗毛物歌舞伎인 『旅雀我好(あひやど)話』 중에서도 맹인 등에 업히는 일화가 원화에 입각하여 충실히 재현되고 있었음을 짐작케 한다.

이듬해인 安政二年(一八五五) 三月부터 江戸市村座에서 興行되는 『鏡山再盛花硯曳(ごにちのいしぶみ)』가 대호평을 거두었음을 『歌舞伎年表』는 다음과 같이 기록한다.

> 첫 번째 연극은 故人尾上菊五郎의 「鏡山後日岩藤」라는 怪談狂言이다. 두 번째는 또다시 「膝栗毛」. 이번에도 喜多八역을 변함없이 鶴蔵, 야지로베는 좌장인 (四代目) 彦三郎가 연기한다. 이러한 역할을 좌장이 연기하게 되어 호평을 거두었다(괄호 안은 필자의 보충설명).
>
> 一番目は故人尾上菊五郎の「鏡山後日岩藤」の怪談狂言也。第二番目又ゝ「膝栗毛」。此度は喜多八役不相替鶴蔵、弥次郎兵衛は座頭の(四代目)彦三郎つとむ。かゝる役を座頭つとむる様になり大に評よし。

演劇博物館에는 야지기타가 등장하는 『鏡山再盛花硯曳(ごにちのいしぶみ)』의 배우그림만 해도 14점이 보존된다. 크게 히트했음을 엿보게 하는 대목이다.

계속하여 安政三年七月의 배우그림으로 「清書七伊路盤」 시리즈 중 한 장으로서 제목 「俳優似顔東錦絵」, 소제목 「히자쿠리게弥次郎兵衛喜多八」(三代豊国그림, 国会図書館・演劇博物館蔵) [図版 8-1]도 간행되고 있다. 기타하치는 일년 전과 이년 전의 가부키에서 계속하여 연기하고 있던 初代中村鶴蔵, 야지는 初代中山市蔵의 초상이다(新藤茂氏의 교시). 이 豊国그림 채색화에서 막 뜯어지려고 하는 선반을 받치고 있는 것이 야지(市蔵), 그것을 막 잠에서 깨어 멍하니 바라보고 있는 이가 기타하치(鶴蔵) 라고 하는 드문 구도(대부분 야지기타의 위치가 반대로 그려진다)를 취하고 있는데, 원화의 상황을 고려하면 야지가 기타하치에게 「이것 좀 들어 보게 (これをちょっともってくれ)」라고 어둠을 틈타 선반을 받치게 하려고 하는 순간이리라.

아울러 改板本 『東海道中滑稽五十三駅』이 간행된 해이기도 한 文久二年(一八六二)에 나온 배우 비유그림(役者見立絵) 「膝栗毛의 弥次郎兵衛」(喜翁豊国=三代豊国画, 東京都立中央図書館蔵)는 五代目坂東彦三郎(初代坂東竹三郎)의 초상화이다. 同年中村座에서 흥행된 『壮花四季所作(わかきのはなしきのふりごと)』에 있어서의 야지 배역을 의식한 상반신그림(大首絵)이 아닐까.

2.2 대불전 기둥 구멍에 끼이다: 구멍 빠져나가기

[図版 4] 歌川広重画 「膝栗毛道中雀・京都大仏殿」, 耕書堂板, 天保中期頃刊行, 中右瑛所蔵

[図版 5] 十返舎一九作画 『膝栗毛』 第六編下(文化四・一八〇七年刊) 삽화

京都의 大仏殿方広寺의 두꺼운 기둥에 뚫어 놓은 구멍이 있어서, 먼저 빠져나간 기타하치 말하기를 「야지씨는 뚱뚱해서 빠져나갈 수 없을걸 (弥次さんはふとつてゐるから、ぬけられめへ).」 이 한마디에 촉발된 야지가 기둥 구멍에 몸을 절반쯤 집어넣은 순간 꼼짝달싹 못하게 되고 만다. 얼굴이 시뻘개진 야지가 손을 잡아당겨달라고 하면 앞으로 돌아가서 당기고 다리를 잡아당겨 달라고 하면 뒤로 돌아가서 당기기를 몇 번 반복하던 기타하치는 분주하니까 구경꾼과 둘이서 앞과 뒤 양쪽에서 동시에 잡아당기겠다고 하는 상황.

힘을 주어 잡아당기는 기타하치의 「야앗 영차 영차(ヤアゑんさア／＼)」라는 호령과 그 때마다 「아이고 아야야야야(アイタヽヽヽヽ)」라는 야지의 비명이 사찰 경내에 울려 퍼지는 듯한 광경을 히로시게는 戱画로 묘사하고 있다.

原話의 삽화 [図版 5]에서는 弥次喜多라고 특정하기 어려운 참배객들이 大仏殿의 규모에 놀라는 모습으로 기둥 주변에 군집해 있으며 평화로운 정경이 그려진다. 이 원화삽화에 기둥의 구멍 앞에서 한쪽 다리를 껴안고 앉고서 담뱃대를 물고 있는 여행객은 広重浮世絵 [図版 4]에도 같은 포즈로 등장한다. 삿갓을 깔고 앉아 있는 점, 사건이 한창 발생하고 있는 소란스러움 속에서도 상관없다는 듯 태평무사한 표정을 보이며(구경하고) 있는 모습이 원화와의 거리를 낳는 동시에 戱画性이 강조된다.

이 태평무사 영감 외에도 낀 야지를 끌어당겼다가 다시 집어넣는 쓸데없는 동작이 반복되는 장면에 직면한 사람들은 한마디씩 해결책을 제시한다. 앞과 뒤 동시에 잡아당기면 몸이 가늘어져서 나올 수 있을 것이다, 식초를 한 되 사서 마시게 하면 홀쭉해져서 나올 수 있을 것이다, 망치를 빌려와서 머리를 두들기면 나올 수 있을 것이다, 흙모래를 가져와서 사체에 뿌리듯이 하면 부드러워져서 나올 수

있을 것이다 등등, 어처구니없는 이론들이 각 지방의 사투리로 이야기되는 상황이 한층 더 웃음을 자아내게 하는 원화의 리드미컬한 문장대신에 히로시게는 이와 같이 아이고 아이고(ヤンヤヤンヤ)라고 놀려대는 구경꾼들을 그림으로써 상상케 하는 것이다.

가까스로 기둥 구멍에서 빠져나온 야지가 읊조리는 교카 「우산 쓰고 나오는 (부처의)콧구멍보다 기둥에 난 구멍이 무섭도다 몸을 움츠려도 (나올 수 없으니) (傘さして出るお鼻よりはしらなるあなおそろしや身をすぼめても)」가 그대로 画賛으로 덧붙여지고 있다. 大仏殿方広寺에 도착해서 처음으로 거대한 본존불상을 본 야지의 대사 「저 콧구멍으로부터는 사람이 우산을 쓰고 나올 수 있겠네(アノお鼻の穴からは、人がかさをさして出らるゝ)」에 입각한 것이리라.

이 [図版 4]의 大仏殿의 일부를 사용한 듯한 부채그림 [図版 4-1]이 『原色浮世絵大百科事典』 三巻에 수록된다. 구멍이 뚫린 큰 기둥을 중심에 두고 인물 없이 여행용 소지품을 배치하고 있다. 「江戸神田八丁堀 弥次郎兵衛 喜多八 호평」의 문구가 기둥에 적혀 있는 점, 참배객들이 붙인 다양한 쪽지(千社札, 黒摺り)가 그려져 있는 가운데 「画工広重」「板元伊場仙」라고 쓴 쪽지도 섞여서 붙어 있는 것이다.

[図版 4-1] 歌川広重画 『道中膝栗毛』로부터 方広寺大仏殿[8] 부채그림

[図版 4-2] 『東海道中滑稽五十三』 七編下(文久二・一八六二年刊) 삽화 「京大仏堂内乃図」

改板本 『東海道中滑稽五十三』 七編下의 삽화 [図版 4-2] 「京大仏堂内乃図」는 사건의 클라이맥스를 두 페이지에 그리면서 낀 야지의

8) 題名은 『原色浮世絵大百科事典』에 의한다. 所蔵처, 制作年度의 記載없음. 図版는 同書로부터 転載.

발을 잡아당기는 기타하치의 표정, 야지의 머리를 집어넣으려고 하는 노인(그는 広重浮世絵 [図版 4]에서 삿갓을 깔고서 다리 한쪽을 껴안고 초연히 앉아 있던 영감일까) 이라든지, 반 놀림으로 구경하고 있던 관중으로 보건데 広重浮世絵 [図版 4]로부터 확연하게 영향을 받고 있음을 알 수 있다.

한편 滑稽本『膝栗毛』를 合巻化한『絵本膝栗毛』第九編(출판업자와 編数에 의해 嘉永三・一八五〇年頃刊行, 広重그림)은, 宇治 伏見에서 오사카행 배를 타려고 했는데, 도중에 착각하는 바람에 伏見로 되돌아오고 만다는 原作六編上의 에피소드로 끝나고 있다. 그 九編下・巻末에『絵本膝栗毛・十編』광고로서「이 편은 후시미가도로부터 스미조매를 지나 교토에 이르러 명소 유적을 구경함으로써 동해도 골계 전 10권으로 끝난다 (此編はふし見街道より墨染をうち過京都に至り名処旧跡を見ぶつして東海道の滑稽全十冊にて畢り。).」라고 적히지만, 미간이다. 따라서 京都大仏殿이후의 에피소드는 미등장이다.

2.3 말에서 곤두박질치다

[図版 6] 歌川広重画「道中膝栗毛・参宮道白子」, 耕書堂板, 天保中期頃刊行, 中右瑛所蔵

[図版 7] 十返舎一九作画『膝栗毛』第五編下(文化三・一八〇六年刊) 삽화

소매 없는 비옷(坊主合羽)을 입은 빗쟁이를 만난 마부가 겸연쩍은 듯이 머리를 긁적이면서 허리를 구부리고 잘 봐달라는 웃음을 띠고 있다. 말에는 기타하치가 타고 있다. 라고 하는 사건의 발단이 [図版 7]에 그려진다. 이와 같이『膝栗毛』原話삽화에서는 사건의 클라이맥스를 피하는 경향이 있다. 이는 삽화에서 기대감을 갖게 한 뒤, 문장

을 읽음으로써 드디어 의외의 대소동으로 발전시키고자 하는 작자의 의도가 숨어있는 게 아닐까. 책자를 펼친 순간 아무래도 먼저 눈에 들어오기 마련인 '그림'에 사건의 핵심이 그려져 있어서는 스토리를 읽는 재미가 반감할 것이라는 작자의 계산 하에 이루어진 결과가 아닐까. 滑稽本의 그림은 문장을 돕는 역할을 하므로, 즉 문장 쪽에 사건 담당의 주도권이 있으므로 당연한 배려일지도 모르겠다.

반면 合巻(草双紙)은 그림과 문장이 각각 절반씩의 비중을 차지하면서 서로 도와가며 스토리를 진행시키므로 사건의 클라이맥스를 그리는 것에 주저하지 않는다. 滑稽本 『膝栗毛』에서는 감히 '그림'으로 하지 않았던 순간이 合巻 『絵本膝栗毛』에서는 그려지고 있는 것에서부터 엿볼 수 있는 것이다. 가령 말에서 떨어지는 순간을 노린 본 장면(図版 6-1)은 물론 五右衛門風呂를 부수고 뜨거운 물이 흘러나오는 순간, 속옷을 유령이라고 착각해서 쓰러지는 순간(図版 14-2) 등등. 이들은 広重浮世絵에서도 전부 그려지는 도상이기도 하다.

一九의 『膝栗毛』에 취재하므로 同画題일지라도 인물의 한순간의 움직임을 포착해서 골계스럽게 또는 과장해서 그리는 것이 広重浮世絵의 특색이며 原話삽화와의 가장 큰 차이점이 아닐까. 滑稽本・合巻과 같은 책자와 마찬가지로 浮世絵 또한 판매를 목적으로 제작되어지나, 희화(戯画)에 있어서는 가장 웃겨서 그림(絵面)이 되는 순간을 포착함으로써 구매자에게 깊은 인상을 주지 않으면 팔리지 않는다고 하는 미디어(장르)의 차이가 관계하는 것이리라.

『膝栗毛』 原話로 돌아가자. 빚쟁이와 마부 사이에서 우왕좌왕하는 처지에 놓인 기타하치는 말에서 내렸다가 다시 탔다가를 반복한다. 한쪽은 채무의 저당으로 말을 가져가려고 해서 「어서어서 손님, 다시 내려주시구려(サア／＼旦那、又おりてくだんせ)」, 또 한쪽은 빼앗기지 않으려고 「손님을 내리게 하는 건 가엾네. 어서어서 타 주시구려

(旦那をおろしてはきのどくな。サア／＼めして下んせ)」. 억지로 빚쟁이가 말을 붙잡자 마부는 말 엉덩이를 힘껏 때렸으므로 말은 기타하치를 태운 채 달려 나간다. 파랗게 질린 기타하치는 말안장에 매달리지만 그 보람도 없이 곤두박질쳐서 지면에 떨어져 허리뼈를 다친다. 그 말을 놓치지 않으려고 쫓아가는 마부와 빚쟁이였다.

이 장면을 취재한 広重의 [図版 6]은 달려가는 말을 뒤쫓는 마부와 또 그 말을 채무 대신에 가져가려고 하는 빚쟁이가 뒤쫓고, 고삐 풀린 말로부터 곤두박질치는 기타하치를 그리고 있음을 알 수 있다. 말에서 추락해서 읊조리는 기타하치의 원화와 동일한 교카「빚진 말을 타게 되서 힝하고 우니 쿵하고 떨어뜨려졌도다(借銭をおふたる馬にのりあはせひんすりやどんとおとされにけり)」가 画賛으로 그대로 이용되어진다.

[図版 7－1] 溪斎英泉画『絵本膝栗毛』七編上(嘉永二・一八四九年刊) 삽화

[図版 6－1] 溪斎英泉画『絵本膝栗毛』七編上(嘉永二・一八四九年刊) 삽화

滑稽本『膝栗毛』를 合巻化한『絵本膝栗毛』第七編(序文에「弘化六已酉年新春・文盛堂謹白」라고 있음. 즉 嘉永二・一八四九年간행)의 본 장면에 있어서의 溪斎英泉의 삽화는, 세 장으로 구성된다. 즉 말을 타고 오는 마부와 조우하는 기타하치, 기타하치를 태운 마부가 빚쟁이와 조우하여「야아 면목 없습니다그려(いやめんぼくしだいもござらぬ)」하고 변명을 늘어놓는 장면, 빚쟁이가 마부를 뒤쫓고 기타하치는 말에서 곤두박질치는 장면, 이라고 하는 여섯 페이지가 그것이다.

이 가운데 두 번째 삽화 [図版 7－1]은 세 명의 위치관계라든지 벌

레를 씹은 듯한 표정의 빗쟁이, 어안이 벙벙해 하는 기타하치 등이 확연히 滑稽本 『膝栗毛』의 삽화 [図版 7]를 의식하고 있음을 엿볼 수 있다. 이어지는 세 번째 삽화 [図版 6-1]은 도망가는 마부와 그 뒤를 쫓아가는 빗쟁이의 방향은 거꾸로이지만 이 또한 広重浮世絵 [図版 6]과 흡사한 것이 英泉은 선행하는 版本삽화와 浮世絵를 두 장에 나누어 밑바탕삼아 그렸다고 생각된다.

이 후에 출판되는 改板本 『東海道中滑稽五十三駅』에 있어서 이 장면은 삽화가 되지 않는다.

2.4 돌지장에게 숨어들다

[図版 8] 歌川広重画「道中膝栗毛・四日市숙박」, 蔦重板, 天保中期頃刊行, 神奈川県立歴史博物館所蔵

[図版 9] 十返舎一九作画 『膝栗毛』 第五編上(文化三・一八〇六年刊) 삽화

[図版 8-1] 三代豊国画「清書七伊路盤・膝栗毛弥次郎兵衛喜多八」, 安政三年(一八五六) 七月刊, 演劇博物館所蔵

歌川広重画「道中膝栗毛・四日市숙박」[図版 8]은 一九作画 『膝栗毛』第五編上의 삽화 [図版 9]에 취재하면서 画賛으로서 야지의 교카 「숨어든 지장의 얼굴도 세 번까지 또 실패한 좋지 않은 결말이여(はひかけし地蔵の顔も三度笠またかふりたる首尾のわるさよ)」또한 원화 그대로 도입하고 있다.

原話삽화는 여자침소에 몰래 숨어든 야지가 멍석에 감겨있는 지장을 시체라고 생각하여 놀란 나머지 당황하는 장면을 한 페이지에 그리고 있으나, 이에 덧붙여 히로시게는 지금이라도 막 떼어질 것 같은 선반을 양손으로 떠받치는 기타하치를 새롭게 첨가해서 그려 넣

는다. 広重의 [図版 8] 이후 선반을 받치는 도안은 정형화된 양상을 띤다.

合巻『絵本膝栗毛』第六編(출판업자와 編数에 의해 嘉永元・一八四八年頃刊行)에서 溪斎英泉은 선반을 받치는 기타하치와 엎드려 걷는 뒷모습의 야지, 돌지장에 놀라는 야지와 같이 각각 두 장에 걸쳐 나누어 그리고 있다.

安政三年(一八五六) 七月의 배우그림으로「清書七伊路盤」시리즈 중 한 장으로서 제목「俳優似顔東錦絵」, 소제목「히자쿠리게弥次郎兵衛喜多八」[図版 8－1]가 간행되었다는 사실은 앞서 언급한 바와 같다. 이 三代豊国가 그린 두 명이 서 있는 상반신그림(大首絵)은 선반을 받치는 야지(中山市蔵)와 그것을 막 잠에서 깨어 멍하니 바라보고 있는 기타하치(中村鶴蔵)를 묘사하고 있으며, 이 다음에 기타하치는 영문도 모른 채 선반을 들게 되는 것이다. 그리고 이어지는 다음 장면「喜多八」(鶴蔵)가 선반을 받치고「弥次郎兵衛」(市蔵)는 멍석에 감긴 돌지장에 놀라는 모습이 같은 三代豊国에 의해 2년 전에 그려지고 있었다. 그것은『旅雀我好(あひやど)話』에 취재하는 배우그림(役者絵, 安政元・一八五四年七月刊, 演劇博物館蔵)이기 때문이겠으나, 広重그림「四日市숙박」[図版 8]의 원근감을 없애고, 기타하치의 눈 바로 앞에 야지와 돌지장을 배치한 이시동도법을 취하고 있는 것이다.

文久二年(一八六二)에 간행된 改板本『東海道中滑稽五十三駅』四編下삽화에서는 선반을 받친 기타하치와 엎드려 네발로 걷는 뒷모습의 야지, 그 건너편에 돌지장과 같이 두 페이지 (한 장)에 전부 합하여 그리고 있다. 이제 이 장면은『膝栗毛』의 画題로서 유형화의 길을 걷고 있었던 것이다.

2.5 고에몬부로 욕조를 부수다

[図版 10] 歌川広重画「道中膝栗毛・小田原숙박」, 蔦屋板, 天保中期頃刊行, 神奈川県立歴史博物館所蔵

[図版 11] 十返舎一九作画 『膝栗毛』 初編(享和二・一八〇二年刊) 삽화

[図版 11-1]『東海道中滑稽五十三駅』 二編下(文久二・一八六二年刊) 삽화

広重그림「道中膝栗毛・小田原숙박」[図版 10]은 一九作画 『膝栗毛』 初編삽화 [図版 11]을 粉本으로 하여 툇마루라든지 욕조, 낡은 여관의 모습 세숫대(手水鉢)의 위치, 해냈다고 득의만면한 얼굴의 야지까지 비슷하게 그리고 있다. 단, 원화삽화는 사건의 클라이맥스를 맞이하기 직전의 아직 평온한 분위기를 그리고 있다면 실로 이 다음에 일어났을 순간을 포착해서 그려낸 것에 히로시게의 창안이 있다, 웃는 얼굴의 야지와 달려 온 여관 주인도 원화의 스토리에 입각한 등장이다. 야지가 읊조린 교카「가마욕조의 바닥을 깨부순 죄로 여관 주인에게 뒷감당을 당하게 했다(水風呂の釜をぬきたる科ゆへにやど屋の亭主尻をよこした)」또한 原話本文 그대로 画賛으로 도입하고 있다.

合巻『絵本膝栗毛』初編下(弘化三・一八四六年刊)에서 一勇斎国芳는 이 広重浮世絵보다도 한층 더 심하게 뭉게뭉게 피어오르는 수증기와 더운 물을 화면 가득 그려 넣음으로써 당황하는 야지와 여관주인을 등장시킨다.

文久二年(一八六二)에 나온 改板本『東海道中滑稽五十三駅』의 本장면에 있어서의 삽화 [図版 11-1]는, 初板本『膝栗毛』삽화 [図版 11]와 흡사하며 사건서막이 그려진다. 그러나 改板本의 이 한 페이지

는 다른 페이지와 초벌쓰기(板下書き) 가 다른데다가 판의 조합방법(즉 본문과 그림의 혼재) 도 이질적이므로 판목을 바꾼 것이 아닐까 생각된다.

이하『膝栗毛』삽화의 영향을 받지 않고 자기 나름대로 絵画化한 広重의 우키요에를 중심으로 보겠다.

*모닥불에 전율하는 세 남자

[図版 12] 歌川広重画「膝栗毛道中雀・雲津の宿はつれ」, 耕書堂板, 天保中期頃刊行か, 神奈川県立歴史博物館所蔵

[図版 12－1] 溪斎英泉画『絵本膝栗毛』七編下(嘉永二・一八四九年刊) 삽화

一九作画『膝栗毛』五編下(文化三・一八〇六年刊) 는 十返舎一九를 사칭한 야지가 구모츠의 교카 시인 집에 초청받는 일화가 중심이다. 그러나 변함없이 정체가 탄로 난 야지 기타는「이미 밤 10시가 지난(もはや亥の刻過ぎたる)」시간에 쫓겨나 개들에게 둘러싸여「허공에 범 '호'자를 써 보이는(宙へ虎といふ文字をかいて見せる)」것이었다.『膝栗毛』삽화는 이 장면을 묘사하고 있다. 合巻『絵本膝栗毛』七編下의 본 장면은 두 장에 걸쳐 구성되는데, 그 첫 장이 이 원화 삽화를 바탕으로 한다.

그리고 야지 기타는 구모츠 역참을 벗어나 마츠자카(松坂)역참을 향하여 소나무밭의 밤길을 재촉하는데, 뒤에서 한 남자가 따라온다. 그 남자가 말하기를 이 앞쪽에 뭔가「크고 흰 것이 서 있으(大きな白いものがたってゐ)」므로 혼자서는 무서워 갈 수 없는지라 동행을 기다리고 있었노라는 것이었다. 원화에서는 삽화가 되지 않은 이 사건을 그린 것이 合巻『絵本膝栗毛』의 다음 장 [図版 12－1]이다.

이윽고 그 정체불명의 물체에 접근한 삼인조. 남자가 가리키는 건너편을 본 야지기타도 무서워져서 「셋이 모두 파랗게 질려 부들부들 떠는 (三人ながらいろ青ざめてがた／＼ふるふ)」장면이 [図版 12] 「膝栗毛道中雀・雲津역참 외곽」이리라. 이와 같이 히로시게는 달밤의 소나무 가로수를 배경으로 줄행랑치기 직전의 세 남자를 새롭게 그려보이고 있다. 전술한 英泉그림의 [図版 12－1]은 이 広重의 우키요에로부터 구상을 빌리고 있음에 틀림없다.

『膝栗毛』는 야지기타가 뭔가 우스꽝스러운 실패를 한 다음에 교카로 끝맺음익살을 떠는 식의 패턴이 주를 이루지만, 이 모닥불 소동에서 교카는 읊어지지 않는다. 따라서 「膝栗毛道中雀・雲津역참외곽」에는 「무서운 것은 더욱 보고 싶다더니 동행을 기다리는 가로수 길에 연기가 밤중에 피어올라 으스스하도다(こはいもの見たしと連をまつ並に煙りは夜半にたちておそろし.」라고 원래 스토리에 입각하여 「琴通舎」가 읊은 새로운 画賛을 덧붙이고 있으므로, 「道中膝栗毛」・「膝栗毛道中雀」 시리즈 중에서도 이색적이고 독창적인 작품으로 완성되고 있다.

이 시리즈에는 지금까지 거론한 画題외에도 「道中膝栗毛・大井川검문소」(佐野喜板), 「道中膝栗毛・菊川언덕」(蔦重板)이 東海道広重美術館에 보존된다. 야지는 오이강을 저렴하게 건너려고 무사를 가장하는데 발각되어 검문소로부터 쫓겨난다. 라고 하는 原話의 三編上 삽화 「大井川問屋」에 기초하여 그린 것이 전자이다. 그리고 大井川을 건넌 기타하치는 가마를 타는데 菊川언덕에 이르러 순례와의 다툼이 발생해서 「가마바닥이 쑥 빠지는 바람에 기타하치 쿵 엉덩방아를 찧는(かごのそこがすっぽりぬけて、北八どっさりしりもちをつ)」 일화가 三編上에 이어진다. 후자의 우키요에는 가마 바닥이 빠져서 기타하치가 떨어지는 바로 그 순간을 포착한다. 원화에는 삽화가 없

는 장면이므로 広重의 創作画라고 할 수 있다.

*속옷빨래에 깜짝 놀라다

[図版 13] 十返舎一九作画 『膝栗毛』 第三編下(享和四・一八〇四年刊) 삽화

[図版 14] 歌川広重画 「東海道五十三対・二川」, 伊場久板, 弘化二年(一八四五) 頃刊行, 豊橋市二川宿本陣資料館所蔵

[図版 14-1] 三代豊国画 「喜多八」, 安政元年(一八五四) 七月刊, 演劇博物館所蔵。

[図版 14-2] 溪斎英泉画 『絵本膝栗毛』 四編下(弘化四・一八四七年刊) 삽화

[図版 13-1] 溪斎英泉画 『絵本膝栗毛』 四編下(弘化四・一八四七年刊) 삽화

[図版 14-3] 『東海道中滑稽五十三駅』 三編中(文久二・一八六二年刊) 삽화

도판은 확인하지 못하였으나 「膝栗毛道中雀・浜松숙박」은 『膝栗毛』 第三編下(享和四・一八〇四年刊)의 속옷빨래를 유령이라고 착각하는 사건에 취재했다고 생각된다. 原話삽화 [図版 13]에서는 난리법석을 떤 결과로서 기절한 야지를 안아 일으키는 기타하치와 여관 주인이 그려질 뿐이나, 「東海道五十三対・二川」(弘化二・一八四五年頃刊[9]) [図版 14]에 있어서 히로시게는 흰색 빨래 속옷과 복대의 홀치기염색 모양을 유령의 얼굴처럼 일부러 그려 넣은 뒤에 그것을 보고 놀라 쓰러지는 「弥二」 「北八」와 같이 신안을 제시하고 있다.

広重의 이 「東海道五十三対・二川」 [図版 14]는 三代豊国가 『旅雀

9) 名主印의 「村」에 의하여 弘化二年頃刊行이라고 하는 新藤氏의 説에 준한다.

我好(あひやど)話』에 입각해서 그렸음에 틀림없는 배우그림 중 한 장(安政元・一八五四年七月刊) [図版 14-1]에도 유용된다. 야지기타가 쓰러지는 방법과 위치관계, 얼굴형태를 그린 속옷과 복대, 나무와 화초에 이르기까지 동일한 것이다. 「東海道五十三対」는 広重, 三代豊国, 国芳가 각각 역참을 분담해서 그리고 있는 시리즈이므로 三代豊国는 広重의 [図版 14]를 숙지하고 있었으리라. 아울러 [図版 14]의 윗부분에 그려진 아가씨는『東海道中膝栗毛』四編, 二川 부분을 지금 읽고 있는데, 「요 앞의 빨래를 보고 유령이라고 생각해서 무서워하는 장면이 웃겼어 (これより前の干物をみてゆうれいだとおもってこわがるところがおかしかったよ」라고 하는 독후감을 서술하고 있고, 아랫부분에 「膝栗毛三編下에 말하기를」 이하, 원문을 축약해서 적고 그림으로 보여준다고 하는 세심한 취향을 피로하고 있다. [図版 13]의 삽화 영향을 받지 않고 広重가 안출한 [図版 14]는 역시 클라이맥스를 포착하고 있다.

合巻『絵本膝栗毛』四編下(弘化四・一八四七年刊) 의 浜松숙박 장면에 있어서 渓斎英泉의 삽화 [図版 14-2]는 하얀 속옷이 유령의 얼굴로는 묘사되지 않지만 비바람에 흩날리는 빨래에 간 떨어지게 놀라는 야지 기타가 그려진다. 계속해서 다음 페이지 [図版 13-1]은 一九作画『膝栗毛』의 삽화 [図版 13]의, 야지를 간호하는 기타하치와 여관주인을 모사한 듯한 구도가 취해지고 있다. 渓斎英泉은 기타하치가 말에서 곤두박질치는 사건과 모닥불에 전율하는 에피소드를 회화화할 때, 선행하는 우키요에와 版本삽화를 한 장씩 이용해서 바탕으로 그리고 있었는데, 같은 수법을 여기에서도 구사하고 있는 것이다.

文久二年(一八六二)에 나온 改板本『東海道中滑稽五十三駅』三編中의 삽화 [図版 14-3]은, 비바람에 나부끼는 하얀 속옷, 거꾸로 쓰러

져 하반신만 그려진 야지, 그 야지를 보고 당황하는 기타하치, 라고 하는 각색을 하면서 한 페이지에 그려진다. 広重가 案出한 도안은 이와 같이 전용되어 가는 것이다.

3. 결 론

十返舎一九作画『膝栗毛』삽화를 바탕으로 하거나 혹은 原話의 絵画化를 독자적으로 시도한 初代広重画「道中膝栗毛」·「膝栗毛道中雀」시리즈(揃物)를 중심으로 논한 바이다. 그 고찰과정에서『膝栗毛』改板本삽화가 広重의 우키요에로부터 구상을 받으면서 고쳐 그려졌을 가능성이 지극히 높다는 것을 고증할 수 있었다. 즉 改板本『東海道中滑稽五十三駅』이 初板本『膝栗毛』삽화를 의식한 것은 당연하지만 이에 덧붙여 선행하는 広重의 우키요에로부터 이용한 구상 또한 상당히 많다고 하는 점이다. 文久二年(一八六二) 시점이 되면 이미 広重의 우키요에는 유명해져서 그 도안은 유형화 양상을 띠고 滑稽本일지라도 改板本에서는 새삼스럽게 클라이맥스를 감출 필요가 없었기 때문이 아닐까. 중복하여 말하자면 滑稽本이기 때문인지 一九作画『膝栗毛』삽화에서는 일부러 사건의 클라이맥스를 피하는 경향이 있었던 것이다.

한편 合巻『絵本膝栗毛』에서는 사건의 클라이맥스를 그려 넣는 것에 주저하지 않았던 점으로 보아 장르의 특색 또한 고찰할 수 있었다. 渓斎英泉은 合巻『絵本膝栗毛』에 그릴 때, 선행하는 滑稽本『膝栗毛』삽화와 広重浮世絵로부터 동시에 구상을 얻어 몇 장의 페이지에 나누어 그리면서 기승전결을 보여주었다. 나아가 同画題일지라도 一九의 原話삽화에 비하여 広重浮世絵는 인물의 한순간의 동작을 포착하고 우스꽝스럽게 혹은 과장되게 그리는 것에 목적이 있었던 점으로 보아 책자와 회화라고 하는 미디어의 차이 또한 고찰할 수 있었다.

浮世絵「道中膝栗毛」, 「膝栗毛道中雀」 시리즈에서 다룬 画題외에도 広重는 「東海道張交図絵」(弘化四・一八四七年～嘉永五・一八五二年刊)의 다섯 장 째에 「鞠子」(『膝栗毛』 二編下에서는 丸子)의 참마즙 가게의 부부싸움(말리려고 하는 옆집 아낙네까지)을 그리고, 게다가 『膝栗毛』原話의 기타하치 교카를 덧붙인 소품도 간행하고 있다.

또한 히로시게는 安政二年(一八五五) 五月에 膝栗毛物그림주사위판 2점도 동시에 간행한다. 一九作『膝栗毛』十八冊을 한 장에 간추려냈다고 할 수 있는 「浮世道中膝栗毛滑稽双六」(恵比寿屋庄七板)와 「伊勢参宮膝栗毛道中寿語録」(山城屋甚兵衛板)이다. 많은 문제를 내포하는 이들 膝栗毛物그림주사위판에 대해서는 계속하여 다음 논고에서 논하고자 한다.

[附記]

本稿작성에 있어서 많은 교시를 해 주신 新藤茂氏에게 감사드립니다. 또한 도판의 게재 및 각종 배려를 해주신 中右瑛氏, 神奈川県立歴史博物館桑山童奈氏, 早稲田大学演劇博物館, 서울대학교中央図書館, 小学館, 東海道広重美術館, 豊橋市二川宿本陣資料館, 東京大学待鳥文庫의 담당자 분에게 감사드립니다.

제 2 부

화류소설(洒落本)

5 한일근세대중소설양식

韓日近世大衆小說樣式의 비교연구
-방각본소설과 에도희작을 중심으로-[1]

1. 근세대중소설 양식에 대하여

'樣式'이란, 내용(사상, 감정 등)을 조형물로서 성립시키는 수법(Style)을 말한다. 수법은 내용에 대응되므로, 내용 그 자체의 특징은 이미 樣式적 특징이 된다. 양식적 특징이 한데 어울려 일정한 장르로서 정립되는 것이다. 장르로서 일반적으로 정립되면서도 여기에 작자의 방법, 기교가 더해져 변화를 낳기도 한다. 본 연구에서는 이러한 작품양식(예술적 표현방식)의 변화 유형에 대하여 한일양국문학대비라는 관점에서 연구하고자 한다.

대중매개수단의 급속한 보급으로 말미암아 문학이 일시에 대중에게 전달되는 시기가 한일양국에 도래하였다. 대중매체의 상업화로 인하여 문학도 넓은 의미의 교육적 목적을 벗어나 상품화되는 경향이 양국에 생긴 것이다. 대중은 문학을 여느 상품처럼 즐기기 위하여 대금을 지불하고 사 보게 되었다. 예전에 없었던 賣文業者라는 직업인도 생겼다. 이른바 대중소설의 출현을 의미한다.

판소리계소설을 포함한 조선후기의 방각본소설들과 에도시대의 희작문학은 모두 당대에는 통속적인 대중소설이었다는 것을 다음과 같

1) 「韓日近世大衆小說樣式의 비교연구-방각본소설과 에도희작을 중심으로-」『외국문학연구』 27, 2007년.

은 점에서도 확인할 수 있다. 방각본은 조선후기에 목판에 새겨서 찍어 서점에서 돈을 받고 팔던 책이다. 상업출판의 효시인 것이다. 최초의 방각본은 1576년에 간행된 사전이라고 한다. 그러나 방각본 출판이 소설을 중심으로 한 오락 독서물로 주축을 이루게 되는 것은 1725년 『구운몽』을 제외하면, 19세기 중반이후이다.

반면 일본의 경우, 에도시대가 시작되고 17세기부터 목판인쇄술이 발달하면서 상업출판이 번성하는데, 최근 학설에서는 에도희작의 발생을 17세기부터 보기도 하지만, 종래 학설에 준하면 18세기의 희작문학을 전기희작, 19세기의 희작문학을 후기희작이라고 일컫는다. 이 중에서 질적(통속적)・양적(대량생산)인 면에서 이른바 '대중소설'에 보다 근접한 희작문학은, 18세기 말엽부터 19세기 중엽까지 성행한 후기희작이라고 할 수 있다.

방각본 소설과 후기희작의 동질성을 재정리해 보자. 방각본업자와 에도희작의 출판업자(版元)는 판매뿐만 아니라 프로듀서의 역할도 하였다. 따라서 소설 상품화의 욕구로 인해 유사한 줄거리와 표현, 구성의 도식성, 등장인물의 전형성을 낳기도 했다. 18세기 중엽에는 책을 대출해 주는 세책가(18세기에는 필사본, 19세기에는 방각본을 대출)와 貸本屋가 출현한 점도 동일하다. 대부분 국문본(한글과 가나문)이다.

그러면 이질성은 무엇일까. 에도희작은 창작시기와 발매시기가 일치하며, 작가이름을 명시함으로써 상표(브랜드) 역할을 하였다. 반면, 우리 방각본소설은 필사본으로 이전에 한문본 또는 국문본으로 창작되었던 것들 중에서 일부를 19세기 중반이후 방각본으로 출판하게 되었다. 대부분 작자미상이며, 따라서 창작전문직업인으로서의 프로의식은 에도희작자보다 미약하다 하지 않을 수 없다. 철저한 프로의식을 과시했던 짓펜샤잇쿠(十返舎一九)의 경우 평생 580여종(실용서 포함) 의 작품을 간행한다. 붓 하나로 먹고 살았던 일본 최초의 전업 작가였던 것이다. 이에 비하면, 16세기 말부터 실용서를 중심으로 방각본이 나왔으나, 전체적인 종수는 에도희작에 비할 바가 아니다. 방각본 소설로는 판소리계소설과 군담영웅소설이 특히 인기여서 장르가 치우치는 점도 이질적이다. 삽화의 유무도 이질적 요소로 들 수 있겠다.

그러나 이와 같은 이질적 요소도 이들이 서구로부터 자본주의 사상이 도입되기 이전의 한국과 일본에 있어서, 대중소설로서 한 시대를 풍미했음을 부인하는 요소가 되지는 못한다. 오히려 당시 대중·오락문화 향유양상의 차이점을 부각시킬 수 있는 절호의 소재임을 말해 준다. 오늘날 한일 양국의 고전문학의 전통은 '진지하고 예술적인' 작품들이 아니라, '가볍게' 만들어진 통속소설과 만화, 애니메이션, 게임 따위의 대중문화에서 더 잘 나타나고 있는 것을 보면 알 수 있다.

2. 선행연구와의 비교

한일문학의 동질성과 이질성을 논한 단행본으로, 조동일씨의 『한국문학과 세계문학』(1992), 『동아시아문학사 비교론』(1993), 『공동문어문학과 민족어문학』(1999), 『하나이면서 여럿인 동아시아문학』(1999), 김창현씨의 『한일소설형성사－자본이 이상을 몰아내다』(2002) 등이 있다. 조동일씨의 논고는 세계문학적 특히 동아시아적 시각에서 비교문학을 광범위하게 바라 볼 수 있는 방법론을 제시함으로써, 필자의 본 연구테마의 계기가 되었다. 그러나 아무래도 한국문학자의 입장에서 한국문학의 주체성에 역점을 두어 포괄적으로 논하다보니, 에도희작에 대한 오해가 엿보였다. 김창현씨의 책은 에도희작을 제외시켰다는 점이 아쉽다.

또한 그런가 하면, 에도희작 연구가인 田中優子(다나카유코)씨의 「近世日本とアジアの文学」『日本文学と外国文学』(1990)과, 서양비교문학자인 アールマイナー(아르마이나)씨 등의 『東西比較文学研究』(1990)는 한국문학에 대한 단편적인 이해를 바탕으로 논하고 있어서 전체적인 안목이 불충분하였다. 일본인 한국문학연구가 大谷森繁(오타니모리시게)씨의 『조선후기소설 독자연구』(1985)라든지 「한국문학과 일본문학의 비교론」(1991) 또한 에도희작에 대해서는 문학개론적인 설명을 벗어나지 않는 것 같은 아쉬움을 남겼다.

비교문학은 영향관계를 미세하게 고증하는 인습에서 벗어나기 어렵다며, 조동일씨는 위 책들에서 비교문학연구의 방향전환을 도모한다. 즉 전파론적 전제에서 이루어지는 영향관계 논증의 비교문학연구는 한국문학의 내재적 역량과 논리를 부정하기 쉬우므로 영향관계 논증이 아닌 비교가 필요하다고 주장한다. 그러나 『한국문학의 동아시아적 시각－한일문학의 교류양상－』(2000, 김태준) 등, 전통적 비교문학의 방식으로 한일 문학의 영향관계를 논한 선행연구가 아직도 주류를 이루고 있고 높은 평가를 받고 있는 실정이다.

본 연구에서는 狹義의 影響関係만을 논했던 전통적 비교문학연구 방식으로부터 탈피하고자 한다. 즉, 19세기를 전후하여 한일 양국에 대중소설이 등장하게 되는데, 그러한 대중소설의 양식이 어떻게 표현되는지, 그 방법을 비교·해설·평가하고자 한다. 상호 직접적 영향관계가 없어도 공통된 테마·공통된 문제의식·유사한 표현법 등에 주목하고자 하는 것이 본 연구이다. 방각본소설과 에도희작을 중심으로 이와 같이 韓日大衆小說様式을 비교 연구함으로써 양국 문학 간의 구성요소의 차이를 파악하고, 각국 문학의 본질과 장단점을 인식

할 수 있게 될 것이다.

에도희작과 방각본소설 각각의 장르에 대한 주요 선행 연구사를 간략하게나마 적어 보겠다.

2.1 국외 선행 연구사

저본으로 사용할 수 있을 만큼 충실하게 번각된 에도희작 작품집으로 『洒落本大成』(전29권, 1988년), 『山東京傳全集』(ぺりかん社、1993년~발행 중), 주석을 참조하면서 저본으로 동시 활용이 가능한 日本古典文學大系 『黃表紙, 洒落本集』(1958년), 日本古典文學全集 『洒落本, 滑稽本, 人情本』(1971년), 『江戸の戱作繪本』(社會思想社, 1980~1985년)등이 대표적이다.

최신 에도희작 연구의 성과물 중에는 장르를 초월하는 논고가 활발하다. 『近世文学の交流ー演劇と小説』(河合眞澄, 清文堂, 2000年), 『草双紙と演劇』(高橋則子, 汲古書院, 2004年), 『文学ー近世文学の越境』(岩波書店, 2002年2月号), 『国文学解釈と鑑賞別冊ー江戸文化とサブカルチャー』(至文堂, 2005年1月号), 『国文学ー近世小説, その豊饒』(学燈社, 2005年6月号) 등을 들 수 있겠다.

『美女とは何かー日中美人の文化史』(張競, 晶文社, 2001年)는 비교문화적 시각을 제공해 준다. 한편, 최근 간행된 서적 중에 골계적수사법을 비교 연구하는 시각에 있어서 시사하는 바가 컸던 선행 연구는 다음과 같다. 江口一久의 『언어유희의 민족지』(言葉遊びの民族誌、大修館書店、1990년), 野村雅昭의 『라쿠고의 언어학』(落語の言語学、平凡社、1994년), 쟈크리느피죠(ジャクリーヌ・ピジョー)의 『나열법-일본적 수사법의 전통』(物尽しー日本的レトリックの伝統、平凡社、1997년), 小林路易의 『동음이의어 등의 비교문학적 고찰』(掛

詞の比較文学的考察、早稲田大学出版部、2001년), 邊恩田의 『구비문예 비교연구－한국의 판소리・무가와 일본의 구비문예』(語り物の比較研究 一韓国のパンソリ・巫歌と日本の語り物、翰林書房、2002년) 등이다.

2.2 국내 선행 연구사

국내의 경우, 본 연구에서 가장 빈번하게 등장할 대표적 텍스트로 『춘향전』에 대해, 국문학계의 방대한 연구 성과를 간략하게나마 서술하겠다. 1922년 『朝鮮』에 발표한 麻生磯次(江戸戯作연구자로서 당시 경성제국대 국문과교수) 의 「春香伝」이라는 논문이 춘향전연구의 출발점으로 간주되고 있다.

그 테마에 따라 다음과 같이 다섯 가지로 나눌 수 있다.

① 이본에 관한 연구: 김동욱(1978년), 설성경(1980년)

② 사회의식과 주제에 관한 연구: 정하영(1986년), 설중환(1987년)

③ 인물의 성격과 신분에 관한 연구: 정하영(1979년)

④ 해학적 특색에 관한 연구; 박갑수(1979・1981년), 김열규(1987년)

⑤ 비교문학적연구: 이병혁・황미광(중국문학), 장경학・천두현 (서양문학)

기타 방각본 소설에 대한 선행연구로는, 실용서를 포함하는 방각본 80여종을 총망라하면서 출판史적 측면에서 논한 『조선시대의 방각본 출판연구』(부길만, 2003년)가 있다. 조선후기의 방각본 소설을 이미 대중소설로 규정한 임성래씨의 『조선후기의 대중소설』(1995년)이라는 선구적 업적도 있다.

『춘향전』 등의 방각본소설을 포함하여 조선조 소설을 총체적입장에서 논하는 단행본은 『한국고소설사』(김광순, 2001년) 외에 훌륭한 선행연구가 많으므로 일일이 거론하지 않겠다.

이상과 같이 에도희작과 방각본소설 각각의 장르에 대해서는 일본과 한국의 문학사에서 차지하는 비중만큼, 각국 국문학계에서 훌륭한 선행 연구가 이루어져 왔다. 필자 또한 에도희작의 최고 베스트셀러 『동해도도보여행기(東海道中히자쿠리게)』와 판소리계 방각본소설 『흥보전』에 대하여 비교분석한 바 있고[2], 그 외에도 그 동안 에도희작 관련 논문을 국내외에서 발표해 온 바 있으나, 그러나 양국의 대중소설 비교라는 시점은 아직도 생소한 연구테마인 것이다.

3. 골계미, 영웅, 꿈, 연애

대중소설로서의 방각본소설과 에도희작의 양식비교를 위하여 다음과 같은 네 가지 키워드를 설정하고 고찰하였다.

첫째, 「골계미」는 동서양문학을 불문하고 대중성을 손쉽게 확보하기 위한 미학으로 작용한다. 『춘향전』과 후기샤레본(洒落本)에 나타난 희극구조를 비교 논증한 키워드이다.

韓日近世大衆小説様式의 하나로써, 『춘향전』과 후기샤레본의 희극구조 양식을 비교하고자 할 때 그 이질성으로 인하여 자연적으로 파생하는 문제점을 짚고 넘어가야 하며, 그러한 문제점을 극복하고 비교할 수 있게 하는 근거로서의 동질성에 대하여 논해야 할 것이다. 즉 두 장르가 동시대의 대중·통속·연애소설이라는 점, 인물설정과 무대배경이 유사하다는 점, 국문단편소설로서 그 문체가 양국문학사

2) ① 「日韓滑稽文学に於ける対比研究試論 －『東海道中히자쿠리게』 と 『興甫傳』を中心に－」『国際日本文学研究集会会議録』 26, 国文学研究資料館, 2003年 3月. ② 「『히자쿠리게』와 『興甫伝』의 비교문학적 연구 가능성에 대하여」 『日本語文學』 16, 한국일본어문학회, 2003年 3月.

상에 있어서 차지하는 위치가 동일하다는 점이다. 예를 들면, 여주인공이 기녀라는 것은 물론이고, 남주인공, 상대악역, 어리광대역을 양 장르에 있어서 동일하게 대응시킬 수 있는 것이다. 이에 대해서는 본 논문 4장에서 상세히 언급하기로 하겠다.

또한 스토리구축방법에 있어서 양 장르는 크고 작은 우스꽝스러운 에피소드로 점철되어 있다고 할 수 있다. 이러한 에피소드들을 면밀하게 대조·분석해야 하는데, 우선은 거시적으로 골계담의 구조를 문체에 주목하면서 분석한 후, 골계적 표현을 다양한 수사법을 통하여 확인하고, 미시적으로 그 중에서도 특히 '끝마무리익살'이라는 수사법에 초점을 맞출 수 있다.

둘째, 「영웅」의 활약상 묘사는 오늘날의 무협소설과 일맥상통하는 대중성을 확보하게 해준다. 따라서 한일 영웅소설의 양식을 인물·사건·배경·문체 면에서 비교 연구해 보았다.

한일 영웅소설의 양식을 비교 추출하고자 할 때, 구체적 테스트로서 역사군담소설 중에 『임진록』 『임경업전』을, 黄表紙·合巻 중에 異界遍歴물을 선정, 상호 비교 연구할 수 있었다. 예를 들면, 창작군담소설 중에 『홍길동전』 『유충렬전』 『조웅전』이 장편読本과, 창작군담소설의 한 유형인 복수담(결연담)이 黄表紙·合巻 중에서 敵討ちもの(원수 갚는 이야기) 양식과 대비됨에 주목해야 한다. 번안군담소설 중에 한국에서는 '삼국지연의' 번안 작품 군이, 일본에서는 '수호전' 번안 작품 군이 인기를 얻게 된 문화적배경과 현상도 흥미롭다. 『홍길동전』과 『八犬伝』을 예로 들 수 있으며, 이 『八犬伝』은 필사본 장편소설인 『泉水石』과도 견줄 수 있다.

셋째, 「꿈」 속에서 일어난 일이라고 치부할 때 허무맹랑하며 통속적인 내용을 담아내기가 쉬워진다. 한일 몽유소설을 인물·구조·배경·문체라는 면에서 대중소설로써의 양식을 조명 할 수 있었다.

한일 몽유소설의 양식은, 『구운몽』『운영전』 등을 기뵤시 『金々先生栄花夢』(긴긴선생의 영화로운 꿈)·샤레본 『狐穴這入』(여우구멍 들어가기)등과 대비연구 할 때 확연히 드러난다. 이와 같은 몽유소설이 몽유자의 태도에 따라 주인공으로서 참가하는지 혹은 방관자에 불과한지, 또는 눈을 떠보니 꿈이었다(夢落ち) 라고 하는 구성법을 취하는지, 꿈의 양상에 따라 주제가 이상형, 우의형, 탄식형, 비판형 중 어느 유형에 속하는지 구분될 수 있음을 인물·구조·배경·문체 면에서 알 수 있는 것이다.

넷째, 남녀의 「연애」는 동서고금을 막론하고 가장 통속적일 수 있는 제재이다. 한일 기녀등장소설의 양식을 인물·사건·배경·문체 면에서 비교할 때 그 대중성이 현저히 드러난다.

한일 기녀등장소설의 양식을 비교하고자 할 때, 염정소설 중에 『숙영낭자전』『숙향전』『춘향전』『옥단춘전』『채봉감별곡』이, 유곽을 소재로 한 黄表紙·후기洒落本·合巻들과 대비되었다. 가령, 『채봉감별곡』에 등장하는 이 감사는 어질고 관대한 인물로써 채봉의 사정을 듣고 감동하여 채봉의 몸값을 치러 주는 등, 후기洒落本의 유형적 인물상인 旦那株(어르신역)에 상응하는 인물이다. 나아가 양국 애정소설에 등장하는 여주인공의 보편적 신분이 기녀라는 점에 착안한다면, 기녀신분갈등형 애정소설이 창작되면서 피상적·수동적이었던 典型적 유녀상이 실리추구의식, 또는 신분상승의식, 애정희구의식과 결부되고 진정한 연애를 추구해 가는 과정을 동일하게 후기샤레본에서도 볼 수가 있다. 기녀의 자의식이 심화 확대되면서 좌절 또는 극복되는 변모양상을 한일 기녀등장소설에서 엿볼 수 있는 것이다.

위 네 가지 관점에 입각한 고찰 과정을 한 편의 논문으로 보고하는 것은 무리한 일이므로 본고에서는 연구결과를 먼저 위와 같이 요약한 바이다.

다음은 위 연구결과를 도출하기에 이른 구체적 과정의 일례로서, 춘향전과 후기샤레본의 비교문학적 연구가능성에 대하여 논한다.

4. 춘향전과 후기샤레본의 비교문학적 연구가능성에 대하여

판소리계소설 『춘향전』과 에도희작문학의 한 장르인 샤레본(洒落本)을 재료로 한일골계소설을 비교 연구할 수 있는지, 먼저 그 가능성을 살펴보겠다.

『춘향전』과 비교하기 위해서는 샤레본 중에서도 집필시기, 독자층, 작품내용 등에서 『춘향전』과 더욱 유사성이 엿보이는 후기샤레본을 대상으로 하고자 한다.

에도희작(江戸戱作)이란, 〈웃음〉을 위한 갖가지 표현수법을 구사하면서 18, 19세기 에도(주로 동경)에서 발달한 속문학을 일컫는다. 에도희작의 한 장르로서 『동해도도보여행기(東海道中히자쿠리게)』[3]를 대표로 하는 골계본 및 유곽소설인 샤레본이 있다. 샤레본은 유리(遊里)를 무대로 하여 유객(遊客)과 유녀(遊女)의 풍속을 〈유객일행의 만남出会 → 유리까지의 여행道中 → 유녀와의 술좌석宴席 → 잠자리床 → 이별後朝〉이라는 구성 하에 회화체로 묘사하는 바, 관정개혁(1787년~1793년) 이후, 서민출신 작가가 서민독자층을 대상으로 집필하게 되는 샤레본을 후기샤레본이라고 부른다. 후기샤레본의 3대 작가로서 필자는 잇쿠(十返舎一九)·신로테이(振鷺亭)·삼바(式亭三馬)를 꼽고 있는데, 본고에서는 그들의 샤레본 전 작품 28종

3) 『동해도도보여행기』는 1802년 초편 간행 후, 『속편 히자쿠리게』로 이어지면서 1822년까지 간행된 十返舎一九의 작품이다.

을 대상으로 하고자 한다.

비교문학의 일환으로서 대비연구의 시점을 도입하고자 할 때, 대상작품의 유사성을 매개로 출발이 성립하게 되는데, 『춘향전』과 후기 샤레본은 다음과 같은 공통항을 분모로 하고 있다.

1) 동시기의 대중 통속 연애소설이다.

2) 유곽을 무대로 하며, 여주인공의 신분이 기녀이다.

3) 국문 단편 회화체소설이다.

4) 유사 수사법으로 골계미를 도출, 골계담을 형성한다.

이하 판소리계소설 『춘향전』과 에도희작문학인 샤레본(洒落本)의 비교가 가능하기 위한 전제조건으로서의 공통분모를 구체적으로 타진하고자 한다.

4.1 대중소설로서의 작품 성립배경

선행연구들을 참고하면서 『춘향전』의 성립과정을 요약해 보면, 대중소설이라고 하는 점이 자연히 부각된다.

사각(私刻)의 목판본인 방각본(坊刻本) 출현은 17세기까지 거슬러 올라갈 수 있으나, 방각본소설의 전성기는 1860년대부터라고 추정되고 있다. 영리를 추구하기 때문에 판매실적이 불안한 신작을 추가하기 보다는, 기존 작품을 전국 네트워크를 통하여 지방까지 보급하여 저변의 독자층까지 흡수하도록 힘을 기울였다. 판소리 「춘향가」도 일찍이 18세기 중엽에 성립(유진한이 판소리춘향가를 전라도지방에서 구경한 뒤 1754년에 집필한 한시 만화본 춘향가가 현존)하였고, 광대에 의해 가창되어 오다가 방각본이라는 형태로 소설화 되었다고 여겨진다. 유명한 작품만이 방각본소설로 출판될 수 있었다고 하는데, 방각본 형태를 취함으로써 더 한층 베스트셀러의 지위를 누리게 되는 특수한 성립 사정을 엿볼 수 있다.

『춘향전』은 백종 이상의 이본이 발견되고 있는 가운데, 필자가 「京板三十五張本」을 저본으로 해야 한다고 생각 하는 이유는, 간행시기를 1840년대라고 추정, 현존最古本(金東旭、朴甲殊 등) 이라고 하는 주장과, 19세기 서울 경기지역 독자층에게 대량 보급되었다(薛盛璟 등) 고 하는 점, 단편인 점 등에 비추어 볼 때, 기타 주요 이본인 「完板八十四張本 烈女春香守節歌」(20세기초 간행), 「南原古詞」(필사본 5권)에 비하여 후기샤레본과 대조하기에 타당하다고 판단했기 때문이다.

한편, 골계본(滑稽本)의 전성기인 19세기 초(文化・文政期)에 거듭하여 인쇄 재판된 샤레본은 쿄덴(京伝)・잇쿠(一九)・삼바(三馬)의 샤레본이며, 잇쿠샤레본에는 복판(覆版)[4]까지 존재한다(『中村幸彦著述集』 第5巻)는 점에서 대중독자층에게 애독되고 있었음을 알 수 있다. 水野稔씨가 『黄表紙・洒落本集』(日本古典文学大系)에서 「에도 출신으로 해박함(매니아, 通)을 자랑하여 비교적 좁은 범위의 지식층 독자를 대상으로 하던 도시문학으로서의 샤레본이, 말기에 이르러 그 기치를 새로이 하면서 지방 독자층과도 악수하고자 하였다. 江戸人の通を誇り、比較的狭い範囲の知識層を狙っていた都会文学としての洒落本が、(末期になると) その旗幟を新たにして地方大衆読者層とも握手しようとすることでもあった」(이하, 인용문 중의 괄호와 밑줄은 필자에 의한 보충임) 라고 논하는 바, 후기샤레본의 대중소설로서의 문학사적 입지를 짐작케 한다.

---

4) 복판; 원본과 전혀 다름없이 새로 제작한 판. 覆刻本；書籍などの原本をもとに、版を新に作り直し、原本通りに再製した本(『日本国語大辞典』 小学館、1972～1976).

4.2 문체－회화체 국문 단편소설

구어 회화체의 창시가 일본문학사상 샤레본의 가장 중요한 위상[5] 이라고 간주되는 바와 같이, 판소리계소설 또한 구비서사공연물의 모방성이라는 근본 성격으로 인해, 그 구어체가 근대문학으로의 가교로서 높이 평가되고 있다.

그러나 판소리계소설에는 생경한 한문구의 삽입이 두드러져 국한혼용 문체적 성질이 매우 높아 보인다. 따라서 자국의 친근한 고전을 바탕으로 언어유희를 전개했던 『동해도도보여행기』 보다, 대부분 중국 고전에 의존하였던 『흥보전』 쪽이 「현학」적 수사법이 두드러졌던 현상을 졸고[6]에서 검증한 바와 같이, 『춘향전』 또한 후기샤레본보다 「현학」[7]적 수사법이 매우 현저하다. 특히 이 「현학성」은 과장・나열・끝마무리 익살과 한 세트가 되어 작용하는 경우가 많으므로, 전체 작품에서 차지하는 수사법적 효과와 역할이 증가한다. 에도시대는 귀족문학(雅文学)과 서민문학(俗文学)이 각각 발달하면서, 그 중간적 위치 문학은 물론 속문학까지 당당하게 문단의 위치를 점유

---

5) 「등장인물들의 직업, 고향, 연령, 성격에 이르기까지, 그 시점, 그 상황에서의 심정을 세밀하게 표리 있는 발언까지도 포함하는 회화체로 표현하게 된 것은, 회화체소설이기도 한 샤레본에 있어서였다. 샤레본의 회화체는 필시 일본의 소설사 전체를 보더라도 특별하다고 말할 수 있을 것 같다. 登場人物達の、職業、素姓、年齢、性質から、その時点に於ける心情、それも状況によりこまかく表裏のある発言までも含んだ会話体を表現するようになったのは、会話体の小説でもある洒落本に於てであった。洒落本の会話体は、恐らく日本の全小説史を通じても特別であるといってよいのではなかろうか。」(『中村幸彦著述集』第四巻、1987년).

6) 전게논문 주1)

7) 『日本国語大辞典』(小学館)에 의하면, 현학이란 「학문이나 지식이 있음을 보란듯이 자랑하는 것. 学問や知識があることを自慢したり、見せびらかしたりすること」을 말한다. 샤레본에서 구태여 찾는다면 반가통(半可通)의 해박함을 자랑하는 구절이 이에 상응할 수 있다.

했던 것에 비하면, 조선시대 한글문학은 한문학의 그늘에 숨어서 한문학을 방패로 삼았기에 확고한 국문문체의 전통을 일본만큼은 이룩할 수 없었던 것이 아닐까.[8)]

유곽에서 노는 모습이라든지, 유녀와 유객의 회화를 각 장마다 옴니버스 식으로 묘사하는 전기샤레본과 달리, 잇구·삼바샤레본에는 기승전결의 스토리가 부가되면서, 기복 있는 줄거리와 그에 상응하는 연작화도 일부 시도되었다. 후편(속편)이라는 형태를 취함으로써, 독자가 친숙하게 접근할 수 있도록 풍부한 스토리성(가령 유녀의 친정이 연결 묘사된다)을 보유하기도 하지만, 각 편마다 단편으로 읽어도 충분히 즐길 수 있는 내용이 되고 있다. 바킨(曲亭馬琴)의 『近世物之本江戸作者部類』[9)]에 「샤레본은 半紙를 반으로 접은 크기(이른바 小本)로, 한권의 장수는 약 30장, 많아도 40장을 넘지 않는다. 洒落本ハ半紙を二ツ裁にして、一巻の張数三十頁許、多キも四十頁に過キす」라고 말한 바와 같이, 샤레본은 기본적으로 경판35장본 『춘향전』과 비슷한 길이의 단편소설임을 알 수 있다.

4.3 연애소설로서의 등장인물 유형

후기샤레본은 19세기 중엽을 전성기로 하는 본격연애소설 인정본

---

8) 邊恩田氏는『語り物の比較研究ー韓国のパンソリ・巫歌と日本の語り物』(翰林書房、2002年)에서,「일본 구비문학에는 일본에 뿌리를 둔 고사가 많으나, 한국은 민요라든지 무가와 같은 민간문예에 이르기까지 중국에 뿌리를 둔 수사가 상당히 많은데, 이는 일본과 달리 서민에게도 중국문학의 인용이 기호에 맞았다는 증거 日本の語り物には日本だねの故事が多いのに対して、韓国は民謡や巫歌といった民間の文芸にまで、中国だねの修辞がかなりあることが、日本と違って庶民までも中国文学の引用が好尚にかなっていた証しである、」라고 그 원인을 분석한다.

9) 曲亭馬琴著『近世物之本江戸作者部類』木村三四吾編、八木書店、1988년.

(人情本)[10]의 성질을 예견, 준비하고 있었다.[11] 잇쿠는 1820년『세이단미네노하츠하나清談峯初花』(歌川美丸画) 간행에 의해 인정본의 창시자라는 영예를 후세문학사가에 의해 얻게 되는데, 그러한 잇쿠의 소질은 이미 1802년 샤레본『吉原談語』에 나타나고 있다. 범례를 보면「이 吉原談語는 본인이 집필하는 다른 책들과는 약간 뜻을 달리하는 바, 출판사의 주문에 응하여 골계스런 말을 꽃으로 하여 실정(実情, 진실된 애정) 이 그 열매를 맺도록 함으로써 작품전체를 농밀하게 하였다. 此吉原談語は余か著す他の帖と其意味聊異なり書肆の注文に応ずるを以て滑稽の詞を花とし実情の其実を結で全躰を濃にす」[12] 라고 표명하듯이, 사실『吉原談語』에는 다른 잇쿠샤레본에는 현저한 골계성이 전혀 보이지 않으며(범례에서는 골계를 수단으로 하고 실정을 목적으로 한다고 말하고 있으나, 표면적인 골계조차 보이지 않는다),「바람 피우는 것」을 소재로, 이를 둘러싼 심리묘사가 세밀하다. 그야말로 근대문학에서 말하는 본격연애소설(기녀와 손님과의 상업적 연애가 아닌, 시정남녀의 연애라는 측면에서)에 가장 가까운 장르, 인정본에 근접하고 있다고 할 수 있다.

통(通)의 진수를 이해하지 못한 체 흉내를 내려고 하는 반가통(半可通)적인 인물은 전기샤레본에서는「비웃음을 사는 존재 嘲笑の的たるべき存在」[13]로서「처치 곤란한 자 困り者」라는「호감을 못사는

---

10) 닌죠본; 1820년대에 발생해서, 1830~1840년대를 전성기로 하는 에도시대의 소설 양식. 江戸市民사회의 연애와 인정의 갈등을 정서적으로 묘사한 작품이 많다.

11)「洒落本の形式を確立した『遊子方言』には、この後、洒落本が発展していく三つの方向が集約されていた。……二は、廓などの恋愛を興味深く描くという方向で、ロマンチック・ストーリー(로맨틱스토리)として発展していく。」 内田保広『日本文学新史 近世』至文堂、1990年。同書에서 京伝洒落本을 評価함에 있어서「恋愛小説」「恋愛心理描写」라고 하는 文句를 사용한다.

12) 이하, 샤레본의 제목 및 원문 인용은『洒落本大成』(中央公論社、1988年完)에 의한다.

역 嫌われ役」이었으나, 후기샤레본에서는 처치 곤란한 자의 범주를 초월하여 「미움 받는 자(변학도) 로 변모하여, 이 악인은 선한 남녀(이몽룡과 춘향)의 사랑을 방해함으로써, 독자의 선한 인물에 대한 동정심을 부추기는 역할을 하도록 변화한다. 憎まれ者(卞使道) になってきて、この悪者は、善人の男女(李夢龍・春香) の恋を妨げ、読者の善者に対する同情心をかき立てる役割を持つことに変化する」[14)]。

즉, 「일시적 놀이가 아닌 사랑에 충실하려고 하는 주인공(이몽룡과 춘향)들에게 있어서, 증오의 대상인 악역(변학도)으로서의 성격을 갖고 등장 遊びを離れて恋に生きようとする主人公(李夢龍・春香) たちにとって、憎悪の対象として敵役(卞使道) としての性格をもって登場」하는 것을 의미한다. 「반가통의 악역적 성격, 이 또한 진실된 애정을 강조하기 위함이었다. 半可通の敵役的性格、これも実情を強調せんがためであった。」[15)] 라고 하는 해설과 같이 후기샤레본에서 실로 연애소설의 전형적 인물 구도를 볼 수 있는 것이다. 후기샤레본의 인물유형에 관한 선행연구의 지적에, 위 괄호와 같이 『춘향전』의 인물 또한 그대로 대입할 수 있다고 하는 사실로부터도 양 장르의 유사성이 부각된다.

남자주인공의 역할은 잇쿠샤레본에서는 도련님역(息子株)[16)]이, 삼바샤레본에서는 色男이, 『춘향전』에서는 이몽룡이 각각 담당하고 있다. 악역(敵役)은 잇쿠샤레본에서는 주로 어르신역(旦那株. 반가통이 아닌 어르신역도 등장)이, 삼바샤레본에서는 반가통이, 『춘향전』에서

13) 神保五弥「末期洒落本の位相」『国文学研究』2、1950年 5月.

14) 『中村幸彦著述集』第四巻、中央公論社、1987년.

15) 神保五弥「末期洒落本の位相」 전게서.

16) 息子株・色男・旦那株에 대한 상세한 논은 拙稿「一九洒落本における類型的人物像について」(『語文研究』 第86・87号, 九州大学国語国文学会, 1999)에서 펼친바 있다.

는 변학도가, 라고 하는 식으로 대응해서 생각할 수 있다는 점에서도 나라를 초월한 통속연애소설의 전형성이 엿보인다. 이 악역은 노드롭프라이(Northrop Frye)가 제시한 희극적인물의 네 유형[17] 중에서 〈자기과시형〉에 속한다고 볼 수 있다. 즉 변학도와 잇쿠샤레본의 어르신역(旦那株)은 「기성사회의 일원, 예컨대 나이는 덜 젊고 돈이나 권력은 더 많은 연적」[18]에 상당하는 성격을 지니고 있는 것으로부터도 세계 보편적인 희극소설의 구성법을 취하고 있다고 할 수 있다.

1802년 잇쿠가 간행하는 샤레본들에서 〈도련님역〉(息子株)은 전형적 요소, 즉 상투문구로서 형용되는 미남이며 얌전한 차림새에 이십대 전반의 청년이라고 하는 고전적 요소는 남기는 한편, 이미 정분을 통한(馴染み) 유녀가 있다고 하는 色男風으로 묘사되면서 바람을 피우는가 하면 경제적여유도 있어 보인다. 그러나 처신에 약삭빠를 정도로 세속의 때가 묻지는 않았으므로 온화한 성품의 소지자이다. 이몽룡과 일맥상통하는 부분이 많음을 알 수 있다.

삼바·신로테이 샤레본의 〈色男〉은 전통적 상태와 다르지 않으며, 서로 반해서 정분이 난 유녀가 있든지, 첫 만남의 자리에서는 〈도련님역〉 대신에 유녀들의 인기를 모으는 역할을 맡기도 한다. 삼바샤레본에 등장하는 〈도련님역〉은 신로테이의 〈色男〉보다도 더욱 고전적이다. 그는 色男과 견제되는 입장에 놓이는 만큼, 옆길(色男의 역할)로 새는 경우는 보이지 않는다.

잇쿠는 〈어르신역〉(旦那株)이라고 하는 새로운 인물상을 창조하여, 〈도련님역〉과 〈어르신역〉을 주축으로 하는 샤레본을 13종 간행

17) 김병국 「희극적 구조로 본 『춘향전』」 『韓国古典文学의 批評的理解』 서울대학교 출판부, 1996년.

18) 김병국 전게서

하고 있다. 따라서 잇쿠의 샤레본은 변형적 샤레본 2종을 제외한 전 작품의 기본구조가 〈도련님역〉과 〈어르신역〉의 조합이라고 할 수 있다.

기본적으로 어르신역에는 친밀한 유녀가 있으며, 그녀들에게 바람을 맞거나, 반대로 인기를 얻거나 그 관계는 다양하며, 반가통의 경우가 있는가 하면 통인(通人)의 경우도 있고, 그 중간자적 존재(이 경우가 가장 많다)도 있다. 용모 또한 色男風에서 추남, 그 중간적 인물까지 다양하다. 단 공통적으로는 부호이거나, 소규모의 부자이거나 해서 가난한 어르신역은 없다. 대부분의 경우 그들은 도련님역을 동반(이 경우 우월한 입장이거나 대등한 관계이거나 한다)하여 유곽에 놀러 오거나, 또는 같은 유녀 집에 와 있는 도련님역과 비교 견제되는 입장에 놓인다고 하는 공통점을 지닌다.

김병국씨는 앞서 「희극적 구조로 본 『춘향전』」에서, 변학도를 Frye의 〈자기과시형〉으로서 해석한 뒤, 이몽룡과 춘향은 Frye의 〈자기비하형〉으로 설명하면서,

> 춘향의 성격구성은 이상 고찰한 바와 같이 희극의 일반원칙에 의거하기는 하지만, 『춘향전』 특유의 리얼리즘 때문에 독특하고 개성 있게 부각된다. 그러나 이도령은 변학도의 말마따나 그야말로 '嚴父侍下요, 未丈前도련님'(完版) 이며, '어린자식'(京版) 이어서, 아직 형성되기 이전의 인격이다. ……이도령의 성격구성은 박약하고 모호하다. 이것은 혹시, 프라이의 이른바, "희극작가는 대체로 주인공을 성격에 있어서는 격하시켜 두며, 차라리 모호하고 미숙하게 보이도록 한다"라고 하는 것과 어떤 관련이 있는지 모르겠다.

라고 논하고 있으나, 경판35장본(김병국씨의 경우 저본 未명기)에 비추어 볼 때는 부적합한 설명이라고 하지 않을 수 없다. 즉, 웃음과 눈물의 문학이라고 일컬어지는 판소리계 소설은 그 장르의 근본적인

성질상, 아무래도 골계성을 도출하는 비중으로 그 인물의 개성까지 알 수 있도록 구성된다고 생각한다. 환언하면, 첫 번째 골계인물은 이몽룡, 두 번째 골계인물은 변학도이며, 제목은 춘향전이지만 춘향에게는 눈물을 흘리게 하는 역할이 주이고 골계성은 의외로 적다는 사실에 주목하고 싶다. 따라서 김병국씨의 위의 논지는 경판35장본에 입각할 때, 춘향과 이몽룡의 성격 구성을 역전시켜서 이해하지 않으면 안된다.

한편, 여주인공의 신분은 기녀[19]이지만, 유곽을 벗어난 장소에서도 이야기가 진행된다고 하는 점은 양 작품의 무대에 있어서의 공통항목이다.

『춘향전』에서는 남녀주인공이 첫눈에 반하는 무대가 광한루를 배경으로 설정되고 있다. 봄 경치를 감상하려고 찾아간 광한루에서 우연히 만난 이몽룡과 춘향이 사랑을 속삭이고 재회를 약속하는 것이다. 남원의 경치와 광한루의 풍경이 현학적으로 나열됨으로써 과장 묘사된다.

삼바는 『辰巳婦言』(1798년)에서 철두철미 写実的 필치를 구사함에 있어서, 유녀 오토마의 출신지의 광경, 친정의 궁핍, 성장과정에 이르기까지 세세한 기술을 본문과 떨어진 권말에 「作者曰」이라고 한 뒤, 장황하게 서술하고 있다. 그리고 이 유녀 오토마의 친정을 유객인 〈도련님역〉이 직접 방문함으로써 현재 친정의 상황을 묘사하는 후편의 취향으로 응용한다. 즉, 『船頭部屋』(1807년)의 「시치켄보리 친정의 단 七軒堀 親里の套」이라고 하는 장으로, 친정의 모습은 비

19) 방자가 이도령에게 춘향을 소개 할 때 「저 아이는 과연 본읍 기생 월매 딸 춘향이라……」. 그러자 이도령이 방자에게 「제가 만일 창녀면 한번 구경 못할소냐……」(일본큐슈대학소장 『경판35장본 춘향전』 원문 중, 필자가 현대어표기로 번안함)

교적 간략하게 서술되어 있으나, 시치켄보리 마을의 풍경묘사가 한층 정밀해진다.

잇쿠의 『サトの意気地』(1802년)에서는 범례에서 「제 1회에 기녀의 출신을 앎으로써…… 第一回に、倡妓の原を識るをもって……」라고 한 바와 같이, 본문 제 1회에 유녀의 친정이 그려지고 있다. 그 서두에는 가족이 현재와 같은 빈곤한 처지에 빠지게 된 경위가 서술된다. 그리고 나서 현재 친정의 상황이 타로사쿠(太郎作)라고 하는 〈골계인〉을 중심으로 전개된다. 따라서 삼바가 유녀 오토마의 친정을 묘사하는 방법과 취향적 토대는 동일하나, 전혀 다른 목적을 향해서 두 작자는 붓을 움직이고 있다고 할 수 있다. 잇구에게 있어서는 삼바와 같은 写実的 묘사는 안중에 없었으며, 숙부인 타로사쿠를 등장시킴으로써 골계스런 에피소드의 일막을 만들고자 전력을 기울이고 있는 것이다.

5. 맺음말

이상, 본 연구는 협의의 영향관계를 주로 논해 왔던 전통적 비교문학연구 방식에 의구심을 품는 데서부터 출발하였다. 상호 직접적 영향관계가 없어도 공통된 테마·공통된 문제의식·유사한 표현법 등에 주목하고자 한 것이다. 이러한 대비 연구방식을 설정할 때, 비로소 19세기를 전후하여 한일 양국에 방각본소설과 에도희작을 중심으로 대중소설이 등장하게 되는데, 그러한 대중소설의 양식이 어떻게 표현되는지, 그 방법을 비교·해설·평가하는 길이 열린다. 방각본소설과 에도희작에 포함되는 작품은 광범위하므로, 동서양문학을 불문하고 대중성을 손쉽게 확보하기 위한 미학으로 작용하기 쉬운 「골계미」, 동서양을 막론하고 허무맹랑하며 통속적인 내용을 담아내는데 적합한 소설양식인 「영웅소설」, 「몽유소설」, 「연애소설」을 키워드로 하여 한일근세대중소설양식을 비교 고찰 할 수 있음을 추론하였다.

이 중 구체적 작품으로, 판소리계소설 『춘향전』과 에도희작 문학의 한 장르인 샤레본(洒落本)을 재료로 한일골계소설을 비교 연구할 수 있는지, 먼저 그 가능성을 타진하였다. 『춘향전』과 후기샤레본을 비교하고자 할 때, 그 이질성으로 인하여 자연적으로 파생하는 문제점들을 극복하고 비교할 수 있게 하는 근거로서의 동질성에 대하여 논할 수 있었다. 즉, 양 장르가 동시대의 대중・통속・연애소설이라는 점, 인물설정과 무대배경이 유사하다는 점, 국문단편소설로서 그 문체가 양국문학사상에 있어서 차지하는 위상이 동일하다는 점을 확인한 바이다.

[참고문헌]

『中村幸彦著述集』, 第四巻, 中央公論社, 1987.

졸고, 「日韓滑稽文学に於ける対比研究試論－『東海道中膝栗毛』 と 『興甫傳』を中心に－」, 『国際日本文学研究集会会議録』 26, 国文学研究資料館, 2003年 3月.

졸고, 「一九洒落本における類型的人物像について」, 『語文研究』 第86・87号, 九州大学国語国文学会, 1999.

邊恩田, 『語り物の比較研究―韓国のパンソリ・巫歌と日本の語り物』, 翰林書房, 2002.

曲亭馬琴, 『近世物之本江戸作者部類』, 木村三四吾編, 八木書店, 1988.

内田保広, 『日本文学新史 近世』, 至文堂, 1990.

『洒落本大成』, 中央公論社, 1988年完.

『日本国語大辞典』, 小学館, 1981年完.

神保五弥,「末期洒落本の位相」,『国文学研究』2, 1950年 5月.
江口一久,『言葉遊びの民族誌』, 大修館書店, 1990年.
田中優子,「近世日本とアジアの文学」,『日本文学と外国文学』, 英宝社, 1990.
アールマイナー他,『東西比較文学研究』, 明治書院, 1990.
野村雅昭,『落語の言語学』, 平凡社, 1994.
ジャクリーヌ・ピジョー,『物尽し一日本的レトリックの伝統』, 平凡社, 1997.
河合眞澄,『近世文学の交流一演劇と小説』, 清文堂, 2000.
小林路易,『掛詞の比較文学的考察』, 早稲田大学出版部, 2001.
張競,『美女とは何か一日中美人の文化史』, 晶文社, 2001.
『文学一近世文学の越境』, 岩波書店, 2002年 2月号.
高橋則子,『草双紙と演劇』, 汲古書院, 2004.
『国文学解釈と鑑賞別冊一江戸文化とサブカルチャー』, 至文堂, 2005年 1月号.
『国文学一近世小説、その豊饒』, 学燈社, 2005年 6月号.
大谷森繁,『조선후기소설 독자 연구』, 고려대 민족문화 연구소, 1985.
권혁래,『조선후기역사소설의 성격』, 박이정, 2000.
김광순,『한국고소설사』, 국학자료원, 2001.
김기동,「이조시대소설론」,『춘향전연구』, 강경호 편저, 교학연구사, 1990.
김동욱, 「京板三十五張本(九州大学本) 春香伝」, 『한국학보』 9집, 일지사, 1977년 12월.
김병국,「희극적구조로 본 춘향전」,『한국고전문학의 비평적 이해』, 서울대학교출판부, 1996.
김태준, 『한국문학의 동아시아적 시각2－한일문학의 교류양상－』, 집문당, 2000.
김창현,『한일소설형성사－자본이 이상을 몰아내다』, 책세상문고, 2002.
동방문학비교연구회편,『전이와 수용』, 학문사, 1998.
미하일바흐찐,『장편소설과 민중언어』, 창작과 비평사, 1988.
박태상,『조선조 애정소설 연구』 태학사, 1996.
부길만,『조선시대의 방각본 출판연구』, 서울출판미디어, 2003.

설성경 · 김동욱 · 김태준, 『춘향전비교연구』, 삼영사, 1979.
설성경, 『춘향전의 형성과 계통』, 정음사, 1986.
성현경, 「춘향전론2. 〈이고본 춘향전〉의 축제적구조와 의미, 문체와 작자」, 『한국옛소설론』, 새문사, 1998.
신해진, 『조선중기몽유록의 연구』, 박이정, 1998.
임성래, 『조선후기의 대중소설』, 태학사, 1995.
정규복, 『한국문학과 중국문학』, 국학자료원, 2001.
조동일, 『한국문학과 세계문학』, 지식산업사, 1992.
조동일, 『동아시아문학사 비교론』, 서울대학교출판부, 1993.
조동일, 『공동문어문학과 민족어문학』, 지식산업사, 1999.
조동일, 『하나이면서 여럿인 동아시아문학』, 지식산업사, 1999.
조광국, 『기녀담 기녀등장소설연구』, 월인, 2000.
조광국, 『한국문화와 기녀』, 월인, 2004.
졸고, 「『히자쿠리게』와 『興甫伝』의 비교문학적 연구 가능성에 대하여」, 『日本語文學』 16, 한국일본어문학회, 2003年 3月.
채희윤, 「흥보가연구－대화주의와 축제주의를 통하여」, 『한국서사문학의 통사적고찰』, 푸른사상, 2002.
최창록, 『환몽소설과 꿈 이야기』, 푸른사상, 2000.
최혜진, 『판소리계소설의 미학』, 역락, 2000.
최기숙, 『환상－문학의 기본개념[3]』, 연세대학교출판부, 2003.
한국고소설연구회편, 『춘향전의 종합적 고찰』, 아세아문화사, 1991.
『한국 민속 대사전』, 민족문화사, 1991.
『한국민속대관』 제6권, 고려대학교민족문화연구소, 1982.
홍순일, 『판소리창본의 희극정신과 극적아이러니』, 박이정, 2003.

6 춘향전과 화류소설

『춘향전』과 후기洒落本의 희극구조 비교연구
–笑劇과 만담적 형식을 중심으로– 1)

1. 들어가며

양국의 골계문학을 상징하는 작품으로서 판소리계소설 『흥보전』과 에도희작문학 『히자쿠리게(東海道中膝栗毛)』2)를 재료로 〈한국과 일본 골계소설의 비교문학적 연구〉라는 방대한 테마의 첫걸음을 내디딘 적이 있다.3) 본고는 두 번째 단계로서, 판소리계소설 『춘향전』과 에도희작문학의 한 장르인 샤레본(洒落本)을 재료로 수사법적 기교를 〈골계〉라는 측면에서 면밀하게 대조 분석하고자 한다. 아울러 본고의 전제조건으로서 필자가 병행해서 집필하고 있는 다른 논문4)을 참조해야 할 필요성이 있다. 즉, 한일골계소설을 비교 연구하기 위한

---

1) 「『춘향전』과 후기洒落本의 희극구조 비교연구–笑劇과 만담적 형식을 중심으로」 『일본어문학』 34, 2007년.

2) 본고에서 지칭하는 『흥보전』은 큐슈대학소장 『경판25장본 흥보전』을 뜻하며, 『히자쿠리게』는 일본고전문학전집에 수록된 『토카이도츄히자쿠리게』를 뜻한다. 원문 인용도 같은 책에 의한다. 『히자쿠리게』는 1802년 초편 간행 후, 『속편 히자쿠리게』로 이어지면서 1822년까지 간행된 十返舎一九의 작품이다.

3) ① 「日韓滑稽文学に於ける対比研究試論 –『東海道中히자쿠리게』 と 『興甫傳』を中心に–」『国際日本文学研究集会会議録』26、国文学研究資料館、2003年 3月. ② 「『히자쿠리게』와 『興甫伝』의 비교문학적 연구 가능성에 대하여」 『日本語文學』 16, 한국일본어문학회, 2003年 3月.

4) 「韓日近世大衆小説様式의 비교연구–방각본소설과 에도희작을 중심으로–」 『외국문학연구』 27, 한국외국어대학교 외국문학연구소, 2007년 8월31일 발행예정.

재료로서 『춘향전』과 샤레본 선정이 타당한지, 비교연구의의를 위 논문에서 상세하게 언급하고 있다. 그 내용을 요약하는 형태로 여기에서 짚고 넘어가고자 한다.

영향관계를 논하는 협의의 비교문학연구가 아닌, 대비연구의 시점을 도입하고자 하는 본 연구는, 대상작품의 유사성을 매개로 출발이 성립한다고 할 수 있다. 즉, 『춘향전』과 후기샤레본[5]은 다음과 같은 공통분모가 있는 것이다.

1) 동시기의 대중 통속 연애소설이다.

2) 유곽을 무대로 하며, 여주인공의 신분이 기녀이다.

3) 국문 단편 회화체소설이다.

4) 유사 수사법으로 골계미를 도출, 골계담을 형성한다.

이와 같이 『춘향전』과 비교하기 위해서는 샤레본 중에서도 집필시기, 독자층, 작품내용 등에서 『춘향전』과 더욱 유사성이 엿보이는 후기샤레본을 대상으로 하고자 한다.[6]

---

5) 후기샤레본이란 관정개혁(1787년~1793년) 이후, 서민출신작가가 서민독자층을 대상으로 집필하게 되는 샤레본이다. 후기샤레본의 3대 작가로서 필자는 잇쿠(十返舎一九)・신로테이(振鷺亭)・삼바(式亭三馬)를 꼽고 있는데, 본고에서는 그들의 샤레본 전 작품 28종을 대상으로 하고자 한다.

6) 후기샤레본에 대하여 中村幸彦・神保五弥・水野稔・棚橋正博・村田裕司 등이 논하고 있으나, 후기샤레본의 최대 양산 작가인 잇쿠에 관한 언급은 찾아보기 어려운 가운데, 다음과 같은 졸고가 있다. (1997年) 「一九洒落本における滑稽ー京伝との比較を通してー」『語文研究』 第83号、九州大学国語国文学会。(1999年) 「一九洒落本における類型的人物像について」『語文研究』第86・87号、九州大学国語国文学会。(1999年) 「後期洒落本における演劇的趣向について」『日本学報』 第42輯、韓国日本学会。(2001年) 「十返舎一九洒落本における教訓性―振鷺亭・式亭三馬との対照を通してー」『文学研究』第89号、日本文学研究会。

2. 골계담(희극구조)의 형성기법 - 笑劇과 만담

『춘향전』(경판35장본)[7]에서 골계스런 장면을 스토리 진행에 따라 전부 추출해 보면 다음과 같다.

봄 경치에 대한 나열과 끝마무리 익살, 이도령과 방자의 미인문답과 이도령의 끝마무리 익살, 비속어가 난무하는 방자와 춘향의 회화, 이도령이 춘향의 걸음걸이를 비유 열거, 이도령의 부친 풍자, 이도령의 동음이의어에 의한 한자풀이, 이도령의 「보고지고」 나열과 끝마무리 익살, 이도령과 방자의 해에 대한 만담, 이도령과 방자의 춘향을 찾아가는 골계스런 행동, 이도령의 「부어라」 나열, 이도령의 동음이의어에 의한 삼강오륜 궤변, 이도령과 춘향의 거문고 만담, 이도령의 현학적 나열에 의한 바리가, 이도령의 동음이의어에 의한 「덕」 나열, 이도령의 외설적 문자 타령, 변학도와 하인의 춘향이름에 대한 골계스런 문답, 변학도와 옥리의 「양」 나열에 의한 만담, 형방의 기생점고, 춘향에게 유혹되는 관령의 모습, 변학도의 질문에 대한 애매모호한 정낭청의 대답, 춘향의 처벌에 대한 형방의 궤변, 변학도의 무식, 변학도의 외설적 언설, 이어사의 실패담, 주막영감의 비속어에 의한 「갔는지」 나열, 이어사의 춘향 옛집에 대한 감회, 월매의 이어사에 대한 골계스런 언행, 월매와 이어사의 만담, 기생의 이어사에

7) 일본 九州大学소장 「京板三十五張本」을 底本으로 한다. 『韓国学報』 9(1977년 12월, 一志社)에 金東旭氏에 의한 翻字가 실려 있다. 백종 이상의 이본이 현존하는 『춘향전』 중에서, 「京板三十五張本」을 저본으로 선택한 근거는 다음과 같다. ① 간행시기가 1840년대로서 현존最古本(金東旭、朴甲殊 등)이라고 하는 추정, ② 19세기 서울 경기지역 독자층에게 대량 보급되었다(薛盛璟 등)고 하는 점, ③ 단편인 점이다. 기타 주요 이본인 「完板八十四張本 烈女春香守節歌」(20세기초 간행), 「南原古詞」(필사본 5권)에 비하여, 이상의 간행시기 · 독자층 · 분량 면에서 후기샤레본과 대조하기에 적합한 저본이라고 판단하였다.

대한 비속어, 수라장이 되는 생일잔치, 배설물 나열과 변학도의 끝마무리 익살, 환희에 빠진 월매의 행동 등.

이상의 골계적 장면들을 수사법적 측면에서 분류해 보면, 끝마무리익살·만담·나열·소극·비유·외설·동음이의어·풍자·과장·비속어 등이 주요 수사법임을 알 수 있다. 이 중 「풍자」를 제외하면 빈도차이는 있으나 후기샤레본에서도 대부분이 구사되고 있는 골계표현이다. 끝마무리 익살과 나열, 외설을 둘러싼 양 장르의 비교는 후속 논문[8]에서 다룰 예정이다. 본고에서는 『흥보전』과 『히자쿠리게』도 아우르면서, 『춘향전』과 후기샤레본을 중심으로 「笑劇」과 만담이라는 관점 하에 한일문학의 골계표현의 동질성과 이질성을 살펴보고자 한다.

2.1 골계소설로서의 등장인물 유형

양 작품의 동질적 측면의 기본은 우선적으로 골계적 등장인물 유형의 공통점에 있다고 할 수 있다.

후기샤레본에는 남녀주인공 외에 이른바 〈골계인〉이라는 인물형이 등장한다. 〈골계인〉이란, 그 존재 가치 자체가 장면 장면에 웃음을 일으키는데 있는 듯한 인물을 지칭하는 사적용어이다. 이 광대역할의 〈골계인〉은 전기샤레본에서는 유형적 인물상이라고 할 수 없으며, 후기샤레본의 전형적인물상을 도출하기 위하여 필자가 편의상 만들어내어 사용하고 있는 용어이다. 다음은 후기샤레본에 등장하는 〈골계인〉의 특징을 도표로 정리 한 것이다.

8) 後期洒落本と『춘향전』に見える滑稽化方法について一「落ち」を中心に一

[도표 1] 〈골계인〉의 특징

작 가	빈 도	신 분	성 격 특 징	비 고
신로테이	전8작품 중 3작품	주로 에도가미(江戸神)[9]	직업적인 웃음	
삼바	전5작품 중 4작품	유객	写実적인 말버릇을 구사하는 집요한 장난 놀이	주로 半可通적. 「笑劇」적
잇구	전15작품 중 10작품	주로 유객, 기타 에도가미・시골사람 등	애교스런 성격에 의한 담백한 말놀이	유곽에 익숙한 인물들. 「만담」적

후기샤레본의 〈골계인〉에 상당하는 역할을 하는 인물이 『춘향전』에서는 앞서 골계적 장면 추출에서 알 수 있듯이, 이몽룡과 변학도라고 할 수 있다. 광대역을 후기샤레본은 주인공이 아닌 제3의 인물이, 『춘향전』은 남자 주인공과 악역이 더불어 겸비하고 있다는 차이점은 있으나, 구성상 주요인물들이 골계화에 기여하도록 설정하고 있는 것이다. 후대의 『춘향전』 이본에서는 방자의 역할이 그야말로 잇구샤레본의 〈골계인〉에 상응하는 여러 조건을 구비하고 있으나, 『경판35장본춘향전』에서 방자의 존재감은 아직 미약하다. 또한 여주인공들에게는 골계적 역할이 거의 보이지 않는다.

잇구・삼바샤레본에 등장하는 〈골계인〉의 역할을 『춘향전』에서는 남주인공과 악역이 담당한다는 것은, 미하일 바흐친[10]이 중세유럽의 저급한 장르, 하층계급의 문학에는 세 유형의 골계스런 주인공[11]들

9) 에도가미; 술자리의 여흥을 돋우는 직업의 남자. 江戸神とは遊郭の幇間に対して江戸市中に住む素人の太鼓持ち(遊客に侍し、その機嫌を取って酒興を助けるを生業とする男子)。『江戸語大辞典』

10) 바흐친(1895~1975)은 프랑스 작가 라블레(1493~1553)의 소설을 분석하여, 중세유럽골계문학의 전통 속에서 그로테스크리얼리즘 이론을 도출했다.

11) 악한(rogue)・광대(clown)・바보(fool); 미하일바흐찐 『장편소설과 민중언어』

이 등장한다, 고 논한 것에 비추어 볼 때, 세계적 통속소설로서의 면모가 엿보이는 인물설정법이기도 하다. 또한 이들에 의해 형성되는 웃음의 수사법적 기교도 그로테스크리얼리즘에 입각한 배설표현과 과장 등 유사성을 찾을 수 있다.

그러면 『춘향전』과 후기샤레본을 중심으로 『흥보전』과 『히자쿠리게』도 참고하면서 「笑劇」과 만담의 형성기법이라는 관점 하에 한일문학의 골계표현의 취향을 구체적으로 살펴보겠다.

여기서 소극이란 대체적으로 인물들의 행동이 主이고 회화가 從의 형태로 소란을 피우는 연극적 성향의 골계담을 지칭하고자 한다. 따라서 문체는 회화문과 지문이 융합되며, 그 전형이 삼바의 샤레본에 구사되어 있다. 만담이란 대체적으로 인물들이 박자를 맞추듯 장난스러운 대사를 주거니 받거니 이어가는 말놀이를 지칭하고자 한다. 따라서 문체는 회화문에 의존하게 되며, 그 전형이 잇구의 샤레본에 구사되어 있다.[12)]

2.2 주객전도 취향의 笑劇

유사한 소재를 사용한 소극이 잇구샤레본과 『춘향전』에 존재한다. "미이라를 잡으러 갔다가 오히려 자신이 미이라가 된다 木乃伊取りが木乃伊になる"는 일본속담이 있는데, 바로 그러한 상황을 이용한 소극이다.

『後編遊冶郎』(こうへんゆうやろう、1802년)에서, 집에 돌아가지 않

창작과 비평사, 1988년.

12) 『広辞苑』에서는 「笑劇」을 「日常の卑俗な場面を題材とした短い滑稽劇」, 「漫談」을 「演芸の一。滑稽を主とし、世相・人情の批評・風刺をも取り入れた話術」이라고 정의하고 있다. 이 정의에 준하면서도 필자는 샤레본과 판소리계 소설에 비추어 좀 더 구체적으로 개념을 정의 해 보았다.

고 유곽에 계속 머물고 있는 도련님역(息子株)의 仁三郎(にざぶろう)를 데려가고자 친척과 단골생선가게장수가 유곽에 온다. 술을 권하자 처음에는 심각한 얼굴로 거절하다가, 차츰 유곽 분위기에 압도되어 술을 마시게 된다. 취기가 오르자 상황 판단 감각을 완전히 상실한 친척과 생선장수는 자신들의 입장을 망각하고, 도련님역 仁三郎의 이제 그만 돌아가자는 말도 귀에 들어오지 않게 된다.

이와 흡사한 세계가 『춘향전』에도 보인다. 기생점고에 출석하지 않은 춘향을 대령시키라는 변학도의 명령으로, 관령 두 명이 춘향을 잡으러 온다. 그러나 그만 춘향이 권하는 술과 그녀의 요염함에 압도되어, 상황을 판단하지 못하고 취한 체 그냥 돌아가는 장면이다.

이와 같이 비슷한 분위기를 지니는 소극이 사용되고 있으나, 단, 잇구는 이 장면 전체를 골계스런 대화를 만담식으로 사용함으로써 사건을 진행시키고 있는데 반하여, 『춘향전』은 대화가 우습다기 보다는 상황의 전체적인 흐름에 의해 골계가 도출되도록 진행시키고 있으며, 게다가 관료인 그들이 춘향에게 뇌물까지 받음으로써 풍자적 골계도 포함한다는 점이 상이하다고 할 수 있다.

감정의 변화에 의해 본말이 전도하여 주객까지 전도하고 마는 취향은, 일본 오토시바나시(落咄, 笑話)라든지 滑稽本 등에 사용되는 한 가지 패턴이기도 하다. 잇구는 샤레본에서는 앞서와 같이 유곽의 분위기와 술의 힘을 빌어서 주객전도 수법을 성공시키고 있으나, 골계본 『히자쿠리게』에서는 완전히 대화 자체만으로 즉, 끈질기게 말을 주고받는 사이에 어느새 박자를 타서 본의를 서서히 상실해 가도록 만든다. 7편上의 한 장면을 예로 들면, 교토 구경 중의 야지로・기타하치는, 오래된 옷을 파는 가게(古着屋, 전당포)에 들러서 천 한 장을 구입하려고 한다. 가게 주인과 값을 교섭하는 사이에 주객이 바뀌어 버리는 것이다. 즉, 가게주인이 전당 잡히는 손님 쪽, 기타하치가 전당포 주인의 기분이 되는 바람에, 기타하치는 비싸게 천을 사게 된다는 골계담이다.

2.3 난리판 笑劇

『춘향전』에서 시끌법석한 난리판 소동은 전부 후반부에 집중되어 있다. 스토리 진행 순서대로 꼽아보면, 어사가 되어 암행 중인 이몽룡이 춘향이 죽었다는 유생들의 거짓말에 속아서 엉뚱한 처자의 무덤 앞에서 춘향을 부르며 목메어 통곡 하고 있으려니, 그 무덤 주인이 나타나 혼쭐을 낸다는 실패담을 우선 꼽을 수 있다.

이윽고 남원에 도착한 이몽룡은 춘향의 집을 찾아간다. 황폐해진 집에서 뛰쳐나온 장모 월매가, 거지차림의 이몽룡을 보고 냉대하는 황당한 말투와 과장된 행동에 의해 소란스러운 장면이 연출된다.

유명한 암행어사 출도 장면은, 『춘향전』의 난장판 笑劇의 절정이라고 할 수 있다.

다음은 대단원을 맞이하기 직전의 장면이다. 강에 빨래하러 갔던 월매는 어사와 춘향이 맺어졌다는 이야기를 듣고 기뻐서 어쩔 줄 몰라 하며 난리를 피운다.

> 빨래그릇에 물조차 담아 이고, 「애고 내 딸 기특하다. 어사 사위 뜻밖이다.」 강동강동 뛰놀 적에 그릇 밑이 빠져 물을 뒤여 쓰고, 「좋을시고 어사 사위 좋을시고. 江東에 범이 드니, 길날 아비가 훨훨 노소. 소주 한 잔 먹었더니, 엉덩춤이 절로 난다.」 官屬들이 紛紛 致賀하니 춘향 어미 하는 말이 「어제 李書房이 우리 집에 왔는데, 그런 꼴이 어디 있을까. 내 짐짓 따 세었더니, 저도 廉恥없어 달아났지.」 衛前 하나가 하는 말이 「이 御史道가 李道令인데 철도 모르고 이리 하는고.」 춘향 어미 동헌으로 드리다라 쳐다보니, 어제 왔던 네로구나. 기가 막혀 펄썩 주저앉아 아무 소리도 못하는지라.[13](인용문 중의 현대표기법 및 각주의 일본어역은 필자에 의함)

난동극이라는 차원에서, 위 『춘향전』 笑劇과의 유사성을 샤레본으로부터 찾아보면, 잇구샤레본 『サトの意気地』(さとのいきじ)의 건달 타로사쿠의 거짓 자살극, 신로테이의 『見通三世相』(みとおしさんぜそう、1796년)의 총 서른여덟 명의 게이샤를 부른 대부호 손님의 시끌벅적한 술좌석, 삼바의 『辰巳婦言』(たつみふげん)에서 잠은 안자고 밤새 모노마네(物真似)연극까지 해대는 세 명의 유객일행 등이 난리판 소극을 대표한다고 지적할 수 있겠다.

위 『춘향전』에서 예를 든 장면들과 실패 골계담이라는 차원에서 유사성을 찾는다면, 잇구샤레본에서 반가통(半可通)이 자기자랑을 늘어놓다가 실수를 하는 장면, 『히자쿠리게』는 야지로・기타하치의 우행의 집적물이라고 볼 수 있는 바, 그렇다면 예문의 범위는 한층 넓어진다.

2.4 질문응답형 만담

『춘향전』의 골계담 중에는 마치 만담처럼 츠코미(突っ込み, 추궁하고 따지는 역)의 질문에 대해 보케(惚け, 골계스럽게 응수하는 역)가 엉뚱한 대답을 늘어놓는 구도에 의해 웃음을 자아내는 형식이 있다. 이몽룡과 방자와의 미인문답이 대표적이다.

---

13) 水を盛った洗濯用容器を頭のてっぺんに乗せたまま、「おや、偉いぞ、我が子よ。御史の婿殿とは、思いの外だぞ。」ぴょんぴょん飛び回るひょうしに容器の下が抜け落ち、水を浴びて、「よいわいな、御史の婿殿よいわいな。江東に虎が出たぞ、前で道を開く人よ、獣を追い払えたまえ。焼酎一杯飲んだら、尻を振って踊りたい。」 役人達に讃えられて春香母言うには、「昨日、李夢龍が我が家を訪れたが、その有様ったら。私がわざと知らんぷりして追い出したら、自分も恥ずかしがって逃げ出したものよ。」一人の衛全言うには「李御史が李道令なのを、訳分からずそんなことを言うのか。」春香母、東軒(城内)へ走り込んで探してみると、昨日来た人のこと。呆気にとられて尻餅をつき、一言も発せないでいるぞよ。

이몽룡(츠코미)의 질문과 방자(보케)의 왜곡된 답변에 의한 경합이 비유법을 구사하면서 전개된다. 광한루에서 멀리 그네 타는 여자를 발견한 이도령이, 저기 보이는 것은 서왕모(西王母)냐고 물으면 방자는 여기는 요지(瑤池)가 아니므로 숙낭자(淑娘子)가 있을 리가 없다, 금이냐고 물으면 여기는 영창여수(永昌麗水)가 아니므로 금이 있을 리가 없다, 옥이냐고 물으면 형산곤강(荊山崑江)이 아니므로, 해당화냐고 물으면 석숭금곡(石崇金谷)이 아니므로, 라는 식으로 문답이 이어지는 것이다. 방자의 뻔뻔스러운 곡해에 화가 난 이도령이 내 뱉는 비속어가 끝마무리 익살 효과를 내면서 만담은 결말을 맞이한다.

『흥보전』에도 이 미인문답과 흡사한 형식의 만담이 있다. 제비가 떨어뜨린 씨앗모양의 물체를 둘러싸고, 흥보 마누라가 이것은 도대체 무엇일까요 라고 질문하면, 흥보가 『춘향전』의 방자처럼 보케가 되어 응답을 나열해 가는 것이다. 마누라가 금일까요 라고 물으면 이러이러하니까 이제는 이 세상에 금은 없다 라고 답하고, 옥일까요 라고 물으면 이러이러하니까 이제 옥은 없어졌다 라고 하는 식으로 문답이 계속되는 가운데, 흥보의 답변은 중국의 고사를 현학적으로 인용한 궤변으로 점철된다.

『히자크리게』하면 곧 야지로・기타하치 콤비를 떠올리게 되듯이, 골계본으로서 『히자크리게』는 절묘하게 호흡이 맞아떨어지는 두 주인공의 대화라는 형식을 취함으로써 한층 골계성 획득에 성공했다고 할 수 있다. 야지로・기타하치는 나아가 지방 사람들까지 만담 상대역으로 끌어들이기도 한다. 그러나 샤레본에서는 이와 같은 만담 형식 골계담은 판소리계소설과 골계본 만큼의 비중을 차지하지는 않는 것 같다. 후기샤레본 전체 텍스트 중에 비슷한 형식은 세 용례 밖에 없었다.

예를 들면, 『히자쿠리게』 초편(1802년)에, 야지로・기타하치가 나라찻밥을 파는 식당(奈良茶飯[14]屋) 만넨야(万年屋)에 들렀을 때의 회화다.

기타하치「야지 저것을 보게나 … (중략) … 그리고 신기하게도 여행지의 찻집에서는 도코노마(상좌)에 말라비틀어진 꽃을 꽂아 두는군. 벽에 걸려 있는 저것을 보게. 뭐지? 야지「저건 잉어가 폭포를 거슬러 올라가는 그림이군. 기타하치「난 또 붕어가 소면을 먹고 있는 그림인가 했지.

きた八「コウ弥二さん見なせへ……そしてめんよふ、道中の茶屋では、床のまに、ひからびたはなをいけておくの、あのかけものをみねへ、なんだ 弥「アリャア鯉のたきのぼりよ 北「おらア又、鮒がそうめんをくふのかとおもった

이와 비슷한 질의응답을 샤레본『埜良玉子』(やろうのたまご、1801년, 잇구작)의 유객 기치・마츠가 유곽거리를 걸어가면서 펼친다.

기치「와아 이 집은 굉장히 넓군. 마츠 보게나. 무시무시하게 불을 밝히고 있네. 불이 몇 개지, 하나 둘 셋 넷 다섯. 일행 마츠「야 키치 뭐야 쟁반저택의 요괴가 나올 리도 없는데, 그런 바보스런 말 하지 말고, 저 벽을 등지고 앉아 있는 여자를 보게나. 기치「정말 요염하군. 저 유녀를 보세, 정신 나간 거지처럼 머리에 이것저것을 달았네 그려. {옆집에 시키조매[15]의 물건이 진열되어 있는 것을 보고} 기치「마츠 저건 뭐지? 마츠「이건 이집에 시키조매가 있다는 표시군. 기치「난 또 파는 물건치곤 가격표가 달려 있지 않다 싶었지.

---

14) 나라찻밥; 연하게 우려낸 차로 지은 짭짤한 밥에 진하게 우려낸 찻물을 말아서 먹는 음식. 또는, 볶은 콩과 팥, 밤 등을 넣어서 지은 밥을 일컫기도 한다. 奈良茶飯；薄く入れた煎茶で炊いた塩味の飯に濃く入れた茶をかけて食べるもの。また、炒り大豆や小豆・栗・くわいなどを入れて炊いたものもある。

15) 시키조매; 유곽에서 유녀가 손님으로부터 선물 받은 삼겹 요, 이불 등을 가게 앞에 진열하여 피로 한 뒤, 그 침구를 깔고 첫날밤을 보내는 풍습. 敷初め; 江戸時代、吉原で、遊女が馴染みの客から贈られた新調の三つ蒲団、夜着などを娼家の店頭に飾り披露した後、その夜具を敷いて初めて寝ること。また、その披露。

吉ヲヤ／＼、こゝのうちやアごうてきにひろい内だ、松さん見ねへ、おそろしくあかりがともしてあらア、いくつある、一ツ二ツ三ツ四ツ五ツツレ松コウ吉なんだな、皿やしきの化ものが出やアしめへし、そんなばかアいわずと、アノ壁をしょっているたまア見ろへ吉ほんにあだゞぜ、あの又しんぞうを見ねへ、気のちがった節季候を見るよふに、あたまへいろ／＼なものをくっつけていらア｛トとなりのみせにしきぞめのかざってあるをみて｝吉松さんありゃアなんだ松コリャアこゝの内に、敷初があるのだは吉おらア又うり物にしちゃア、札がさげてねへとおもった……

이와 같은 식으로 줄줄이 회화가 이어지는데, 이 「마츠 松」(츠코미, 응답역)를 야지로에, 「기치 吉」(보케, 질의역)를 기타하치에 대응시킬 수 있겠다. 또한 위의 예문에서와 같이 약간 아는 체를 하는 「마츠 松」와 야지로이지만, 이 대화의 끝에서 결국은 통(通)이 아니라 반가통(半可通)에 지나지 않음을 스스로 폭로하는 발언을 하고 만다, 는 면에서도 만담의 공통된 끝마무리익살을 보여준다.

中本型[16]샤레본 『サトの意気地』(잇구작)의 서두 장면은, 무대와 내용이 샤레본의 세계를 완전히 벗어난 채 군데군데 만담의 색채를 띠기도 한다. 유녀의 친정이 있는 시골 풍경이 본문의 제1회를 차지하는데, 글을 배우러 와 있는 어린이들(츠코미, 질의역)과 유녀의 숙부에 해당하는 건달 타로사쿠(太郎作, 보케, 응답역)사이의 회화이다.

지주의 아들 「야 당신 툭하면 나를 비웃는데, 글도 못쓰면서. 타로 「바보 말하는군. 이 몸으로 말할 것 같으면 문관(문필에 능숙한 사람, 우필)이지. 아들 「그러면 이 글자는 뭐라고 하는 글이게? 타로 「그거 말이냐, 그건 국자(柄杓)라고 하는 글자냐? 아이 「와아 신(申)자인데. 타로 「아 맞아, 국자치곤 손잡이가 너무 길다 싶었지…… 아이 「아저씨 안녕

16) 중본형은 골계본과 인정본의 책 크기이며, 샤레본의 일반적 크기는 소본(小本)이다. 따라서 샤레본인데도 불구하고 중본의 크기로 출판한 것은, 골계본을 의식했다는 반증이 아닐까 생각된다.

히 국자. 타로「야 그건 무슨 말이냐. 아이「작별을 고합니다(申)고 하는 뜻. 타로「집어치워.

なぬしのむすこコレそんたアよくおらを笑うが、字もかけへもしないで太ばかアつくせ、おりゃア祐筆たむすこそんだら此字は何といふ字だ太それか、ソリャア柄杓といふ字か子供ワアイ申といふ字太ヲヽそふだっけ、ひしゃくにしちゃア、あんまり柄が長過るとおもった …… 子供叔父さんおいとまひしゃく太エヽソリャアなんのこった子供お暇申といふこと太おきやアがれ

이세신궁에 참배 여행 중(抜け参り)인 아이에게 속아서 떡을 빼앗기는 야지로의 모습이 『히자크리게』 초편에 그려지는데, 위와 같이 아이에게 놀림을 당하는 어른답지 않은 어른은 골계의 대상으로 삼기에 안성맞춤이었던 것이다.

츠코미와 보케로 나눌 수는 없으나, 둘이서 질문응답의 형식을 취함으로써 웃음을 일으키는 장면을 『춘향전』에서 두 군데 지적할 수 있다. 빨리 날이 어두워져서 춘향을 만나러 가고 싶은 일심의 이몽룡이 방자에게「해는 아직이냐」고 거듭 묻는 장면과, 춘향의 이름을 잊어버린 변학도가 하인에게 춘향의 이름을 추궁하는 장면이다. 전자에서는 그 후 드디어 해가 저물자 춘향을 찾아가는 이몽룡과 방자의 조급한 행동이 우스꽝스럽게 묘사되고, 후자에서는 권위 있는 체 하는 변학도의 행동에 의해 한층 우스움이 증폭되어 짧은 笑劇의 면모가 엿보인다.

2.5 啖呵와 口癖

마지막으로, 『춘향전』에서는 찾아볼 수 없는 후기샤레본의 특징적 기법을 두 가지 첨부하고자 한다.

후기샤레본에는「탕카 啖呵」(욕설)・「악담 悪態」이라는 수법이 공

통적으로 구사되고 있다. 이는 상대방을 매도해서 연달아 위세 좋게 퍼붓는 일련의 욕설이다. 기상천외한 비유와 패러디, 유행어를 섞으면서 리듬을 살려 자기자랑을 해 대는 것에 골계성이 생긴다. 상대방(유곽의 종사자, 유녀, 경합하는 유객 등)에 대해서 자기를 무시했다고 화를 내며 매도의 욕설을 퍼붓는 경우와, 유녀가 손님과 인연을 끊기 위해 연출하는 양식의 욕설(愛想尽かし)인 경우, 일반적인 말싸움의 경우 등, 세 가지 유형으로 나눌 수 있다. 이는 골계적 수사법 중 열거법의 하위 항목에 넣을 수도 있겠다.

삼바샤레본에는 특이한 말투(口癖)의 소유자가 묘사됨으로써 골계성이 부여되기도 한다. 이는 잇구에게서도 찾기 어려운 삼바의 특색이라고 할 수 있다. 삼바가 말투를 표기하고자 할 때 얼마나 궁리하며 세심하게 주의하는지 『潮来婦志』(いたこぶし)의 다음 범례가 짐작케 한다.

> 일반적인 「탁점 ゛」으로는 통상의 탁음과 구별하기 어려우므로, 「。。」와 같이 하얀 점으로 표시해서 「が」와 「か。。」처럼 탁음을 나눈다
> 常の「 ゛ 」にては通例の濁音にまきらはしけれはおの／＼「 。。」斯のごとき白圏を点じて「が」と「か。。」との二濁を分り

취객 「콘 權」이 상대유녀가 받은 편지를 읽어나갈 때 바로 이 범례에 준하는데, 취객의 말투와 편지의 글투가 이중적으로 집요하게 묘사되면서 写実的골계성이 도출되는 것이다.

3. 나가며

하층계급인 기녀를 공공연하게 사랑(実情)하는 연애소설인 『춘향전』과 후기샤레본이 한일양국에서 발생하였다. 南原府에 소속되어 있

던 기생(官妓)과, 요시와라(吉原)유곽 소속의 유녀는 국가로부터 공인받은 공적존재라는 공통적인 사회적 위치에 있기도 하였다. 격심한 신분 변동이 이루어지고 있던 조선시대 후기였기에 기생과 양반의 결혼이라는 발상 하에 『춘향전』이 성립될 수 있었고, 난숙한 요시와라 문화가 절정을 넘었을 때 상업의 발달에 힘입어 스스로 대중화의 길을 걷게 되는 에도시대 말엽이었기에 유녀를 애정(実情)의 대상으로 보는 후기샤레본이 창작될 수 있었던 것이다.

『춘향전』과 후기샤레본은 동시기의 대중 통속 연애소설이며, 여주인공의 신분이 기녀이므로 주로 유곽을 무대로 하지만, 유곽을 벗어난 곳도 무대로 설정되며, 국문 단편 회화체소설인데다, 유사 수사법으로 골계미를 도출, 골계담을 형성한다는 공통점을 지닌다. 본고는 이 공통분모 중에서 네 번째 공통점에 초점을 두고 논한 바이다.

한편, 비교문학의 일환으로서 대비연구의 시점을 도입하고자 할 때, 이와 같이 대상작품의 유사성을 매개로 출발하게 되는데, 공통항이 시사하는 보편성 가운데에도 각각의 민족문화가 키워 온 특징에 의한 고유성 또한 자연히 드러나게 되는 것이 비교연구의 의의이기도 하다. 등장인물의 사회적 신분과 풍토의 차이에 의해 개별성(가령 啖呵, 口癖)이 생기기 때문이다.

판소리계소설과 에도희작문학을 비교한다는 발상 자체가 무모한 시도라고 여겨질 수 있으나, 의외로 비교할 가치가 충분히 있음을 「『히자크리게』와 『흥보전』의 비교문학적 연구 가능성에 대하여」 등의 졸고에서 입증한 바가 있다. 나아가 『춘향전』과 샤레본의 수사법적 기교에 대해서 대조 분석하고 있는 후속 논문을 참고한다면, 〈한국과 일본 골계소설의 비교문학적 연구〉라는 방대한 테마를 향해 국문학 각 분야에서 아직 도전해 볼 여지가 있음을 확인할 수 있을 것이다.

[참고문헌]

미하일바흐찐(1988), 『장편소설과 민중언어』, 창작과 비평사.

큐슈대학소장, 『경판35장본 춘향전』.

김동욱(1977), 翻字 「경판35장본 춘향전」, 『韓国学報』 9, 一志社.

中村幸彦校注(1985), 『東海道中膝栗毛』 日本古典文学全集, 小学館.

『洒落本大成』(1978), 全29巻, 中央公論社.

拙稿(1997), 「一九洒落本における滑稽ー京伝との比較を通してー」, 『語文研究』 第83号, 九州大学国語国文学会.

____(1999), 「一九洒落本における類型的人物像について」, 『語文研究』 第86・87号, 九州大学国語国文学会.

____(1999), 「後期洒落本における演劇的趣向について」, 『日本学報』 第42輯, 한국일본학회.

____(2001), 「十返舎一九洒落本における教訓性—振鷺亭・式亭三馬との対照を通してー」, 『文学研究』 第89号, 日本文学研究会.

____(2003), 「日韓滑稽文学に於ける対比研究試論－『東海道中膝栗毛』 と 『興甫傳』 を中心に－」, 『国際日本文学研究集会会議録』 26, 国文学研究資料館.

____(2003), 「『히자쿠리게』와 『興甫伝』의 비교문학적 연구 가능성에 대하여」, 『日本語文學』 16, 한국일본어문학회.

前田勇編著(1974), 『江戸語大辞典』, 講談社.

제 3 부

그림소설(草双紙)

7 에도희작의 작자연출방법

에도후기희작의 작자연출방법에 대하여

-『屈伸一九著』를 축으로 - 1)

1. 서 론

민중적 웃음은 위계질서적 거리를 파괴한다. 거리가 있는 형상으로서의 어떤 대상(=작자)은 희극적일 수 없다. 희극적으로 되기 위해서는 가까워져야 한다. 우리를 웃게 만드는 모든 것은 가까이 있는 것이고 모든 희극적 창조성은 최대한의 근접영역에서 발휘된다. 웃음은 하나의 사물을 가깝게 끌어당기며 우리가 그 모든 측면을 친숙하게 만져볼 수 있고, 돌리고 뒤집어 볼 수 있고, 아래위에서 뜯어 볼 수 있고, 겉껍데기를 깨고 그 안을 들여다 볼 수 있고, 의심할 수 있고, 분해하고 분리시킬 수 있고, 발가벗겨 폭로할 수 있고, 자유롭게 조사하고 실험해 볼 수 있는, 하나의 거친 접촉영역으로 그것을 이끄는 탁월한 힘을 지닌다. 웃음은 대상(=작자) 및 세계를 친숙하게 접촉하는 것을 통해 그것(=작자)을 완전히 자유롭게 검토할 수 있게 하는 공간을 마련해 줌으로써 그것(=작자)에 대한 공포심이나 충성심(=권위의식)을 파괴한다. 이상의 미하일 바흐찐(『장편소설과 민중언어』 창작과비평사, 1988)의 말(괄호 안은 필자 주)처럼, 웃음은 대상을 자신에게로 끌어당겨 친숙하게 만드는 역할을 하기 마련이다.

---

1) 「에도후기희작의 작자연출방법에 대하여 -『屈伸一九著』를 축으로」 『일본학보』 60, 2004년.

이 웃음의 본질적 요소를 발휘하기 위하여 江戸戯作은 종종 「작자의 희화화」라는 창작수법을 이용하였다. 에도희작의 집필 목적은 오직 한 가지, 「滑稽」라고 단정지을 수 있는 바, 이른바 웃음을 위하여 고안해 낼 수 있는 창작상의 모든 수단을 발휘한 문학 장르가 에도 중후반기, 150여년간 유행했던 것이다.

「작자의 희화화」란 한마디로 작자가 작품 속에 얼굴을 내비치는 연출방법을 뜻한다. 이 취향은 고이카와 하루마치(졸고 「黄表紙における〈作者の戯画化〉趣向の展開史攷－恋川春町と朋誠堂喜三二を中心に－, 『日本語文学』 第9輯, 한국일본어문학회, 2000年 9月 30日참조)로부터 시작되어 다양한 희작자들이 계승하였으나, 그 절정을 잇쿠(十返舎一九)라는 에도시대의 베스트셀러작가에게서 찾을 수 있었다. 결론을 먼저 말하자면, 철두철미하게 골계의 대상으로서 자신을 연출시킨 작품을 가장 많이 집필하였다는 이유에서이다. 다른 희작자들의 경우는, 작품 속에 얼굴을 내밀면서도 골계스러운 존재라고 볼 수 없거나, 골계스럽더라도 겸손의 뜻을 내포시키기 위하여 골계스럽게 등장시키는 경우가 많이 보인다. 흔히 작품 속에서의 잇쿠의 자기비하발언을 예로 들어, 그의 창작력 부족을 논하기도 한다. 그러나 이와 같은 자기비하적 연출이 잇쿠에게 있어서는 창작상의 일종의 주요 도구 중 하나이었음을 간과해서는 안 될 것이다. 바로 여기에 다른 희작자와는 다른 잇쿠의 개성을 고찰하고자 한다.

첨언하자면, 전술한 바와 같이 미하일 바흐찐이 장편소설 속의 민중적 웃음의 가치를 파악한 논설에 「작자」를 대입해 보면 명확해 지는 바와 같이, 작자자신을 작품 속에 우스꽝스럽게 등장시키는데 온 힘을 기울인 잇쿠야 말로, 희극소설의 대중적 요소를 본능적으로 파악하였기에 베스트셀러작가가 될 수 있었음을 수긍할 수 있다.

2. 본 론

2.1 베스트셀러작가로서 자기연출의 의의

짓펜샤 잇쿠에 대해 논할 때 행해지는 오류 중의 한가지로서, 그가 『히자쿠리게』(東海道中히자쿠리게)로 인하여 후기골계본의 창시자가 되었다는 문학사적 업적에만 초점을 맞추는 나머지, 마치 『히자쿠리게』의 후광으로서 잇쿠는 비로소 베스트셀러작가가 될 수 있었다는 식의 학계의 인식을 들 수 있다. 이와 같은 편견으로 인하여 『히자쿠리게』를 제외한 잇쿠의 다른 작품들은－최대양산작가라는 영예를 안고 있음에도 불구하고－논평의 대상으로조차 거론되지 못하고 있는 실정이다. 그나마 논평의 대상이 될 경우에도, 쿄덴(山東京伝) 등 다른 희작가들의 작품평 틈에 섞여서 피상적으로 논해질 뿐, 잇쿠만의 작품을 집중적으로 다루면서 문학사적 가치를 적극적이면서 긍정적으로 논하고자 한 시도는 아직 없다고 해도 과언이 아니다.

『히자쿠리게』 초편이 간행된 1802년 이전에 이미 잇쿠는 작품들을 양산하고 있었고, 1802년에 『히자쿠리게』와 동시 발매한 작품 수가 28종[2]이라는 사실이 시사하는 바를 주목해야 할 것이다.

31세라는 늦은 나이[3]에 에도희작자계에 등단한 잇쿠는, 1802년에 이르기까지 8년 간 이미 백여종에 가까운 기뵤시(黄表紙)를 대부분

2) 『色男狸金箔』(上田市立図書館花月文庫蔵本)末尾의 口上; 扨御ぞんじのとふりわたくし去年中より、独身となりまして、はなはだ夜ぶんなどハ、いたって徒然でこざり増すから、外にいたし方なく当春のしんぱん物、いつもよりたくさんにあんじまして、くさざうしハもちろんよみ本五さつものもかず／＼、その外小さついろ／＼、つがうで何かとりあはせました所が、廿八とふりござります。ほんのへたのよこずき、おわらひぐさに御求御覧下さるへく候。めでたくかしこ。

3) 산토쿄덴은 20세(1780년), 코크테이바킹은 25세(1791년), 시키테이삼바는 19세(1794년)에 희작계에 등단했다.

삽화까지 직접 그리면서 간행하고 있었다. 이처럼 그의 작품이 독자에게 받아들여지고 있었던 이유 중 한가지로서, 친근한 작자의 이미지를 도출시킨「자기연출」기법에 있다고 생각되는 바, 가장 전형적인 자기연출 형태를 구사한『에이얏토잇쿠가사쿠』(屈伸一九著)[4]를 면밀하게 검토함으로써, 잇쿠에게 있어서 자신을 희화화하는 수법의 의미를 고찰하고자 한다. 또한,『에이얏토잇쿠가사쿠』(屈伸一九著)가 잇쿠 저작물 중에서도 중요한 위치를 차지하고 있는 작품－그의 창작관을 엿볼 수 있는 1802년 작품이라는 면에서－임에도 불구하고, 지금까지 번각되지 않았다는 문학사상의 가치를 고려하여 본 논문 말미에 번각 및 주석을 덧붙이고자 한다.

2.2『十返舎戯作種本』과『屈伸一九著』

필자가 접한 잇쿠의 기뵤시 중에 자기연출방법의 전형성에 있어서 선구적인 작품이라고 한다면, 1798년에 간행한『짓펜샤게사쿠노타네혼』(十返舎戯作種本)[5]을 들 수 있다. 전형성이란, ① 작자가 주인공이라는 점, ② 작품 전체의 3분의 2정도에 작자가 등장한다는 점(즉, 부분적 취향이 아닌 전체적 취향이라고 할 수 있다는 점), ③ 자화상이 그려진다는 점, ④ 실패의 반복이라는 점에서 그러하다. 따라서『짓펜샤게사쿠노타네혼』은 작자자신의 우행을 빌어 묘사하는데 작품의 의도(목적)가 맞추어진 선구적 작품이라고 할 수 있다. 작자는 구제할 길조차 없어 보이는 바보로 등장하지만, 그 바보스러움에 독자는 안심하는 한편, 어처구니없는 실수를 연발하는 작자를 더할 나위

4)『草双紙』岩崎文庫貴重本叢刊、第六巻、1974年. 이후 원문 인용시 필자가 한자 및 구두점 등을 덧붙이기로 한다.

5) 東京都立中央図書館蔵本(61－8, M. 25－65－18).

없이 친밀한 존재로 느끼게 되는 것이다. 바로 여기에 잇쿠의 대중의 마음을 사로잡는 창작술이 존재한다.

그림을 그리는 이외에는 이렇다 할 재능도 없는 게으름뱅이 잇쿠의 꿈속에 아카혼(赤本)선생이 나타난다. 아카혼선생은 구사조시(草双紙, 그림단편소설)창작법을 가르쳐 주겠다며 잇쿠와 동행하여 샤레(洒落, 농담)・무다(無駄, 잡담)・지구치(地口, 동음이의어)의 세계를 구경시킨다. 그리고 이러한 모든 세계를 「교훈」 속에 포함시켜야 한다고 가르침을 사사한다. 그러나 그 가르침의 뜻을 이해하지 못하여 창피를 당한 잇쿠는 지금까지의 시말을 써서 구사조시로 간행하기에 이른다고 하는 것이 『짓펜샤게사쿠노타네혼』(十返舎戯作種本)의 줄거리이다. 제목이 시사하는 바와 같이 짓펜샤잇쿠(十返舎一九)가 희작을 창작하기 위한 씨앗(種, 표본)을 적은 책이다. 잇쿠에게 있어서 희작하는 방법 즉, 구사조시를 창작하는 방법으로서 필수 불가결한 요소를 「洒落・無駄・地口・교훈」이라고 생각하고 있음을 여실히 보여주면서, 이를 희화화한 것이다.

구사조시의 창작법을 이해하지 못하는 一九자신을 주인공으로 등장시킨 『짓펜샤게사쿠노타네혼』(十返舎戯作種本)의 3년 후에, 이번에는 창작법(種)이 고갈한 잇쿠가 새로운 취향에 고심하는 모습을 담아서 『에이얏토잇쿠가사쿠』(屈伸一九著)를 간행한다. 서문에서 「구사조시도 취향(種)이 없으면 창작하기 어려운 법인데, 지금 여기에 그 취향(種)이 없으면서도, 마침내 세 권을 간행하니, 따라서 전혀 재미없는 작품이라고 말하지 않을 수 없다.」(원문:본고말미 一オ)라고 밝히고 있는 바와 같이, 본 작품에는 새로운 취향이란 없습니다, 라고 잇쿠가 고백하는 순간, 동시에 그 사실, 취향이 없다는 사실이 취향으로 탈바꿈해 가는 것이다.

빚 독촉에 시달리다 못한 잇쿠는 빚쟁이들을 피하여 잠시 근교 여

행을 다녀오나, 돌아오자마자 이번에는 출판사로부터 작품독촉에 시달리게 된다. 잇쿠는 새로운 취향(種)을 마련하고자 배 가득 먹어대지만, 취향은커녕 배가 북처럼 불러올 뿐이었다. 유녀들이 재미삼아 배를 북인 냥 두들겨 대자, 배에 들어 있던 「지혜」는 도망가고, 남은 「洒落・無駄・地口・序」[6]가 의논해 보지만, 지혜가 없어서는 구사조시(草双紙)가 만들어지지 않는다. 그래서 잇쿠는 문수보살・구수노키마사나리(楠正成)・산원숭이(山猿)로부터 지혜를 빌리고자 한다. 그러나 문수보살로부터는 잇쿠에게 이전에 빌려준 지혜도 돌려 받지 못했다고 거절당하고, 구수노키의 지혜는 병법 뿐이라 도움이 안되고, 원숭이의 잔꾀로 창작한 구사조시는 쓸모가 없어서 폐기 처분하게 된다. 그러자 출판사가 차라리 지금까지의 일들을 적어서 책으로 내자고 하여 간행한 것이 본 작품이다, 라고 하는 것이 『에이얏토잇쿠가사쿠』(屈伸一九著)의 줄거리이다. 『えいやっといっくがさく』라는 제목이 시사하는 바와 같이, 겨우(やっと) 창작에 이르렀다는 고생담을 취향으로 하는 선행작으로는, 기산지(朋誠堂喜三二)의 『기산진이에노바케모노』(亀山人家妖, 1787)도 있었으나, 잇쿠와 같이 작자를 작품의 처음부터 끝까지 철저한 어릿광대로 연출시키지는 않았었다. 필자가 접한 다른 어느 희작가의 희화화와도 다른 잇쿠의 개성이 바로 여기에 있다고 보여진다. 『에이얏토잇쿠가사쿠』(屈伸一九著)의 뒤를 이어, 창작의 괴로움을 임신과 출산과정에 비유한 기뵤시 『사쿠샤타이나이토츠키노즈』(作者胎内十月図1804, 山東京伝), 고칸 『하라노우치게사쿠노타네혼』(腹之内戯作種本1811, 式亭三馬) 등이 출현하기에 이른다.

또한 잇쿠 스스로도 『에이얏토잇쿠가사쿠』를 合巻화 한 듯한 작품

6) 「草紙の内になくてかなはぬてやい」가 洒落・無駄・地口라는 표현으로부터 잇쿠의 창작의식을 재확인 할 수 있다.

『나르호도넷카라잇쿠가사쿠』(成程根殼一九作)를 1814년에 간행하고 있다. 제목으로부터도 추정할 수 있듯이, 창작에 괴로워하는 잇쿠가 지혜를 빌리고자 노력한다는 줄거리가 흡사하다. 잇쿠의 배(太鼓腹)가 찢어지고, 楠・諸葛孔明・文殊보살로부터 지혜를 구하는 와중에, 黄表紙와 마찬가지로 3권으로 구성되어 있지만, 合巻답게 화면 가득 지문과 대사(書き入れ)가 빽빽하게 들어 있는 만큼, 새로운 에피소드들이 삽입된다. 같은 작가가 같은 소재를 다른 장르에서 어떻게 전용하여 표현하는지, 알 수 있는 좋은 예이기도 하다. 이 두 작품을 비교 분석함으로써 黄表紙와 合巻이라는 장르의 특색 또한 더욱 부각되어 알 수 있겠으나, 지면 관계상 다음 기회로 미루고자 한다.[7]

2.3 「꿈」의 취향

[図版 1]『屈伸一九著』

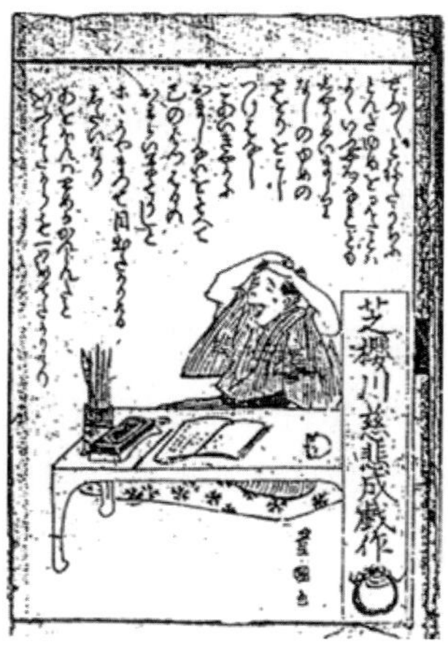

[図版 2]『押強者何茂八文』

7) 아울러 滑稽本『히자쿠리게』의 合巻판이라고 할 수 있는『方言修行金草鞋(むだしゅぎょうかねのわらじ)』에 대해서, 졸고「19세기 일본의 베스트셀러『히자쿠리게』의 대중성 확보 양상 연구-狂歌의 역할-」(『일본어문학』 20집, 한국일본어문학회)에서 두 작품을 비교 분석하고 있는 바 참조를 바란다.

『에이얏토잇쿠가사쿠』(屈伸一九著)의 마지막 페이지(図版 1)는 지금까지의 이야기는 전부 「꿈」이었다고 매듭을 지음으로써, 기뵤시의 끝마무리 유형을 적용시킨다. 즉 기뵤시의 선구적 작품 『긴긴센세이에이가노유메』(金々先生栄花夢1775, 恋川春町) 이후 『고존지노쇼바이모노』(御存商売物1782, 山東京伝) 등, 「꿈」으로 이야기를 매듭짓는 방식이 유형화되었음을 『이로오토코소코데모코코데모』(色男其所此所1787, 万象亭)의 「하여튼 구사조시의 마지막은 이견이든지 꿈인데」(とかく草双紙のしまひ際は異見か夢だが), 『오시노츠와모노난데모하치몬』(押強者何茂八文1797, 桜川慈悲成)의 마지막 페이지(図版 2)[8] 「괴상한 꿈을 꾸었다고 하는 것은 흔한 일이나」(とろとろと寝たうちに、とんだ夢を見たとハよく言ふやつなれとも、正銘交じりなしの夢の通りをこじつけ咄。御愛嬌にお呪いをそへて、己の初春のお笑ひ草双紙と、ホホうやまって目出度かりける次第なり。青本ハ止めか肝心たと言ふことたから、も一ツ目出度かりけり。)를 보면 알 수 있다. 이와 같은 상투적 결말을 잇쿠 또한 숙지하고 있었기에, 『에이얏토잇쿠가사쿠』 15장 뒷면에서 「한편 지금까지의 사건은, 오래된 수법이기는 하나 전부 꿈이다」(원문: 본고말미 十五ウ)라고 결론지으면서, 잇쿠 나름의 골계성을 최후까지 발휘하는 재치를 보여준다. 즉 「오래된 수법」이라는데 착안하여, 오히려 역으로 「古い」라는 단어와 연관되는 사물을 열거함으로써 「古きこそよけれ」라는 역설적 사상을 피로해 보이는 것이다. 잇쿠에게 있어서 「자기 비하」는 다른 희작자처럼 단순히 겸양 내지는 상투문구가 아니라, 골계성을 살리기 위한 하나의 재료·취향이었음을 여기에서도 알 수 있다.

---

8) 清水正男 「押強者何茂八文一翻刻と解題」『文学研究』91号, 日本文学研究会, 2003年 4月 p.172로부터 재인용.

비슷한 종류의 사물을 열거하는 표현형식인 「모노즈크시」(物尽し)는 희작자들이 戯文을 만들 때 사용하는 수법 중 한가지이다. 특히 서문에서 즐겨 사용함을 알 수 있다(필자의 졸고[9])에서 잇쿠洒落本의 특색으로서 教訓的戯文을 논한 적이 있다. 샤레본 본문에서도 잇쿠는 다른 희작자와 달리 「모노즈크시」(物尽し)기법을 즐겨 사용함을 알 수 있었다). 희작에서는 어떤 한 단어와 연관되는 사물을 문장 수식상에서 최대한 나열하는 지적유희를 즐기곤 한다. 이 「모노즈크시」(物尽し)를 잇쿠는 『에이야토잇쿠가사쿠』 마지막 페이지에서, 본 이야기를 매듭짓는 「꿈」 유형은 오래된 것이다라고 비하하는 가운데 사용함으로써, 다양하고 집요한 열거가 과장되며 인상적인 문장을 만드는데 이바지하게 하는 동시에, 오래된 취향도 새롭게 된다(「趣向の古きも新しくなる」)며 정당화시키는 마지막 문장에 어느새 독자를 설득 당하게 한다. 이러한 「모노즈크시」(物尽し)기법의 골계적 효용성을 숙지하여 적소에 구사해 가는 데에 잇쿠의 재치를 엿볼 수 있다.

이 외에도 잇쿠는 같은 해인 1802년 『주신세토모노구라』(忠臣瀬戸物蔵)[10])의 마지막 페이지(図版 3)에서도, 「笑う門に福あり」라고 하면서 막 꿈에서 깨어난 모습의 활짝 웃고 있는 자화상을 싣고 있다. 1797년의 기뵤시 『옷카브세모로노오카이쵸』(木秀師直開帳)[11])마지막장(図版 4)에도, 매화나무 가지에 책자(草紙)를 끼우고, 인사말을 하는 예복(裃)차림의 잇쿠가 그려져 있다. 그 인사말이란, 본 작품은 꿈꾼 내용을 그대로 적은 것이기에 보잘 것 없습니다, 라고 하는 예의 겸손으로서, 젊은 모습의 잇쿠의 자화상을 그리고 있는 것이다.

---

9) 「十返舎一九洒落本における教訓性 一振鷺亭・式亭三馬との対照を通して一」『文学研究』第89号, 日本文学研究会, 2001年 4月 1日.
10) 東京都立中央図書館蔵本(62－13, M. 25－66－8).
11) 東京都立中央圖書館藏本(59－12, M. 25－64－17).

1804년에 간행한 『바케모노타이헤이키』(化物太平記)의 발단 부분(図版 5)[12]에는 「이제는 적당히 하고 일어나세요」(いい加減にもう起きなされ)라는 아내의 말에도 불구하고 계속 꿈속에 빠져 있는 잇쿠의 자화상도 보인다.

[図版 3]『忠臣瀬戸物蔵』

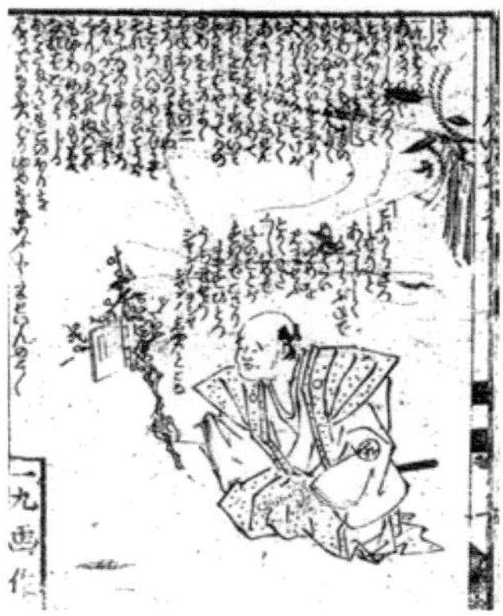

[図版 4]『木秀師直開帳』

[図版 5]『化物太平記』

12) 小池正胤遍『江戸の戯作絵本』四、社会思想社、1983年 p.270～271로부터 재인용.

2.4 외모의 연출

『에이얏토잇쿠가사쿠』(屈伸一九著)에서 잇쿠는 희작의 취향을 고심하다가, 취향은 배에서 나온다고 생각하여 갖가지 것들을 먹어댄 결과 배가 북(太鼓腹)처럼 부풀어오른다. 유리(吉原)에 놀러 간 잇쿠는 혼자 밤을 보내게 되자 무료함에 배북(太鼓腹)을 친다. 그 모습을 훔쳐 본 상대 유녀가 경악하여 야리테(遣り手)에게 달려나가 다음과 같이 울며 호소한다(원문: 본고말미 六オ, 図版 6).

> 저는 저 손님은 모실 수 없사옵니다. 저 손님은 말인지, 혼자 북을 치고 계시니, 저는 기분이 좋지 않아서 견딜 수 없사옵니다.

[図版 6]『屈伸一九著』六オ

[참조図版 6-1『屈伸一九著』六ウ・七オ]

같은 해인 1802년에 잇쿠가 『에이얏토잇쿠가사쿠』(屈伸一九著)와 함께 간행하고 있는 『오야바카라시이하나시』(鳴呼愚舗話)[13]는 석가여래가 료코쿠(両国)에서 개장(開帳, 절의 소장품 전시회)을 열기까지를 인간화·비속화시켜서 스토리를 진행하는 기뵤시이다. 그 석가

13) 東京都立中央図書館蔵本

모니가 유리에 놀러갔는데, 상대 유녀의 회화 가운데 다음과 같은 대사가 있다. 「올해 나온 책에 잇쿠님이 ○○○에 놀러 가셨는데 말과 같다고 해서 누군가에게 차였다는 이야기가 있었어요.」(今年の草紙に一九様が、そんぢょそんへ行きなんして、むまのよふだとって、誰かに振られなんした草紙がおざりいした)

이 부분에 대해서 棚橋正博氏는 「해당되는 작품을 찾아볼 수 없다. 단지 해학을 위한 취향에 불과한 듯하다」(『黄表紙総覧』後編30~31페이지)라고 논하고 있으나, 필자는 『오야바카라시이하나시』의 이 부분은 『에이얏토잇쿠가사쿠』의 전술한 부분을 패러디하고 있는 것이라고 생각한다.

추정근거로서, 두 작품과 같은 해에 발행된 『다비노하지카키스테노잇츠』(旅恥辱書捨一通)・『난소키코타비스즈리』(南総記行旅眼石)[14]를 보면, 시골 유녀에게 채였다는 이야기가 소재로 채택되고 있음을 알 수 있다. 그러나 이 작품들에서도 실연 당하는 원인이 잇쿠의 「말」형 얼굴에 있었다는 식의 에피소드는 발견되지 않는다. 따라서, 「말이 북을 친다」(馬が太鼓を打つ)는 외설적인 문구를 바탕하면서, 잇쿠가 자신의 외모조차 희화화해서 연출하고자 하는 의식이 합성하여 도출된 표현일 것으로 추측해 볼 수 있다.

물론 『에이얏토잇쿠가사쿠』의 잇쿠의 연출은 자신의 얼굴형에 대해서 말하고 있는 것이 아니라, 「북을 친다」고 하는 문구가 지니는 이차적인 외설적 의미를 넣은 비유로서의 「말」이 되고 있다는 점에서 상이점은 있다. 그러나 후술하고 있는 바와 같은 잇쿠의 다른 작품들을 보면 자신의 외모를 종종 풍자의 대상으로 삼고 있음을 알 수 있다. 따라서 『오야바카라시이하나시』에서의 유녀의 대사－잇쿠가

14) 졸고 「十返舎一九の黄表紙二種試読－『聞風耳学問』と『旅恥辱書捨一通』と－」『文献探究』第37号, 文献探究の会, 1999年 참조요망.

말과 같다고 하여 채였다－가 『에이얏토잇쿠가사쿠』의 전술한 사건 －자신의 배를 북인 냥 치고 있는 잇쿠를 보고 유녀가 기분 나빠서 상대하기 싫다고 운다－을 정확히 지적하고 있는 것이 아니라고 할지라도, 잇쿠의 길쭉한 얼굴 생김새는 생각하기에 따라서는 미남형으로도, 말형으로도 볼 수 있는 것이며, 웃음을 자아내기 위하여 희작자 잇쿠는 당연히 후자(말형)를 택하면서, 또한 이중적 의미(외설적 의미)를 덧붙여서 패러디하고 있는 것이라고 추측해 보는 것이 불가능하지는 않은 것 같다.

이처럼 자신의 얼굴을 희화화한 작품 속의 에피소드와 자화상(또는 초상화)으로 유추해 보건데, 잇쿠의 얼굴은 우선 길다랗다고 할 수 있다. 이 외에도 잇쿠의 작품들 곳곳에는 자신의 외모를 연출하여 이용하는 장면들을 종종 엿볼 수 있다. 이들을 종합적으로 판단하면 잇쿠의 외모 중에서, 길쭉한 얼굴형에 뻐드렁니, 큰 키, 마른 체구 등을 유추해 낼 수 있는 것이다.

1800년의 기뵤시 『고도모슈츄신구라』(稚衆忠臣蔵)[15]에 고노 모로나오(高師直)가 엔야한간(塩冶判官)과 이마에 붙인 종이 떼어내기 게임을 하는 장면(図版 7)이 있다. 그 고노 모로나오의 얼굴을 묘사하는 지문 중에 「모로나오는 이 책의 작자처럼 심한 뻐드렁니인지라, 숨이 바깥으로만 새서 이마에는 전혀 닿지 않는다」라는 구절이 보인다. 결국 그래서 뻐드렁니 탓으로 모로나오는 게임에 패배하고 만다. 이와 같이 이 작품에서는 사건사고 속에서 자신의 외모를 희화화의 도구로 삼아 잠깐 언급하는데 그치지 않고, 戯文을 만들 때 잇쿠의 특기인 「모노즈크시」(物尽くし)기법을 사용하여 재차 뻐드렁니나열

15) ① 東京都立中央圖書館藏本(60－19, M. 25－65－9).
② 졸고 「十返舎一九の〈忠臣蔵もの〉黄表紙展開史攷」『語文研究』第95号, 九州大学国語国文学会, 2003年 5月 30日 참조요망.

[図版 7]『稚衆忠臣蔵』

(反っ歯尽し)을 해 보임으로써 강렬한 인상을 골계 속에 남기는 것이다.

또한 작품 속 스토리에서 장난스럽게 이용하고 있는 잇쿠의 뻐드렁니가 완전허구가 아닌 사실에 근거한 연출이었음을 곳케이그림책 『오츠리키』(於都里岐, 1810, 一九)의 말미에, 출판업자가 잇쿠에 대해 묘사한 「잇쿠선생님은 키가 크고……별명은 뻐드렁니……」라는 구절이라든지, 또는 샤레본 『요시와라단고』(吉原談語, 1802, 一九)의 마지막 페이지 부록에 잇쿠가 「자신의 뻐드렁니를 드러내어……」라는 구절로부터 확인할 수 있다.

3. 결 론

이상, 본고에서는 『에이얏토잇쿠가사쿠』가 잇쿠의 저작물 중에서 문학사적 가치가 높은 작품임에도 불구하고, 지금까지 번각 된 적이 없음은 물론이고, 면밀한 분석의 대상이 된 적조차 없음에 착안하여,

에도후기희작의 「작자연출방법」을 고찰하기 위한 한 매개체로서 『에이얏토잇쿠가사쿠』를 축으로 하는 잇쿠의 취향에 대하여 고찰해 보았다.

『에이얏토잇쿠가사쿠』에 앞서 3년 전 『十返舎戯作種本』에서 잇쿠는 자신의 실패담인 것처럼 견강부회하여 자신을 연출시킴으로써, 희작창작에 필요한 요소를 명확하게 제시하고자 하였다. 그 중에서도 「교훈」을 희작에 있어서 중요한 요소로 인식하는 가운데, 洒落・無駄・地口를 아우르는 교훈관을 제시하였다.

그리고 1802년에 잇쿠는 13종의 기뵤시를 간행한다. 그 중 9종에 작자 자신이 직간접적으로 출연하고 있는 것이다. 그만큼 작품 속에서 다양한 자기연출을 시도하게 되는데, 그 가운데 특히 『十返舎戯作種本』의 희작자의 내막폭로적 성격을 전체적 취향으로서 이어 받은 작품이 『에이얏토잇쿠가사쿠』이다. 같은 해의 『아타리야시타지혼돈야』(的中地本問屋) 또한 草双紙의 제작판매 등, 출판과정의 내막을 폭로해서 보여주고자 하는데 유사성이 있으나, 앞의 두 작품처럼 작자가 주요 등장인물(주인공)로서 사건에 개입하는 것이 아니라, 처음 페이지와 마지막 페이지에만 잠깐 얼굴을 비출 뿐(단역・조역)이므로, 부분적 취향으로 이용하고 있다고 할 수 있다. 부언하자면, 『에이얏토잇쿠가사쿠』는 전체적 취향으로서 창작에 고심하면서도 실패를 거듭하는 잇쿠 자신의 내막이야기, 즉 스스로를 희화화시키는데 온힘(주인공으로서 작품에 시종일관 등장하여 실패를 반복한다)을 기울인 작품이다. 작자를 피에로로 만들기 위하여 각종 수사법을 총동원하는 가운데 「草紙になくて叶わぬてやい」로서 洒落・無駄・地口를 드는 등, 당시 잇쿠의 표현의식을 표명하기도 한다. 이야기의 마무리 형식은 기뵤시 탄생 이후 반복 사용됨으로써 진부해져 버린 「꿈」을 이용하지만, 잇쿠는 나아가 「古い」를 「物尽くし」수법으로 열거해서 戯文

化한다. 오래된 취향이므로 오히려 좋다고 역설해 보이는 것에 그의 희작자로서의 창작태도를 엿보게 한다.

그밖에 1802년에 간행된 기뵤시를 중심으로 작자 연출 방법을 탐색해보면, 복수담을 전체적 취향으로 하는 『가타키우치요즈애노다카』(讐敵夜居鷹)는 본문 내용이 마무리지어진 다음, 마지막 페이지에 돌연 작자(잇쿠)와 화가(菊麿)를 삽화와 함께 등장시켜 본문과 관계없는 연출을 한다.

開帳을 전체적 취향으로 하는 『嗚呼愚舗話』는 상권 말미에 『亀山人家妖』의 작자 희화화 수법을 모방하여 인사말을 하는 잇쿠를 삽화와 더불어 게재한다. 본문 속에서 유녀의 입을 빌어 잇쿠의 용모를 풍자하기도 한다.

忠臣蔵패러디를 전체적 취향으로 하는 『忠臣瀬戸物蔵』의 마지막 페이지는 진부한 「꿈」의 수법을 이용하면서, 막 꿈에서 깨어난 듯한 모습의 잇쿠가 활짝 웃고 있는 모습을 연출한다.

본고에서는 언급하지 않았으나, 『에이얏토잇쿠가사쿠』와 같이 전체적 취향으로서 잇쿠의 실패담을 철저하게 연출 해 간 또 하나의 기뵤시가 『旅恥辱書捨一通』이다. 주인공으로서 잇쿠는 온갖 바보짓을 하며 결국에는 시골 유녀에게조차 당하여 의복까지 빼앗겨서 벌거숭이가 되는 잇쿠를 삽화와 더불어 확인 할 수 있다. 또한, 『기이타후미미가쿠몬』(聞風耳学問)의 하권에도 잇쿠가 주역으로 등장하면서 여기에서도 또한 벌거숭이가 되거나, 귀가 허리 밑까지 길어지는 일을 당하는 등의 우행을 연출한다. 이 밖에도 『에도우마레우와키노카바야키』(江戸生艶気樺焼)의 번안을 전체적 취향으로 하는 『주진노네고토』(通人寝言)에는 화가 喜久麿와 작가 잇쿠를 조연으로 등장시켜서 어리광대역을 부여하기도 하며, 『이로오토코다누키노킨파쿠』(美男狸金箔)의 마지막 장에는 작품구입을 독자에게 부탁하는 인사말을 올리고 있는 잇쿠가 있다.

이와 같이 기뵤시의 최대양산 작가였던 잇쿠는 종종 스스로를 광대역으로서 실패담 속에 등장시킴으로써 어리석은 모습을 연출하였다. 희작 취향의 요소자체를 테마로 하여, 그 요소를 깨닫기까지의 우행을 고백하기도 하고, 창작의 괴로움을 실패와 결부시켜 토로하기도 한다. 때로는 철부지로, 때로는 바보로, 시골 유녀에게까지 맥을 못추는 작품 속 잇쿠의 모습은 『히자쿠리게』의 두 주인공 弥次・北八를 연상시킨다. 희작상의 픽션임을 독자들도 충분히 이해하면서도 자신의 용모조차 웃음의 대상으로 삼는 잇쿠의 대중소설가로서의 철저한 서비스 정신이 독자들을 끌어 당겼던 것이리라. 미하일 바흐찐이 「우리를 웃게 만드는 모든 것은 가까이 있는 것이고 모든 희극적 창조성은 최대한의 근접영역에서 발휘된다.」고 했듯이, 잇쿠의 「작자연출법」이야말로 일반 독자들을 웃을 수 있게 하는데 뛰어난 효용성을 지닌 기법이었던 것이다.

〈『屈伸一九著』 번각 및 주석〉

※범례: 원문에 한자와 구두점을 보충하면서 번각했다. 해석 불능으로 인하여 오독가능성이 있는 곳에는 밑줄을 그었으며, 재고의 여지가 있는 번각 및 주석에는 물음표를 붙였다.

[一オ] 一上一: 放下師も種なくしてハ、人の眼を戯心(ちょろまか)すこと能ハず。草ざうしも種本なくして、櫻木(さくらぎ)に彫(え)る事かたしといへ共、今此に顕すものハ、其種なくして、終に三つの巻(まき)となる。そこで根から摑所(つかまへどころ)なしと爾云。

戌はつ春 十遍舎一九誌

[一ウ] 草双紙の作者一九ハ、去年中ちとはしたどらをうちて16)借金だ

らけとなり、しばらく田舎へ随徳寺(ずいとくじ)とやらかし[17]、ちとぶしんぶしんながら、しゃうことなしの鹿島詣でと志し、上総下総をまごつき歩きて、やうやう江戸へ帰りけるに、いづれも草紙の版元待ち兼ねたりと、どやどやと押しかけ早(はや)草紙の仕込(しこみ)も遅くなりたり、急ぎ種本に取り掛かるべしと、

一九 「去年銚子(てうし)へ参った時、本城(ほんじゃう)や潮來(いたこ)で女郎を買って、大きに振られましたが[18]、それについて趣向が出來ましたが、もちっとまとまりませぬ。」

[二オ] 急き込み責めたてけるに、一九やうやう田舎より帰りて、まだ草紙の作どころにてハなし。今少し待ちたまへ。急にハ出來ずといふ。版元、いやいや出來ぬといふハ、又怠けんとの下心なるべし。早く作をしてたまはるべし。いやいや、今だ腹に何一つ蓄へたる趣向もなし。あるなしの知恵袋も借金のことわりにふるってしまって、まことに腹ハ空っぽとなりたりと、色々ことはりいふ。

版元 「銚子の天久[19]などにお会いなさったろふ。おもしろへ男よ。た

---

16) はした[端]; 中途半端なさま。 取るに足らないこと。 端銭。
どらを打つ; 放蕩する。 道樂に更ける。放蕩で金を浪費する。

17) 随徳寺; ズイト行くといふを寺の名にとりなしていふなり。 跡をくらますこと。

18) 『聞風耳学問』(1802年刊)でご隠居風のて島先生が、「このごろハみもちがちっとふらちだそふな……きょねんぢうばかをつくして、またいなかへいってもやっはりばかをつくしてきたそふだが……」 と同じ事を本文は指しているようだ。 『的中地本問屋』(1802年刊)でも一九は 「銚子で馬鹿を尽くしたこたア、今年の旅眼石という本にみな書きやした」 と宣伝。 『南総記行旅眼石』(1802年刊)を早速繙くと、一九が松岸・本城・潮來の遊里で遊女に振られたり、若い者に無視されたりしたエピソードが多く見られる。 その中で潮來での逸話の一つとして、一九は相方になった 「柏屋」 の柏野に振られて一人寝にされるという話が見える。本文はこの一件を指すか。

19) 銚子の天久;『南総記行旅眼石』に、本城の遊里で「二一天久子」と一緒に遊んだという話しが載っており、「脱かへて行春なれや旅衣またもこの地へ給きたまへ」

て川の先生[20]ハ、ときどき行かれるそふだ。」

版元 「今年貴公の旅眼石(たびすずり)といふ本ハ、かの鹿島詣でのみちのきでござるの。」

[二ウ] 一九云ふ。いつもだと腹の内ハ草紙の趣向がもやもやもやとしていますが、今年ハもふ腹の内ハ、何にもなし。といふに版元、いやいや貴様の腹にないといふことハあるまい、と責めたつる。一九、そんならの(ママ)腹の内を見せましゃうと、ふと心をぐっと開けて見せけれバ、腹の内ハまことにあんどうを蹴破ったごとくにて、草紙の趣向も何にもなし。版元皆々あきれはて、どふでも去年から色々遍歴したから、食物(くひもの)もところどころで色々のものをしてやり、腹の内ハ混雑して、

「せんのかたハ、かわりかわり[21]」

一九 「賣薬店(ばいやくみせ)の看板のよふに、一九が腹を断ち割って[22]、これでよく生きていらるることだと思いなさろふが、ここがほんのせつねへ案じ。腹の内を見せてへばっかりで、命のあるねへにハ、気が付かなんだが、しかし命にやア…」

という餞別の狂歌も贈っている人と同人物ではないだろうか。

他にも、文化二年(1805)刊の『東海道中히자쿠리게』四編下には、熱田宿に泊まる弥次郎・喜多八の삽화があって、それの画賛として「さかやきもそらぬ旅寝のまくらもと髪のはへたるむしや鳴らん」という狂歌賛を「銚江自在庵天久」という名前で書いていたり、『続히자쿠리게』初編下にも金比羅の宿に泊まっている弥次郎・喜多八の삽화に、同じく「自在庵天久」という名前で画賛を書いているのをみると、やはり地方の狂歌師ということになるのだろうか。 文化三年刊の『串戯しつこなし』 後編に仲睦まじい夫婦の場面があるが、三味線で潮來節を弾きながら言う亭主の台詞「よせばよかったに、今日この頃はといふ潮來は、銚子の天久が流行らせたものだ」のような言い方からは、男芸者だったのかとも思われる。

20) 立川談洲; 落語家である烏亭焉馬。

21) 先の方; 以前のお方、先のお方(?)。 代り代り; 代る代る、次々。

22) たちわる; 切り裂く

[三オ] とうどう行燈(あんどう)を蹴破ったよふになったと見へる。それでハ趣向も出ぬはづ、その腹をまづ元のとふりにするがよい。これから江戸のうめへものを、したたか食って腹を丈夫にせずハなるまい、とかく腹が趣向の出どころ、そんな腹ハ作者の腹でハないと、皆々あきれて帰りける。

「…気づけへねへはづよ。腹の内を見なせへ。あんどう人こころさすだ[23]。」

版元 「びいどろの中で絲桲(いとわく)[24]を組み立てるよふに、あれも腹の内で組み立てたと見へる。これハこれハ。」

版元「飲むものにことを欠いて行灯を飲んだと見へる。よく骨が喉に立たなんだ[25]。」

[三ウ] 一九もとより大のげびぞうにて、何でも見るものを食ひたがり、田舎にて色々と食ひつけもせぬものを、やたらしてやり、腹を下して腹ハまことに行灯を蹴破りたるごとくとなりけれバ、作をすることもならず、空っぽとなりし腹の内へ、そろそろと食ひつけたるうまいものを詰め込み、腹の内を丈夫にせんと思ひ、それよりまづ鰻でおもいれ茶漬をしてやり、その他色々と日頃好きの腹太餅(はらぶともち)[26]大福餅ハ、

一九「中の丁のしのはらだんごなら、まだ二三十本ハ食へよふか。」

一九「かもなんば[27]ハ、馬喰てうのことだ。」

一九「オヤ腹が强氣(ごうぎ)に張ったせいか、越中褌(えっちゅうふんどし)の紐がふっつり切れた。」

---

23)「何と人の心を指す(刺す)」の地口か?

24) ビードロ; ガラスの別名。 フラスコ状のもの。 糸桲; いとくり。 糸を巻き付ける桲。

25) 立つ; 棘など細長いものが刺さる。

26) はらぶともち; 薄皮のまんじゅうで、形は丸くふっくらとしていて、中に塩餡がはいっているもの。

27) 鴨南蛮; 蕎麦やうどんの上に、鴨の肉、または、鶏肉とネギなどを煮てのせたもの。

[四オ] 云ふに及ばず、蕎麦やら飯(めし)やら、とふしても江戸で食ふものハ、また格別だと食らうほどにほどに、近所のてやいもこれを見て、呆れ果て肝を潰す。

隣の見物人「あれほどうめへものがあるものを、おいらにハちっとハ食へと、云いそふなもんだに、つきやいを知らねへ男だ。どふりで吉原へ行っても恐ろしく夜食を食うといふ話だ。」

[四ウ]　一九ハ生まれついて、意地の汚い男にて、何でも残すことが嫌ひにて、色々腹のはっち切れるほど、食いけるが、今ハ立つこともならぬよふになり、腹ハせつなく、りゃうの手に撫でさすり、ふとひとっ腹を叩けば、太鼓の如くどんと鳴るゆへ、これハ不思議と肌を脱ぎ見れハ、腹に巴の形現れ太鼓となり28)、叩けバ

近所のおかみ「坊やお主(ぬし)もあまり何かを食べやると、一九さんのよふなお腹になるよ。」

近所のおかみ「オヤオヤ、けしからねへ」

子供「おいらにもおぢさんのよふな、お腹を買ってくんなよ。」

近所の男「昨日食ったも今どんどん、一昨日(おととい)食ったも今どんどんとハ、悪い地口だ。」

[五オ] どんどん、これハ乙だと独り叩いていると、近所隣から寄り集まり、おもしろがっててんでんに叩いて見る。さてこそものを食い過したるとき、腹ハ太鼓になったといふハ、このときよりぞ始まり始まり。

---

28) 一九の腹に巴の形が表れ太鼓となった、という故事付け方の先行として、三年前に山東京伝が刊行した『仮名手本胸之鏡』の中から挙げられる。 忠臣蔵七段目を翻案した所に、「(九太夫は) かたきのいぬとなる。 そのいぬのかはにて、はりたるたいこのごとく、たちまちしゅじんのばちがあたり、そのみをやぶる事、めのまへにあり」 といって、三つ巴模様が浮き出ている九太夫の腹を、寺岡平右衛門がばちで思いっきり打っている絵図が載っているのである。

てれつつてれつつ、すってんすってん。

一九「山の中のせうやから、なぜ腹ぽんぽこだ[29]。ぽんほこぽんほこ、どんつくどんつく。」

一九　「これから道成寺の山尽くし[30]を踊って見せよふ。板東おむめが身振りでやろふか。」

一九「これでハどふか頭へ獅子を被りてへよふだ。」

[五ウ]　一九が腹ハ太鼓になりたること大評判にて、所々(しょしょ)へ呼ばれて所望せられ、又息子でやいにおぶさって、吉原へ連れられる。女郎買いに人に連れられて行くを太鼓と云ふハ、此一九より始まりけるとハ、ちとこぢつけだの。

息子「何でも人の気の付かねへ所で、どんとやるとおもしろいぜ。」

一九「この間約束しておいたから、浜の屋で一つ打って見せずハなるめへ。」

[六オ] 一中一: 一九ハ吉原へ連れられ、新造をあげて遊び、床へ廻りて独り寂(さみ)しさのまま、太鼓を打つ。新造そっと覗きて肝を潰し、そのまま駆け出し、遣り手の前にて、わっちゃアあの客人にハ出られませぬ、と云ふ。遣り手、なぜ出られやせん、と叱るに、あの客ハ馬だそふで、いっそ独りで太鼓を打っていさっしゃるから、それでわっちゃア気味が悪くてなりいせん、とおいおい泣く。

新造「それでもいっそ太鼓を打っておいでなんすよ。」

遣り手「多くの客人のことだから、馬も牛もありそふなもんだ。そんなことを云っちゃアすまねへよ。」

---

29) 庄屋; 江戸時代の村役人で、関西での称。 関東では名主。
ぽんぽこ; ① 鼓などを打つ音を表す語。 ② 腹が一杯でふくれているさま。

30) 邦樂曲中に『京鹿子娘道成寺』の山尽くしの条は、舞踊の所作事と共に有名である。

[六ウ]　客人か馬のよふに太鼓を打つと、二階中の評判。連れの相方の座敷へ引き出されて、嘲齋坊[31]にせられ、振り新が空豆の煎ったのを持ってきたり。豆をやるから太鼓を打って見なんしと、馬のよふに取り扱はれ、どれどれ、わっちにも叩かせなんし。おやおや

花魁「去年の本にわっちがことを書きなんした代りに、おもいれ叩いておやんなんし。」

新造「お狐さんに抱き付かれなんしたそふで、いっそ腹が大きくなんなんしたよ。」

[七オ] いっそよく鳴りいす。オヤオヤこれハおもしろいと、よって集って打つほどに、どんどん、どんどんと叩きたてられ、一九も後にハ痛くなり、もふ御免だと逃げ歩くを捕まへて、逃がさハ[32]こそとうとう、腹の皮を叩き破りける。

一九「かつじ、もふ叩くな。腹が裂けるよふだ。」

かむろ「迷い子の迷い子の三太郎ヤアい。どんちきどんちき、どんちきちん。」

[七ウ]　一九ハ吉原にて、腹を叩き破られ、太鼓の張り替へをしたが、よいと[33]人の洒落るもいまいましく、医者にかかりて見てもらへども、医者も太鼓の破れたのハ、ついぞ療治したことがござらぬといふくらい、何にしろ破れた

医者「あんまり太鼓を打たしってないら[34]でも起こったと見へる。」

丁稚の少年「初むま[35]までに、旦那の病気が治れバいい。」

---

31) ちょうさいぼう; 間抜け。 以下の空豆(누에콩)や豆、太鼓には猥雑な意味も含まれている。

32) にがす; 逃がされる、逃がさせる。 逃がさんば; 逃さなければ(?)

33) よいと; 俗謡などの囃子詞。

34) 内羅; 馬の内蔵の病気。 ここでは猥雑な意味も含まれたと見える。

[八オ] 所を縫ふがよい、新しく太鼓を買をふとって、破れた腹を下に取るもしめへと、まづげく[36]ハ医者に見てもらわんと思ふ。

一九「破れた所ハ、どふぞ掛け継ぎ[37]ニでも、致してもらひませふ」

[八ウ] 一九が腹ハ太鼓になりたれバ、とんと趣向があるだろふと、本屋より責め來たるに、一九大きに困り、草紙どころでハなけれども、これも商売、捨てても置かれずと、晝夜(ちうや)そのことを案じいるに、かの腹の破れ口より、知恵袋を背負いて出(いづ)るものあり。あるかなしかといふ一九か知恵、この間

「たんともない知恵がなくなり、一九ハよいよい[38]となる。 何とこふしたところハ、いい男だろふ。閻魔様が当て無しの恋煩ひ[39]といふものだ。」

[九オ] より、逆さまにして振はれるが、切なさに腹の中にいられず、鼻の先に住(すま)いしけるが、この節腹の皮の裂けたるを幸いと、知恵袋を背負(しょ)って駆け落ちと出かけ、また人の知恵でも借りてくるつもりにて、当て所(ど)もなしに出かけける。

知恵「どこぞいい知恵を目付(めつけ)出してへもんだが、この節ハかつほの知恵でもありがてへ。」

[九ウ]　一九ハ草紙の作をむしやうに責め立てられ、肝心の知恵がどこ

35) 初午; 二月の最初の午の日。 この日、稲荷社で初午祭があり、初午詣をする。学齢に達した子は寺子屋入りをした。

36) けく[結句]; かえって、結局(?)

37) かけつぎ; かけはぎ。 布が短すぎたり破れたりした時、目立たないように同じ布地などで継ぎ合わせること。

38) よいよい; 手足がしびれたり、口舌がもつれたりする病気の俗称。 慢性アルコール中毒など。

39) 閻魔の色事; 釣り合わないこと。 不似合いなこと。

へかなくなってしまい、後に残りし洒落だの地口だのといふ、草紙の内になくてかなはぬ、てやい寄り集まって相談する。シャレ(差禮)がいふ。草紙を作るなら、わらハよく叩くがいい。ムダ(方言); ばかアいわっし。そりゃア草履だ。ヂグチ(地口); ぞうりのないハわし独りか。シャレ; それじゃア裸足(はだし)て道中がなるものか[40]だ。 序; おれが気になって見。
一九の妻(?)「みさきやから出た化物の本がおもしろいよ。」

[十オ] 冊子(さっし)草紙といふと、一番がけにおいらが出にゃアならねへが、こふしてうかうか遊んでばかりいても、つまらねへ。なんぼ知恵がないよって、作が出來ねへと言われるも、業腹(ごうはら)だから、なんぞいいことを思い付かっせへと、序ばかり急(せ)き込んでも、洒落ハただ洒落てばかり、地口もはけ[41]もせぬ地口を言い、むだハ元より何の役にも立たず、相談もへちまも根っから間に合わぬてやい也[42]。

「知恵がなかア、高野(かうや)を探してみるがいい。知恵を尋ねて高野へ登る。」
「地口言っちゃア、すっぽっぽだ。」
丁稚の小僧「それよりか、道中の窓の歌といふ本が、飛んだおかしくておもしろいよ。」
「このてやいのむだ、洒落、色々あれども、こと長けれハ、ここに略す。 おきやアがれ、やっはり書くことがねへのだろふ。」

---

40)「裸で道中はならぬ」の洒落; 裸一貫で旅はできない。 金を一銭も持たないで旅行することはできない。 何をするにもそれ相応の準備が必要である。

41) はく; 言う。 身につける。

42) 洒落・地口・方言・序は、善魂・悪魂を擬人化した『心学早染草』(1790年刊、山東京伝作) 以來、目鼻の代わりに、善・悪の文字を書いた顔の人物を踏襲した形で、描かれている。 1811年に出版される式亭三馬の合巻『腹之内戯作種本』では、「式亭」という文字を頭の円の中に書き入れた三馬が作中で活躍する。

[十ウ]　一九が知恵ハ、どこへ行って見ても、よい知恵を貸すものもなく、ぶらぶらしてばかりいても、つまらず、どふぞ仕方がありそふなもんだと、知恵袋を無性に絞って見ても、一向に滴ほども、よい知恵ハ出ず、汗水垂らすが、無駄骨なり。

知恵　「知恵ない子[43]に知恵を付けるやつが、出てきそふなものだが、どこにも知恵ハない、と見へる。」

知恵「ちと腹がきたうらの[44]ながゆき、といふところで、茶づりてへものだ。」

知恵　「根っから書くに造作[45]もなく、元手もそんなにかからず、そしてよく、たんと売れる趣向が、なんぞありそふなもんだがなア。ヤアウンウン」

[十一オ] 一下一: 一九ハ作に手古摺りはてか、しんじんの知恵ハどこへか行ってしまい、やうやう思い尽きて、文殊様を一心に祈り、何とぞあなたのお知恵を少しばかり、お授けなされて下さるよふにと祈りければ、文殊様現れ給ひ、この節ハ我らかたにて、知恵ハ拂底[46]なり。人に貸した知恵ハ戻らず、それに三四年も後に知恵の御紀香といふ草双紙で、おぬしによい知恵を貸してやったに、それも貸し下され[47]にして戻さず、おぬしが癖で、借りたものを返すといふことが嫌ひだから、そんなものにハおいらも貸す知恵ハ切れとの文殊だ。と洒落たもふぞ、是

---

43) 知恵のない子供に、知恵内子を掛けたか。 ちえのないし; 1745～1807。 代表的な女流狂歌作者。 元木網(もとのもくあみ)の妻。

44) 腹が來たうらの; 腹がへってきた + 北浦

45) 造作; 面倒、手数のかかること

46) 払底; 底を払って無い。

47) かしくだされ[貸被下]; 貸した物が返却されないで、そのままになっていること。または、借りても、そのまま返さずにもらっておくこと。

非もなき

一九　「去年ハわたくしも大分(だいぶん)知恵がござりましたが、大晦日に嘘をつくとって、残らす掛け取りにやってしまいました。」

[十一ウ]　一九ハ文殊様に撥ね付けられ、今度ハ楠(くすのき)のぞうを、かってこれを信心し、知恵を授からんと祈りけるに、さすがハ楠ほどあって、ゆふゆふと現れ、それがしが知恵ハ日本一の知恵袋、ぶつぶつと湧き出る如く、袋に余りたる知恵をことごとく、この巻物(まきもの)にとめ置きたり。なんぢが心ざしの不憫さに、授けあたふるなり。この巻物を開き見る時ハ、いかなる高名文殊の知恵も及ぶまじきいちく(一巻)はん也。とやたらに味噌をあげて

一九「あなたハとふでも、なき男までお抱へなさるほどの、お気性だから、また格別たが…」

[十二オ] 授けける。一九もたたもらうことゆへ、さやうさやうと、合わせている。

「…文殊様の吝ん坊、ろくでもねへ知恵を、貸して下さりませぬと、はや人を悪く言ふ。」

楠　「おれが大事のとっとき(取って置)の知恵なれども、思いきっておの(主)しにやるハ、なんぼ知恵ハないないと言っても、又有る所にハあるものだよ。」

楠　「ナニ、文殊や高名たとって、天竺て毛唐人(けとうじん)[48]の知恵が、何の役に立つものだ。」

[十二ウ]　一九ハ楠からどんと知恵を借りてきて、サアしてやったもんだ。もふこれで草紙の作も出來ると、それより版元を一軒一軒廻りて、皆先借りをして、このほど遊び暮した穴を、埋めてしまいけるに、

48) けとうじん; 外国人をいやしめていう語。

版元よりハ先貸(さきがし)をすると、ずるけられ[49]、又かさねハ拵へてよこさず、せうことなしに少しづつ貸して
一九「これハ一杯担がれた。 いまいましい。」
[十三オ] やり、その代りにつきについて催促する。 一九さらバ種本に取り掛かるべしと、かの楠より授かりし、知恵の巻物開き見れバ、皆戰(いくさ)の駆け引き、はかりことを記したり。山城(やまじろ)を攻める図りこと、平場(ひらば)の合戦、海川を前にしたる城(しろぜ)攻めの図りこと、戦中の駆け引きなんど、皆戦の時の知恵の巻物、草双紙の作にはすっぽの間にも合わぬ[50]知恵なりと、一九は呆れ果て、版元ハなをこれハつまらぬものだと、先貸をした金が、取り返したくなって呆れる。
版元「なんのこった。 おきゃアがれ。」
版元「大方こんなことであろふと思った。」
[十三ウ] 一九ハもふ、どふしてもこうしても、きうに草紙を拵へねハ、版元の手前面目なく、さりながら手前の知恵ハなし。文殊、楠も間に合わず、この上ハいっそのこと、猿知恵がましならんと、ある山奥へ分け入り、やうやう猿に出会ひ、知恵をからんと頼みける。この猿ほんの猿利口
猿 「北国[51]でも何でも年中わっちらア、たたり(たり?)こんでいるものだから、こぶもすいた所ハなし[52]さ」
[十四オ] にて、とんだ高慢くさく、わしが知恵を貸してしんぜましゃ

---

49) ずるける; なまける。

50) すっぽん[鼈]の間にも合わぬ; 全く間に合わない。 また、まるっきり食い違っている。

51) ほっこく; 遊里(?)。 江戸新吉原遊郭の異称。

52) ごぶ[五分]も透かない; ごくわずかの透き間もない。 何事にも配慮が行き届いていて、少しの手抜かりもない。

う。なにそのくらへのことなら、楠も文殊も要るものか。あのてやいの知恵ハ野暮でならねへ。わっちらが知恵をまづ使って見なせへ。それこそ恐ろしいによ。草紙の作なら、それこう書きなせへ。世界ハこれでよしか、そこでこういふ趣向で、ときにここが狂言の山子(やまこ)[53]、ソレよしか、ついでに書き付けなせへ、いい筋だと、独り飲み込み、無性に味噌をあげる。

一九「これハいいお方に、お目にかかって、草紙の作が出來た。これからだんだんお知恵を借りませふ。」

一九　「世間でハ、猿知恵だと悪口を申ますが、人間の鼻の先知恵よりハ、ましでござります。」

[十四ウ]　一九ハ猿の知恵を借りて書いたものだから、何でもかでも書き散らかし、ほんの猿が引っ掻いたよふに、いっかうの不出來、猿知恵とハよく言ったものにて、ちょっと聞いてハ、おもしろそふに見ゆれども、ねから間に合わぬしろもの、版元も大きに困りける。猿のさくの草紙なれハ、いかぬはづ、今年ハ戌(いぬ)の年の

[十五オ]　新版。一九ハとうどう草紙の作、一冊もせずして、そのことばかりに、かかっていたる話を、岩戸屋の宿六、透かさぬ[54]人にて、これを三冊ものとこぢつけて、かくのごとし。

一九「なんとどふでござります。」

版元「まあ、中ぐらいの出來と見へます。」

[十五ウ]　さてこれまでのこと、古ひやつだが、皆夢なり。この版下の、埋め草[55]といふも、これも古ひやつ。とかく古ひものがよし。人の古くなったるハ身上の為になり、褌の古くなりたるハ帯の芯となりて強く、

53) やまこ; ① 投機的な、または冒険的な仕事。 やまごと。 ② 詐欺師。 ペテン師
54) 透かさぬ; 手抜かりのない。
55) うめくさ[埋草]; 欠けた部分を補ったり、また空白の所を充たしたりするもの。

擂鉢古くなって唐辛子の花を咲かせ、ふる足袋、ふる椀、ふる唐笠、一つも廃るものハなし。皆これ野蛮(やばん)の端くれにて、趣向の古きも新しくなる、今年の新版評判評判。

一九「どふやらこふやら書いてしまった。 めでたいめでたい。」

[참고문헌]

미하일 바흐찐(1988), 『장편소설과 민중언어』, 창작과비평사.

清水正男(2003), 「押強者何茂八文一翻刻と解題」, 『文学研究』 91号, 日本文学研究会, 2003年 4月, pp.172.

小池正胤遍(1983), 『江戸の戯作絵本』 四, 社会思想社, pp.270-271.

棚橋正博(1988), 『黄表紙総覧』 後編, 青裳堂書店, pp.30-31.

康志賢(1999), 「十返舎一九の黄表紙二種試読－『聞風耳学問』 と 『旅恥辱書捨一通』 と－」, 『文献探究』 第37号, 文献探究の会.

______(2000), 「黄表紙における〈作者の戯画化〉趣向の展開史攷－恋川春町と朋誠堂喜三二を中心に－」, 『日本語文学』 9輯, 한국일본어문학회, 2000年 9月 30日.

______(2001), 「十返舎一九洒落本における教訓性―振鷺亭・式亭三馬との対照を通して―」, 『文学研究』 第89号, 日本文学研究会, 2001年 4月 1日.

______(2003), 「十返舎一九の〈忠臣蔵もの〉黄表紙展開史攷」, 『語文研究』 第95号, 九州大学国語国文学会, 2003年 5月 30日.

その他, 辞典類; 『江戸学事典』, 弘文堂.

『日本古典文学大辞典』, 岩波書店.

『日本国語大辞典』, 小学館.

『故事俗信・ことわざ大辞典』, 小学館.

『国書総目錄』, 岩波書店.

『演劇百科大事典』, 平凡社.

『広辞苑』, 岩波書店.

8 충신장물문예의 계보

대중문화로서의 <忠臣蔵패러디물>, 그 転用과 趣向[1]

1. 머리말

1701년 3월 14일, 江戸城内에서 浅野内匠頭가 吉良上野介에게 칼부림을 한다. 内匠頭는 할복명령을 받는다. 이듬해 12월 14일, 内匠頭가신大石内蔵助 이하 47인이 吉良저택을 습격, 吉良의 목을 친다.

이 赤穂사건은 그 후 연극・소설에서 제재가 된다. 가장 유명한 것은 1748년 8월 14일 大坂竹本座에서 초연된 『仮名手本忠臣蔵』일 것이다. 이 浄瑠璃는 대성공을 거두고, 4개월을 넘는 장기상연을 기록한다. 나아가, 같은 해 12월1일부터 大坂곳곳의 극단에서 歌舞伎화 되고, 이듬해에는 江戸의 유명 세 극단에서도 상연하기에 이른다. 이른바, 「忠臣蔵」붐의 시작이었다.

이와 같이 浄瑠璃・歌舞伎에서 대인기를 거두며 반복 상연됨에 따라, 江戸戯作의 다양한 장르에 있어서도 이를 패러디한 〈忠臣蔵물〉이라고 할 수 있는 하나의 거대한 話型이 형성된다. 江戸時代의 중・후반기, 약 90년간에 걸쳐 간행된, 필자가 직접 접한 〈忠臣蔵물〉만 하더라도 61종에 이르는 이 방대한 話型 가운데, 본고에서는 山東京伝과 十返舎一九의 〈忠臣蔵물〉戯作[2]에 초점을 맞추었다.

---

1) 「대중문화로서의 츄신구라 패러디물, 그 전용과 취향」『일어일문학연구』 48, 2004년.

2) 이미, 〈忠臣蔵물〉黄表紙에 대해서는, 졸고로서 「忠臣蔵ものの黄表紙二種試読 –『家内手本用心蔵』と『仮名手本胸之鏡』と–」(『日語日文学研究』第36輯、

戯作뿐만 아니라, 대량출판시대였던 에도시대에 있어서 忠臣蔵물은 각종 매스미디어 속에서 발견할 수 있음을 우선 고찰하고자 한다.

2. 에도시대 대중매체 속의 忠臣蔵물 보급양상

2.1 浮世絵

赤穂사건을 제재로 한 忠臣蔵물은, 에도시대 각종 대중문예 매체로서 제작되었다. 필자가 주로 지금까지 논해 왔고, 본고에서도 집중적으로 다루고자 하는 江戸戯作이라는 그림 소설책 또한 그 중의 한 미디어 장르에 불과하다. 그밖에 민속풍속화로서 에도시대를 풍미한 浮世絵의 인기소재가 바로 이 忠臣蔵였다. 浮世絵의 총 제작량은 20만장 정도라고 하는데, 그 중의 2.5%에 상응하는 약 5천여 가지가 忠臣蔵를 제재로 하고 있다고 하니, 그 인기도를 가히 짐작하고도 남음이 있다.

忠臣蔵는 서단부터 11단까지 시리즈물로 간행되는 경우가 많은데, 가장 빠른 시리즈물로서 勝川春章(しゅんしょう)가 安永중기에 제작한 「忠臣蔵」(図版 1)를 꼽을 수 있다. 忠臣蔵연극을 취재원으로 하면서도 연극무대를 그대로 옮겨 놓기보다는, 연극세계에서 일탈, 자유롭게 창작하여 浮世絵라는 대중상품으로 내 놓을 수 있었다는 것은, 이미 이 시대에 忠臣蔵세계가 일반인에게 보편적이었음을 의미한다.

한편, 忠臣蔵 각단의 등장인물에 빗대어, 당대의 미인을 표현한 浮

韓国日語日文学会、2000年 6月), 「初期忠臣蔵ものの黄表紙の展開史攷」(『日語日文学研究』第39輯、韓国日語日文学会、2001年 11月), 「中期忠臣蔵ものの黄表紙の展開史攷」(『日本学報』第51輯、韓国日本学会、2002年 6月)에서 상세히 논하고 있으므로 참조를 바란다.

世絵의 최초작으로서, 寛政초반, 勝川春山의 「とうせい女忠臣蔵」(図版 2)시리즈가 있다. 그 뒤를, 지금도 많은 일본인에게 사랑받고 있는 浮世絵화가 喜多川歌麿의 「高名美人見たて忠臣蔵」(1794, 95년경, 図版 3)가 잇는다.[3)]

비슷한 취향의 작품으로 浮世絵는 아니지만, 그림소설책으로서 寛政十年(1798), 十返舎一九가 그림을 그리고 글을 쓴 『仮名文章女忠臣』(かなぶんしょうおんなちゅうしん、図版 4)[4)]이 있다. 忠臣蔵의 주요등장 인물들을 여성으로 바꾼 점은 앞선 두 浮世絵시리즈와 흡사하다. 단지, 플롯이 전제되는 소설인 만큼, 忠臣蔵 사건을 빗댄 새로운 사건을 진행시키면서, 그녀들은 대사를 나눈다. 각 장마다 삽화・지문・대사가 혼연 일체가 되는 장르가 江戸戯作, 그 중에서도 특히 黄表紙인데, 여기의 삽화는 일종의 浮世絵라고도 볼 수 있다는 점이 더욱 그 취향에 있어서의 유사성을 엿보게 한다. 전문 희작자인 十返舎一九는 동시에 浮世絵 화가로서 浮世絵를 제작하기도 했으며, 『仮名文章女忠臣』도 자신이 직접 그림까지 그렸다는 사실이 흥미롭다. 한편, 전문 浮世絵화가인 歌麿 또한 많은 희작자들(一九의 작품에도 참가)의 소설에 삽화를 그리고 있었으니, 忠臣蔵를 제재로 한 浮世絵와 江戸戯作이 불가분의 관계에 있음을 시사해 준다.

이 네 작품의 취향을 비교해보기 위하여 각각 한 장면씩 게재하기로 한다. 図版 1은 忠臣蔵2단, 力弥와 小浪의 대면 장면의 패러디이다. 塩冶判官의 使者로써 방문한 약혼자 力弥가 임무를 마치고 돌아

---

3) 제작량, 前後 사실관계 등을 浅野秀剛 「浮世絵「忠臣蔵」製作とその背景」(『図説忠臣蔵』西山松之助監修、河出書房新社、1998年)에서 확인참조. 図版 1,2,3은 이 책에서 재인용.

4) 『仮名文章女忠臣』의 상세한 내용은, 졸고「十返舎一九の「忠臣蔵もの」黄表紙展開史攷」(『語文研究』95号、2003年 6月、九州大学国語国文学会) 참조 요망. 図版 4의 底本은 東京都立中央図書館所蔵本(60－7, M. 25－64－32).

[図版 1]「忠臣蔵」

[図版 2]「とうせい女忠臣蔵」

가려는 찰나를 묘사하고 있다. 小浪가 力弥의 옷자락을 잡아끌면서 같이 있고 싶은 마음을 나타내는 이 장면은 연극원작에는 없는 창작이다.

図版 2는 忠臣蔵5단, 定九郎가 与市兵衛를 살해하는 장면의 패러디이다. 딸 お軽를 유녀촌에 팔아서 받은 몸값을 갖고 돌아오다가 도적定九郎를 만난 与市兵衛가 살려달라고 애원하는 역할을 왼쪽 여성이, 도적 역할을 오른쪽여성이 하고 있다. 가령, 5단의 이 장면이 얼마나 유형으로서 정착되고 있었는지 다음 그림을 보면 알 수 있다. 즉, 1864년 河鍋暁斎가 그린 ひも絵(팽이의 줄 한 가닥으로 형태를 그린 조형적인 浮世絵)「曲結雅画手本(きょくむすびおさなえてほん)」 가운데,「ごだんめ」라는 제목과, 끈의 단순한 형태만으로도 독자들이 이 장면을 떠올릴 만큼 보편화되어 있었던 것이다.

図版 3은 忠臣蔵3단, 判官이 高師直에게 殿中에서 刃傷를 일으키자, 加古川本蔵가 만류하는 장면의 패러디이다. 왼쪽 여성(高師直역할)에게 온 연애편지를, 질투에 사로잡힌 오른쪽 여성(判官역할)이

빼앗아들고는, 마치 칼을 내리치려는 듯한 기세로 치켜들고 있고, 남은 편지조각을 입에 문 가운데 여성(本蔵역할)이 중재를 하는 모습은, 그 당시 삼각연애관계에 있음직한 모습을 빗대고 있는 듯하다.

[図版 3]「高名美人見たて忠臣蔵」

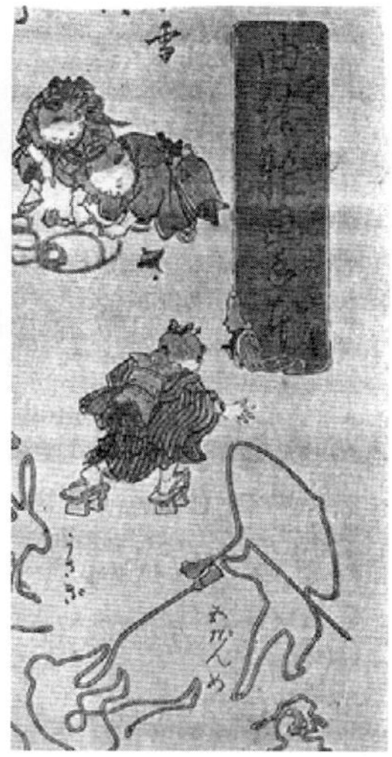

[참조그림] (稲垣進一『江戸の遊び絵』p.120에서 인용)

[図版 4]『仮名文章女忠臣』

図版 4는 図版 3과 같은 3단 장면이다. 判官역할을 하고 있는 呉羽를 本蔵역할의 大石ゆうすけ가 만류하고 있다. 呉羽는 여자인 만큼 작은 칼을 휘두르려고 하고 있고, 심적 흥분상태를 흐트러진 긴 머리로 표현하는 등, 十返舎一九 나름의 연출법이 두드러진다.

참고로, 위에서 패러디 되고 있는 실제 연극의 연출 장면을 慶応義塾大学所蔵의 絵尽し에서 확인 할 수 있다.[5)]

浮世絵에서 가장 즐겨 다뤄지는 장면은 忠臣蔵7단, 一力茶屋에서 顔世로부터 온 밀서를 大星가 읽고 있는데, 위층에서는 お軽가 거울로 비추어 읽고, 마루 밑에서는 九太夫가 늘어뜨려진 편지 끝을 훔쳐 읽는 장면(図版 6)이라고 하겠다. 그야말로 정지된 화면으로서 가장 그림이 되는 순간이기 때문일 것이다. 따라서 필자가 접한 忠臣蔵물 江戸戯作의 거의 모든 작품에서 어김없이 삽화로 그려지는 것이 바로 이 장면임은 물론이고, 그 삽화에 맞는 지문과 대사를 비틀어서 패러디하는데 희작자들은 고심에 고심을 거듭하면서 온 힘을 기울이는 듯한 인상조차 느껴진다. 작자의 취향과 목적하는 스토리에 따라 서단부터 11단까지의 장면 중에서 취사선택을 하기 마련인데, 7단의 이 장면은 빠뜨릴 수 없을 만큼, 그림이 되는 동시에 패러디 능력을 견줄 수 있는 절호의 컷으로서 인정받고 있었다는 증거가 된다.

또한, 서두에서도 언급했지만, 에도시대 갖가지 대중매체의 소재로 채택된 忠臣蔵는 그림주사위판(주사위판그림)에서도 사랑받고 있었는데, 예를 들면, 「忠臣蔵出世双六」(19세기 중엽간행, 国貞画, 총 31컷)가 있다. 각 단에서 두 장면 내지는 네 장면까지 선정해서 한 컷씩 넣고 있는데, 오직 7단은 일곱 장면이나 선정, 소재로 삼고 있고, 그

5) 『新編日本古典文学全集, 浄瑠璃集』(小学館, 2002年)에 삽화가 실려 있다. 図版 2가 패러디하고 있는 장면은 p.68, 図版 3과 4가 패러디하고 있는 장면은 p.44에 해당한다. 図版 1은 실제 연극에서 행해지는 장면이 아니므로 찾아볼 수 없다.

중에 위의 훔쳐 읽는 장면은 분해되어 그려진다. 배우의 얼굴까지 충실하게 묘사하고 있어서, 막부말기의 忠臣蔵 상연 모습을 짐작케 한다.

2.2 수수께끼그림책

[図版 5]
『黒繻子の帯』

일본의 독특한 오락문화의 일종으로서 「수수께끼풀이(謎解き)」가 1800년대부터 에도서민들에게 유행하기 시작했다.[6] 삽화를 넣어서 책 형태로 간행되기도 했는데, 略画형태의 골계스런 그림과 언어유희가 어우러져서 보는 사람으로 하여금 눈과 머리를 즐겁게 하는 수수께끼 그림책이 1862년경 간행되었다. 『黒繻子の帯』(渡辺信一郎가 명명한 仮題)의 수수께끼 형식은 「何々」라고 걸어서(と掛けて), 「何々」라고 푼다(と解く), 그 마음은?(その心は?) 「何々」라고 하는 형태의 3단 수수께끼이다.

이 수수께끼 그림책에도 역시, 7단의 お軽가 소재로 등장한다. 図版 5[7]를 보면 맨 위쪽 컷에는 「おかる」가 위층에서 내려다보고 있는 모습, 가운데 컷에는 「はしのうへのばんや」가 그려져 있어서, 통행료를 징수하는 파수꾼이 다리중간에 세워진 가설오두막 안에 위태하

---

6) 일본 수수께끼의 역사를 문학작품 속에서 찾아보면, 상대까지 거슬러 올라갈 수 있다고 한다. 에도시대 초기에는 아직 중세시대의 2단 수수께끼가 주류를 이루면서도, 처음으로 책 형태로 간행되기 시작한다. 즉 수수께끼 집성(『絵入なぞの本』[1681~84년] 등)이 시리즈로 계속 발간될 만큼, 성행하고 있었음을 알 수 있다. 에도 중엽에 이르러 본격적으로 등장한 3단 수수께끼집의 간행은 이루 헤아릴 수 없을 정도이다(小野恭靖著 『ことば遊びの文学史』 참조).

7) 図版 5의 底本은 渡辺信一郎著 『絵入りことば遊びを読む』(p.119) 所収를 이용.

게 있는 모습, 맨 아래쪽 컷에는 「かぜにふかれているわいなア」라는 글대로 풍령(風鈴)이 바람에 흔들리고 있다. 3단수수께끼풀이 기법을 도입하면, 「おかる」라고 걸어서, 「はしのうへのばんや」라고 푼다. 그 마음은? 「かぜにふかれているわいなア」

이 수수께끼를 이해하는 막부말기의 에도서민들은 忠臣蔵연극의 대본(특히 인기 있는 유명대사)을 암기하고 있었다는 문화적 배경을 추측할 수 있다. 물론 江戸戯作, 특히 서민들의 오락거리가 된 後期戯作은 일종의 대중소설이었음에도 불구하고 忠臣蔵원작을 이중, 삼중으로 비튼 지문과 대사가 쓰여질 수 있었다는 것도 같은 맥락에서 이해할 수 있다. 이 수수께끼의 근거가 되는 忠臣蔵의 대사를 찾아보면, 2층에서 お軽가 자신의 밀서를 훔쳐보았음을 눈치 챈 大星가, 「お軽か。そもじはそこに何してぞ」(오카르, 그대는 그곳에서 무엇을 하고 있는고?)라고 묻자, 「わたしゃお前にもりつぶされ、あんまり辛さに酔ひさまし、風に吹かれてぢゃの」[8](저는 당신이 술을 너무 많이 마시게 하는 바람에, 속이 괴로워서 술이 깰까하고, 바람을 쐬고 있

[図版 6] 慶応義塾大学所蔵 絵尽し

는걸요. [이하 附線 필자에 의함])라고 변명하는 대사에서 오고 있음을 알 수 있다.

이 수수께끼가 입각하고 있는 실제 연극의 연출 장면을 慶応義塾大学所蔵의 絵尽し 図版 6에서 확인할 수 있다.

寛政말기(1790년대)는 수수께끼그림(謎絵)이 붐을 일으키고 있던 때였으므로, 시기를 탄다는 黄表紙의 특성상, 역시 忠臣蔵물수수께끼그림책의 형태로, 曲亭馬琴이 寛政10년(1798)에 『御慰忠臣蔵之攷』(おなぐさみちゅうしんぐらのかんがへ)를 간행하고 있다. 작자의 서문을 비롯하여, 서단부터 11단까지 모든 문장이 그림문자로 되어 있어서, 글자는 찾아 볼 수 없다는 독특한 취향이 돋보인다. 江戸戯作界에 있어서 이러한 그림문자(絵文字)[9]취향의 발단은, 寛政7년, 京伝이 자신이 경영하는 가게의 상품선전을 위해 작성했던 수수께끼그림의 광고전단지(引き札)간행이 발단이었다고 한다(林美一). 『御慰忠臣蔵之攷』 간행 3년 후에는, 이번에는 十返舎一九가 忠臣蔵등장인물들을 일일이 히라가나문자로 그려 넣어 골계스럽기 이를 데 없는 忠臣蔵물黄表紙『画事素人狂言』을 출판하기도 했다.

2.3 黄表紙 –京伝과 一九

에도시대의 매스미디어역할을 하고 있던 後期戯作에 있어서, 필자

---

8) 이하, 忠臣蔵(특별한 설명 없이 본고에서 忠臣蔵라는 명칭을 사용할 때, 『仮名手本忠臣蔵』를 지칭하는 말임을 밝힌다.)의 원문 인용은 『新編日本古典文学全集, 浄瑠璃集』(小学館, 2002年)에 의한다.

9) 일본의 그림문자에 해당하는 「문자도(文字圖)」가 조선시대에 민화로서 행해지고 있었음을 알 수 있다. 강원도 영월의 조선민화박물관소장의 문자도로서, 「忠」과 「信」(『詩仙김삿갓의 漢詩』, 신영준, 투영미디어, 2002년)이 있다. 대나무, 조개, 새우가 어우러져 「忠」자를 형성하고 있으며, 매화나무 위에 앉은 청조와 기러기가 어우러져 「信」자를 형성하고 있다.

가 忠臣蔵물로 간주하여 고찰 대상에 넣고 있는 작품은 대략 60여종이다. 그 중에서 약 60퍼센트가 黄表紙라는 장르에 속한다. 江戸戯作者의 대부, 山東京伝의 忠臣蔵물로는 天明8년 간행 『義士之筆力』를 필두로, 寛政6년 간행 『忠臣蔵前世幕無』·『忠臣蔵即席料理』, 寛政11년 간행 『仮名手本胸之鏡』·『忠臣水滸伝』 前編(読本), 享和元년 간행 『仮多手綱忠臣鞍』·『忠臣水滸伝』 後編(読本), 文化7년 간행 『座敷芸忠臣蔵』(滑稽本) 등을 일단 쉽게 접할 수 있었다.

특기할 만한 사항으로서, 山東京伝은 天明元년에 在原艶美作 『家内手本町人蔵』 및, 天明5년 万象亭竹杖為軽作 『殻鉄砲挑灯具羅』, 天明7년 桜川杜芳作 『仮名手本不通人蔵』의 삽화를 그리고 있었으나, 이듬해인 天明8년에 忠臣蔵물 처녀작 『義士之筆力』를 간행하고 나서는 더 이상, 다른 사람의 忠臣蔵물의 삽화에 손을 대지 않았다는 사실이다. 浮世絵 화가로서 출발한 山東京伝은 선배戯作者들의 忠臣蔵물에 삽화를 그리면서 동시에, 戯作으로서의 취향을 터득했을 터, 그 자신감이 『義士之筆力』에서 발산된 것이리라. 물론 그 전인 天明5년에 직접 그림까지 그리면서 간행한 『江戸生艶気樺焼』(엽기적인 주인공 艶二郎[이른바 일본의 돈키호테]를 탄생시킨 黄表紙의 걸작)의 대성공으로 인한 자부심과 평판이 큰 분기점이 됐음은 짐작하고도 남음이 있다.

이 후 京伝의 忠臣蔵물에 삽화가로서 참여하는 면면들을 보면, 北尾重政(京伝은 15세에 그의 문하생이 됨) 혹은 歌川豊国라고 하는 고급 화가들로만 구성되고 있다는 사실도 문단에서의 그의 위치, 출판사(版元)들의 그에 대한 대우 정도를 가늠케 한다. 한편, 인기 베스트셀러 戯作者인 十返舎一九의 경우도, 京伝처럼 삽화와 스토리 창작을 동시에 할 수 있다는 戯作작품의 특성에 적합한 재능을 갖고 戯作문단에 첫발을 내디뎠다고 할 수 있다. 一九는 寛政8년 忠臣蔵

물 처녀작을 직접 그리는 한편, 그 이듬해부터 文化11년에 이르기까지 가장 많은 忠臣蔵물을 간행하면서도 필자가 접한 그의 忠臣蔵물은 滑稽本에 이르기까지 전부 직접 그리고 있었다(그의 忠臣蔵물희작에 관하여「十返舎一九の〈忠臣蔵もの〉黄表紙展開史攷」『語文研究』第95号、九州大学国語国文学会、2003年 6月에서 상세하게 고찰하고 있으므로, 여기에서는 생략한다).

이는 一九가 京伝(銀座에서 煙草入れ상점경영)과 달리, 다른 직업없이 붓 하나로만 먹고살아야 하는 전업 작가였다는 점에서, 그의 남다른 근면과 재능에 뒷받침되어 이루어 낼 수 있었던 쾌거가 아닌가 싶으면서도, 대중소설가로서의 그의 뒷모습이 어렴풋이 보이는 듯하다. 享和2년 간행된『히자쿠리게』初編의 대성공은, 그 후 20여년 간에 걸쳐 연작 시리즈물로 제작될 만큼 호평을 거두고, 현대에 이르기까지 수많은 아류작을 탄생시키면서, 두 주인공 弥次・北八로 하여금 지금까지 모르는 일본인(艶二郎라는 이름을 듣고, 山東京伝을 떠올리는 현대 일본인은 상당한 지식인이라고 할 수 있다)이 없게 할 정도의 업적을 남겼다는 사실은, 결코 京伝의『江戸生艶気樺焼』에 뒤지지 않는 일본문학사상의 업적이다.[10)]

이와 같이 유명 인기작가가 되고서도 戯作에는 필수인 삽화까지 계속 그려주는 十返舎一九는, 출판사(版元)에게 있어서 보배로운 존재였으리라. 아무래도 두 사람에게 지불해야하는 고료보다는 한사람에게 집중해서 지불하는 게 상부상조였을 터이다. 그것을 가능하게

---

10) 一九는 67세(1831년)에 과음으로 인한 중풍으로 추정되는 노환으로 세상을 떠날 때까지, 평생 해마다 수많은 작품을 간행했다. 기력이 쇠하자 아마추어 작가의 작품에 이름을 빌려주기도 했고(十返舎一九교정・편집이라는 형태로), 서문도 부탁 받는 대로 써 주었으며, 부녀자・어린이들을 위한 교과서・계몽서(往来物)들도 집필했다. 그야말로 현대의 (이른바 잘 나가는) 직업작가의 행태를 선구적으로 보여주었다고 할 수 있을 것이다.

해주는 一九의 재능은 역시 남달랐다고 평가하지 않을 수 없으며, 이러한 면에서 京伝은 물론이고 그 시대의 戯作者 그 누구도 그와 견줄만한 재능의 소유자가 없었다(가령, 式亭三馬・曲亭馬琴 등등)는 사실을 좀더 적극적으로 江戸戯作연구자들은 평가해야 된다고 생각한다.

3. 京伝과 一九의 忠臣蔵물 취향의 전용

山東京伝이 文化7년에 간행한 『座敷芸忠臣蔵』[11]는, 술자리 등의 연회에서 여흥으로 忠臣蔵 등장인물의 흉내(物真似[12])・몸짓(身振り)을 피로(見立て)해 보이는 장면을 묘사한 滑稽本이다.

浮世絵 화가 北尾政演이기도 했던 京伝은『小紋裁』(天明4년刊) 이후, 골계패러디그림책(滑稽見立て絵本)을 활발하게 간행하고 있었다. 그 흐름을 따른다고도 볼 수 있는 이 책『座敷芸忠臣蔵』는 歌川豊国라고 하는 浮世絵대가의 조력 하에 출판되고 있는 작품이다. 벌레・짐승・물고기 등의 시늉을 몸짓과 더불어 도구를 사용하면서 忠臣蔵 장면을 연출해 보이는 것이 본 작품의 취향인데, 林美一씨에 의하면 京伝은「잡다한 여흥예능 중에서 관동・관서지방에 공통되는 몇 종류의 친숙한 놀이를 골라 (数ある座敷芸の内から、江戸・上方に共通する身近なもの何種類かを選び)」忠臣蔵인물을 흉내 내게 하면서 전 11단을 풍자하고 있다.

11) 林美一編『江戸戯作文庫、座敷芸忠臣蔵』河出書房新社、1985년. 座敷芸忠臣蔵의 도판 인용은 이 책에 의함.

12) 歌舞伎役者の声色・物真似を応用して劇場以外の、主として遊郭や盛り場の光景を身振り、口真似によって描写する演芸として 「浮世物真似」があった。この演芸の玄人・専門家を 「浮世師」・「浮世物真似師」・「茶番師」等と称する。; 本田康雄(ハワード・Sヒベット『江戸の笑い』明治書院、1989年 p.236~237 요약)

그러면 이러한 독특한 취향은 어디에서 온 것일까?

林美一씨는 寛政4년 京都에서 간행된 『絵本大人遊』·『絵本続大人遊』라는 그림책에 京伝이 서문을 쓰고 있는 것으로 보아, 숙지하고 있었을 가능성을 타진하면서, 크게 영향을 받았을 것으로 보고 있다. 정편·속편 6권의 이 그림책은, 술자리에서 벌어지는 어른들의 유흥을 그림과 함께 해설한 책인데, 총 10가지의 놀이가 공통됨을 그 근거로 삼고 있다.

그러나 林씨가 언급하지는 않았지만, 필자는 寛政12년에 十返舎一九가 간행한 黄表紙 『稚衆忠臣蔵』13)의 영향을 간과할 수 없다고 생각한다. 동일한 忠臣蔵물이라는 점에서 더욱더 그러하다.

一九는 앞서 寛政9年에 간행한 『忠臣店請状』에서 直義公의 이사도구를 마련한다는 취지 하에서 도구나열 취향을 선보였었다(이 15장짜리 黄表紙에 펼쳐졌던 도구들을 浮世絵 한 장에 집합, 묘사해서 美人画를 완성한 「忠臣蔵見立人形」가 약 50년 후인 19세기 중엽에 橘蝶楼貞房가 그리고 있다는 사실로부터도 당대의 공통된 문예의식의 전용을 엿볼 수 있다). 이 흐름을 이어받아서, 寛政12년에 간행한 『稚衆忠臣蔵』에서는 直義公의 嫡子인 義松를 달래기 위하여, 생활필수품(이사도구) 열거 대신, 어린이 놀이 모음을 테마로, 서단부터 11단까지 스토리를 연결해갔다.

『座敷芸忠臣蔵』의 3단에, 師直에게 추종하는 伴内의 대사(書き入れ)가 있는데, 「伴内は後ろへ廻りて謝り入り, 桃井を笑はせて機嫌をなほさせんと, 紙吹きといふ芸をなし, 一心不亂に吹いてゐる」라고 하는 부분(図版 7)이 있다. 『稚衆忠臣蔵』의 3단에도 判官과 師直가 紙の吹き飛ばしっこ를 하는 장면(図版 8)이 있어서, 행위 주체자와 상

---

13) 東京都立中央図書館蔵本(60－19, M. 25－65－9)。이하 翻字가 되어 있지 않은 底本을 사용할 경우, 翻字·句読点은 필자에 의한 것이다.

대는 다르지만 동일한 상황에서 동일한 목적달성을 위해 사용되고 있음을 알 수 있다. 즉, にらめくら에서 師直에게 패배한 判官은 이마에 붙인 종이의 吹き飛ばしっこ를 제안하는데(ひたいへかみをつけて、これをふきとばしっこと、はじめにはんぐはん、なんのくもなくふきとばしければ、もろのふ、こころへたり、ひたいにかみをつ け……),

[図版 7]『座敷芸忠臣蔵』

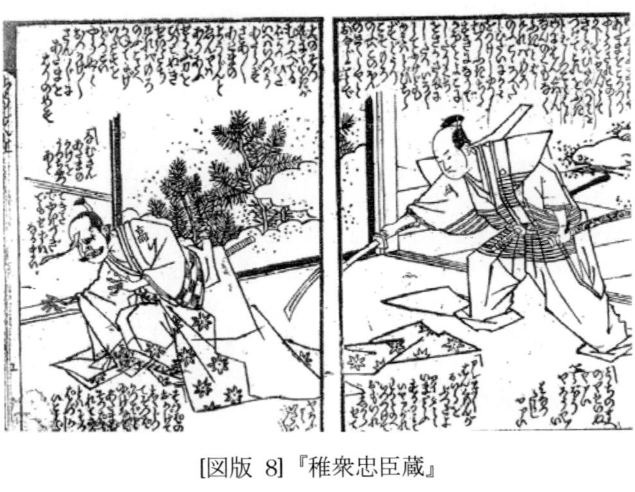

[図版 8]『稚衆忠臣蔵』

뻐드렁니인 탓에 숨이 바깥으로만 새어나가고 종이에는 닿지 않아 吹き飛ばし에 진 師直가 도망을 치는 스토리 속에서 이미 이용되고 있었던 것이다. 寛政4년 간행 『絵本続大人遊』에는 「ひたひ紙」라는 놀이이름이 보이는바 이것과 같은 게임이라고 여겨진다.[14)]

그밖에도 『座敷芸忠臣蔵』와 『稚衆忠臣蔵』에는 공통된 유희가 보이는데, 紙吹き처럼 서로 동일한 상황에서 사용되고 있는 놀이로서 「影絵」[15)]를 들 수 있다. 忠臣蔵원작 9단에는 由良之介가障子문을 열고 本蔵에게 石塔의 五輪을 보이는 장면이 있다.

이것을 패러디해서 『稚衆忠臣蔵』 9단에서는, 石塔의 그림자가 障子문에 비치고 있기는 한데, 그 건너편에는 벌거숭이 남자가 인체 퍼포먼스를 하듯 石塔의 모양을 만들며 책상다리를 하고 앉아 있는 뒷모습이 있다(図版 9). 그리고 「しゃうじにうつりしかげぼしのがくや、ついでにこれもおんめにかけ候」라고 하는 설명문(書き入れ)이 붙어 있다.

당시 유행하고 있던 그림자놀이(影絵) 수법을 전용하여 내막폭로(楽屋裏)라는 戯作작법으로 능청을 떠는 가운데 웃게 만들지만, 이와 동일 상황에서 『座敷芸忠臣蔵』 또한 五輪의 影絵를 이용하고 있는 것이다(図版 10).

---

14) 小高吉三朗(『日本の遊戯』 拓石堂出版社、1943年、p.137)씨는 紙吹き에 대해 다음과 같이 설명하고 있다. 「いつの時代から流行したものか詳らかでないが、細長い紙切の先端に唾をつけて、額に張り、それを自分の息で吹き落とす遊び。」라고 하여, 이미 鎌倉시대에 행해졌던 놀이라고 추정한다.

15) 小高吉三朗의 전게서 p.107~109를 참조해서 요약 정리하자면, 「影絵; 今では児童の遊びとして稀に見られるくらいであるが、古くは「影人形」といって酒興や慰みとして、相当の勢力をもっていたものだった。……灯火の光をかりて手首や指先で人物或は鳥獣などの形を拵え、その影を障子越に映すのだが、……以上の文献から察すれば延宝以降、漸次盛大となって元禄時代にはその最高潮に達したものと思われる。

[図版 9]『稚衆忠臣蔵』

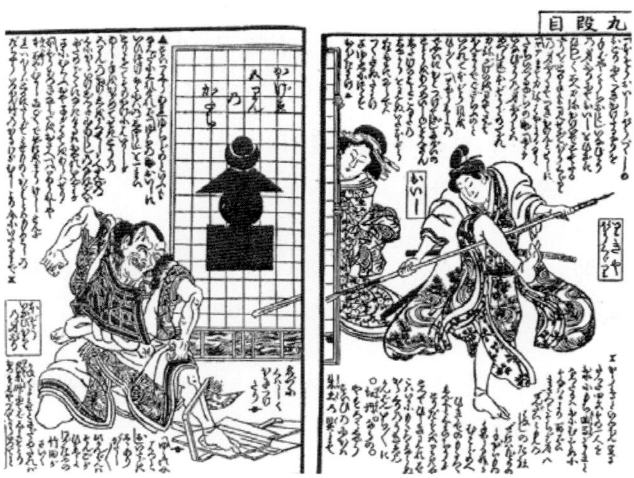

[図版 10]『座敷芸忠臣蔵』

『座敷芸忠臣蔵』는 滑稽本인데, 마찬가지로 一九 또한 忠臣蔵물滑稽本을 간행하고 있다. 『田舎草紙』(文化元年刊)가 그것이다. 이 작품은 원작 忠臣蔵를 이탈한 세계(忠臣蔵7・9・10단을 시골농민들이 아마추어극단에서 연기하면서 벌이는 골계스런 사건으로 구성된 세계)에서 즉, 원작 문장 등의 패러디나 풍자 없이 시골사람들의 소박한 생활 행태를 그리기 위한 수단으로 忠臣蔵는 단지 이용되고 있다는 느낌이 강한 작품인데 비하여, 그로부터 7년 뒤, 京伝이 발표하고 있는 『座敷芸忠臣蔵』는, 忠臣蔵원문을 하나하나 충실하게, 그러나 철두철미하게 비틀어서 문장을 재생시킴으로써 인물까지 재생산하고 있다.

가령 위의 「影絵」를 도입하는 부분에 있어서, 『田舎草紙』에는 완전 생략되어 있으며, 『稚衆忠臣蔵』 9단의 (물론 黄表紙와 滑稽本은 문장이 차지하는 비율부터가 다르다는 기본 원칙의 차이도 있겠으나), 본문에는 影絵에 대한 언급 없이, 삽화에 그려진 影絵 옆에 書き入れ 형식의 해설이, 전술한 바와 같이 「장지문에 비친 그림자가 만들어진 원래모습을, 여백이 남는 김에 보여드리겠나이다(しやうじにうつりしかげぼしのがくや、ついでにこれもおんめにかけ候)」라고 붙어 있고, 벌거숭이 남자의 뒷모습이 있다.

『座敷芸忠臣蔵』의 문장은 다음과 같다.

> 由良之助、お石に言付け、奥庭の障子を一枚取り寄せて、その陰に入りしが、足手を屈めて石塔の五輪の影絵を写せし上、……

이 문장이 입각하고 있다고 여겨지는 忠臣蔵원작 문장은 다음과 같다.

> (由良之助が) 奥庭の障子をさらりと引き開くれば、雪をつかねて、石塔の五輪の形を二つまで、造り立てしはお大星が、成り行く果てをあらはせり。

원작의 비장미가 넘쳐흐르는 장중한 세계[16]를, 주인공 由良之助가

16) 本蔵에게 由良之助가 주군의 복수를 결심하여, 죽음을 각오하고 있다는 본심을 털어놓는 장면이다. 여기서 오륜탑은 죽은 사람을 공양하기 위한 탑을 의미하며, 이미 오륜탑을 두 개 세웠음을 보여주는 것은, 아들 力弥와 함께 죽음을 각오했다는 표시이다.

자기 부인에게 障子를 갖고 오라고 해서, 그 장지문 뒤에서 몸소 오륜탑 흉내를 낸다는 골계스런 장면으로 전용하고 있는 것이다.

一九에게는 또 하나의 忠臣蔵물滑稽本이 있는데, 『滑稽히자쿠리게』(文化11年刊)의 하권이 그것이다. 셋집에 사는 주민들이 주인집 딸의 결혼식 피로연에서 忠臣蔵7단을 공연하기로 하고, 그 연습을 하는 장면이 주된 스토리이다. 전술했던 『田舎草紙』에서의 一九의 창작태도 즉, 원작 문장 등의 패러디 없이 서민들의 순박하며 골계스런 생활 모습을 묘사하기 위한 수단으로 忠臣蔵를 이용하고 있을 따름이라는 창작 자세가 일관되게 보인다.

반복해서 말하자면 『稚衆忠臣蔵』의 9단, 由良之介집의 障子문에 비춰지는 石塔의 五輪의 影絵가, 京伝의 『座敷芸忠臣蔵』의 동일 상황에서도 보이는 것으로 추측컨데, 두 작가의 공통된 취향에 대한 인식을 감지하지 않을 수 없다. 『絵本大人遊』·『絵本続大人遊』에는 그려지고 있지 않은 유희이다.

京伝은 이미 寛政10년(1798)에 『児訓影絵喩』(じくんかげえのたとえ、鳥居清長画)라고 하는 그림자놀이풀이(影絵解き)를 취향으로 한 黄表紙를 출간하고 있다는 전력의 소유자였으므로, 단순히 一九의 영향 운운을 말할 수는 없지만, 같은 忠臣蔵물이라는 점에서 추측해 볼 가치는 있을 것 같다.

棚橋씨는 一九가 月麿画로 文化7년(1810)간행한 滑稽本 『紅毛影絵於都岐』(おらんだかげえおつりき)는 京伝의 『児訓影絵喩』를 직접 모방했다고 단언(『十返舎一九集』 叢書江戸文庫43. p.427)하고 있으나, 이와 같은 一九자신의 선행작이 있는 것으로 추측컨대, 단정 짓기는 어렵다고 생각한다. 그리고 『紅毛影絵於都岐』의 「石灯籠」설명에서 「いしどうろうのかげえは、むかしからあるやつで、しらねへものはひとりもないが、」라고 하면서, 여기의 새로운 취향은 배에 구멍이 뚫린 이국인이 퍼포먼스를 하는 것으로서, 구멍이 난 석등을 비추고 있다. 따라서 석등의 그림자놀이는 가장 보편화된(흉내 내기 쉬운 이유에서일까) 취향으로 이미 정착하고 있었음을 알 수 있다. 오히려 모방 순서를 정리한다면, 『児訓影絵喩』→『稚衆忠臣蔵』→『座敷芸忠臣蔵』·『紅毛影絵於都岐』가 될 것 같다. 『児訓影絵喩』에는 방 한 구석의 장지문에 석 등은 아니지만, 인물의 속마음을 폭로하기 위해 그림자가 비춰지고 있다. 는 비슷한 취향이 있다. 화가의 스폰서인 스님에게 그림이 훌륭하다고 아첨하는 남자(版元?), 그러나 그 남자의 속마음은 다음과 같이 말하고 있다(図版 11은 Tスクリーチ『大江戸視覚革命』p.242로부터 재인용). 「みだりに人をほむる人、かけえハかならず、したをいだしてわらふ。」

아울러, 상황이 다른 장면에도 『座敷芸忠臣蔵』와 같은 놀이가 보이는 바, 『稚衆忠臣蔵』의 4단에서 薬師寺가 코와 귀에 건 종이노끈(紙縒)을 풀어보라고 判官에게 시비를 거는데(図版 12, 이하의 놀이 종류 그림은 사전류에서 찾기 어려운 바, 그 희귀성을 생각하여 본고에 싣기로 한다), 이것은 『座敷芸忠臣蔵』 서단에서 判官이 해 보

[図版 11]『児訓影絵喩』

이는「梓かけ」(図版 13)과 동일한 놀이이다.「塩冶判官になったる男は小より(紙縒)を鼻と耳へかけ、手をつけずに顔をしかめて抜いてとる、梓かけといふ芸をしてぞ笑はせける。」『絵本大人遊』에서는「縛鼻耳(はなかけ)」가 이에 상응하는 놀이일 것이다.

[図版 12]『稚衆忠臣蔵』

[図版 14]『稚衆忠臣蔵』

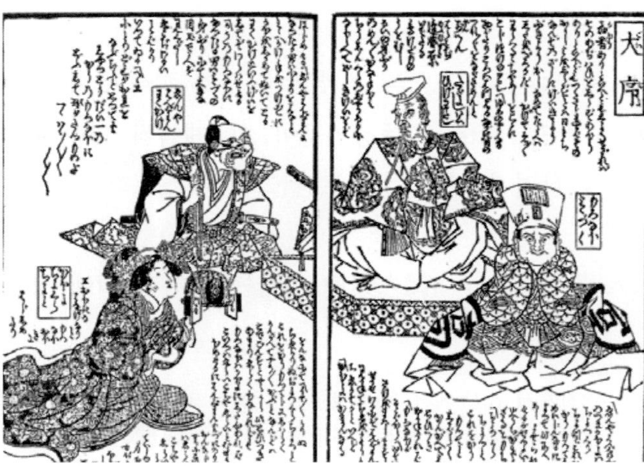

[図版 13]『座敷芸忠臣蔵』

또한, 『稚衆忠臣蔵』 7단에서 由良之介가 턱에 붙인 종이조각을 「しらひげだいみょうじん、おわたしもうそう」라며 九太夫에게 시비를 걸고 있는 그림은(図版 14), 『座敷芸忠臣蔵』 서단의 足利直義公이 해 보이고 있는 「髭わたし」(図版 13)그림과 완전히 일치하고 있다. 그러나 『座敷芸忠臣蔵』의 지문에는 髭わたし[17]에 대한 묘사는 생략되어 있다.

한편, 『稚衆忠臣蔵』 11장 앞면지문은 다음과 같이, 전부 위의 白髭大明神이라는 게임을 둘러싼 묘사로 이루어져 있다.

> ゆらのすけは、九だゆふがもろのふかたへ、ないつうするをにくみ、おもいれいじめてやらんと、かのひきさきたるかみをとりいだし、さきほどおかるがおびにつけんとて、ここにうちすておきしは、九だゆふにしらひげだいめ(みょ)うじん、おわたし申さんため成。いざわらはすにうけとってみやれ、とゆらの助おとがいへはさみて、いざおわたし申さんといふ。まけたほうのあたまをはりっこなれは、九大夫こころへたりと、おのれがくちびるをだして、いざうけとり申さんと、いはんとするところを、てらおか九大夫をとっておさへ、こそぐりわらはせければ、ゆらの助あふぎをもって九大夫をうちのめす。

즉, 같은 게임이지만 一九는 스토리를 구축하는 중요한 소재로 사용하고 있는 반면, 京伝은 등장인물이 한 게임씩 맡아서 피로해야 한다는 취향을 살리기 위해, 삽화로만 그릴뿐 스토리에서는 생략하고 있는 것이다.

『絵本大人遊』에서는 「白髭大明神」이라는 놀이가 이에 상응할 것이다.

---

17) 林美一씨는 전게서 p.11에서 「髭渡し」에 대하여 다음과 같이 설명하고 있다. 「"髭わたし"というのは下唇に紙縒をはさみ、相手と互いに "お譲り下され" "お譲り申そう"とやりとりのあと、相手が紙縒の端をとって自分の下唇にはさみ、互いに引合うお座敷遊びである。」

첨언하자면, 『稚衆忠臣蔵』는 어린이 놀이모음이라는 취향 하에 제작된 것이지만, 『絵本大人遊』·『座敷芸忠臣蔵』는 제목으로나, 내용으로나 어른들의 오락모음이었음을 알 수 있다. 즉, 현재는 어린이 놀이로 전락해 버린 대부분의 이러한 놀이들이, 적어도 에도시대에는 어른 아이 할 것 없이 함께 즐기는 유희였다는 사실도 더불어 짐작케 한다.

4. 맺음말

이상, 浮世絵·수수께끼그림책·黄表紙라는 대중매체 속에 보급된 忠臣蔵물의 특색, 京伝과 一九의 忠臣蔵물黄表紙·滑稽本의 취향의 유사점과 차이점을 통해, 에도문화의 일면을 엿볼 수 있었다.

에도시대의 보편화된 놀이문화로서 그림자놀이(影絵遊び)가 있다. 본고에서는 「석등」이라는 그림자놀이에 초점을 맞출 때, 작품의 영향관계를 『児訓影絵喩』 → 『稚衆忠臣蔵』 → 『座敷芸忠臣蔵』·『紅毛影絵於都岐』라고 할 수 있음을 제시하였다.

이 밖에도 본론에서 잠시 언급하였으나, 에도희작의 한 취향으로서 「絵文字」가 있다. 이것은 그림이 모여서 문자를 형성하는 수법이다. 이와 비슷한 수법으로 「文字絵」가 있다. 문자가 모여서 그림을 형성하는 수법이다. 필자가 직접 접한 작품 중에서 후자의 수법, 특히 복장의 선(직업·이름[또는 시] 등을 나타내는 문자)이 모여서 인물(또는 사물)을 형성하는 기법에 포인트를 맞출 때, 『文字えづくし』(1685, 園果亭義栗) → 『正月の恵比寿』(1706, 奥村政信) → 『文字絵三福神』(18세기중엽, 富川房信)·『新文字えつくし』(18세기중엽, 작자미상) → 『絵暦(櫓時計)』(1784, 작자미상) → 『画事素人狂言』(1802, 一九) → 『奇妙図彙』(1803, 京伝) → 『文字の知恵』(1807, 一九)라는

흐름을 읽어낼 수 있었다. 이 후에도 広重・北斎[18] 등이 六歌仙의 얼굴이나 복장을 이름으로 묘사하는 浮世絵를 제작하며, 滑稽本작품에도 이러한 수법은 취향으로서 계승되기에 이른다. 이 「文字絵」에 대한 상세한 고찰은 다음 과제로 미루고자한다.

[참고문헌]

신영준(2002), 『詩仙 김삿갓의 漢詩』, 투영미디어.

浅野秀剛, 「浮世絵 「忠臣蔵」 製作とその背景」(『図説忠臣蔵』 西山松之助監修), 河出書房新社, 1998.

『新編日本古典文学全集, 浄瑠璃集』, 小学館, 2002.

小野恭靖著, 『ことば遊びの文学史』, 新典社, 1999.

渡辺信一郎著, 『絵入りことば遊びを読む』, 東京堂出版, 2000.

林美一編, 『江戸戯作文庫, 座敷芸忠臣蔵』, 河出書房新社, 1985.

本田康雄/ハワード・Sヒベット編, 『江戸の笑い』, 明治書院, 1989.

小高吉三朗編, 『日本の遊戯』, 拓石堂出版社, 1943.

18) 1814년 北斎는 『略画早指南』(後編)이라고 하는 文字絵 교습서를 간행한다. 누구라도 배워서 그릴 수 있도록 간략화법으로서 해설하고 있는 이와 같은 책의 존재는, 에도후기, 문자그림놀이가 서민의 일상적인 오락으로서 향유되고 있었음을 짐작케 한다.

9 죽음의 희화화의 문학, 충신장물그림소설

合巻의 웃음에 의한 죽음의 무화(無化)[1]

1. 머리말

이타사카 노리코(板坂則子)씨는 "바킨(馬琴)의 유사한 취향의 다용이라는 것은, 단편 고칸(合巻)과 요미혼(読本)만에 보이는 현상은 아니다. 즉, 바킨은 장르를 불문하고 마음에 든 취향을 종종 사용하며 그것들은 점차 세련되어 이른바 '바킨다움'을 형성해 가는 것이다."[2] 라고 논하고 있다. '점차 세련되었는지' 여부는 차치하더라도 짓펜샤 잇쿠(十返舎잇쿠)를 비롯한 주요 희작자의 경우에도 그대로 적용할 수 있는[3] 논평이다. 다양한 장르에서 활약했기에 공통으로 보이는 잇쿠가 좋아하는 취향을 지적하는 것은 '잇쿠다움'을 엿보는 첩경이 될 것이다. 예를 들면 잇쿠의 주신구라(忠臣蔵)[4]물 작품군은 관견(管

---

1) 본고는「草双紙『忠臣狸七役』に現れた死の戯画化」(『日本学研究』26号, 檀国大学校日本研究所, 2009年 1月 15日)를 한글로 번역하고『忠臣蔵跡祭』의 내용을 더하여『동아시아의 생사관: 아시아문화원형총서』(전남대학교 아시아문화원형사업단, 2009年 2月 30日)에 수록한 논문임.

2) 板坂則子(1993)「바킨의 단편고칸과 요미혼의 취향에 대해서」『読本研究』第七輯上套.

3)「이상, 반복해서 서술했던 것처럼 교덴 요미혼에서 교덴 고칸에 대한 취향의 세세한 부분의 전용은 다수 보여 진다.」清水正男(1998)「산토쿄덴의 취향과 전용 －요미혼에서 고칸으로」『江戸文学』19号, 펠리칸사(ぺりかん社)。

「산바는 골자가 되는 취향을「田舎芝居」(덴메이 7년, 万象亭洒落本)에서 얻어 문장과 시가까지 유용하는 형태로『田舎芝居忠臣蔵』를 썼다.」吉丸雄哉(2002年10月)「시테이 산바작『田舎芝居忠臣蔵』에 대해서－『田舎芝居』의 계보－」『日本文学』51号, 日本文学協会。

見)으로는 간세이(寛政)・교와(享和)・분카(文化)・분세이(文政)의 각 시기에 걸쳐 간행되고 있고 실로 문단 데뷔 익년부터 생애에 걸쳐 계속 써 간 가장 즐긴 제재 중 하나라고 할 수 있겠다. 한명의 작가가 이 만큼 다양한 장르에 걸쳐 동일한 제재를 계승한 것은 주목해야 할 현상으로 다재다능한 잇쿠의 진면목을 엿볼 수 있다.

잇쿠의 주신구라물 기뵤시(黄表紙)의 작품 군에 대해서는 이미 졸고[5]에서 논하고 있으므로 여기에서는 잇쿠가 사망하기 삼년 전인 분세이 11년에 간행한 고칸 『주신타누키노나나야쿠(忠臣狸七役)』(우타가와 야스히데(歌川安秀)畵, 전10장)에 대해 고구한다. 본작을 대사(詞章)나 삽화에 밀착한 해독작업을 통해 에도 희작 제일의 정신 '웃음'의 정신이 '죽음'까지 무화하기 위해 스토리에 담은 다양한 작자의 장치를 명확히 하고자 한다.[6]

---

4) 『仮名手本忠臣蔵』(寛延元年1746大坂竹本座初演、竹田出雲他作)를 가리킴.

5) 졸고(2003년 5월) 「짓펜샤 잇쿠의 '주신구라물' 기뵤시 전개사」『語文研究』第95号, 九州大学国語国文学会.

6) 羽鳥哲哉 「생과 사와 유머-웃음에 의한 죽음의 무화는 가능한가, 문학작품의 경우-」(『笑いと創造』 第四集, 2005年)에서는, 교겐(狂言) 「朝比奈」, 라쿠고(落語) 「地獄八景亡者戯」, 『西洋道中膝栗毛』 외에, 근대소설을 예로 「죽음을 웃음으로 초월하는 힘이 되는 것, 가장 먼저 저 세상에 대한 즐거운 공상, 두 번째로 주위의 즐거운 동료나 존경할 수 있는 대상, 사랑하는 가정이 있는 것, 세 번째로 죽음을 대하기 전의 각오나 준비, 네 번째로 잠재적인 작용을 일으키는 것으로써 남성에 있어서는 여성, 여성에 있어서는 남성.」이라는 분석을 하고 있는데, 구사조시 『忠臣狸七役』 등은, 「웃음」의 세계를 구축하기 위한 하나의 수단으로 「죽음」을 무화하여 누구도 죽지 않는다는 이야기를 만들어내고 있다는 점에 근본적 차이가 있으므로, 羽鳥씨의 상기 분석에는 들어맞지 않는 작례가 된다. 즉, 羽鳥씨는 웃으며 '죽기' 위해서, 라는 '죽음'에 초점을 맞춘 작례를 추출하고 있으므로, 짓펜샤 잇쿠의 본작은 '웃음'을 위해 죽음조차도 이용하고자 하는 발상 자체가 다른 까닭이다.

2. 『忠臣狸七役』의 구성

기본적인 서지사항을 확인하자.

본고의 저본인 호사문고소장본(蓬左文庫蔵本)(국문학연구자료관 마이크로필름 이용, 尾16. 185, M)은 분세이 11년(삼년 후인 덴포(天保) 2년 잇쿠 사망)간행, 우타가와 야스히데[7]畵, 전10장. 제첨(題簽)은 표지의 좌견에 고모치와쿠(子持枠)로 '忠臣狸七役 全'이라고 쓰여 있다. 국회도서관소장본은 이권일책으로 丸屋文右衛門 판(版)이며 『二枚折風炉前屏風』과 합철되어 있다. 광고・소장목록・근간예고 등이 기재 된다. 타이틀 표목으로 「후쿠주신타누키노나나야쿠(復忠臣狸の七役)」도 보인다.

신편희서복제회총서 44권 『이치노토미아타리마나코(一の富当眼)』 교본해설 중에 "사후에도 『주신타누키노나나야쿠』…… 등의 유고 개판을 본다. 따라서 잇쿠의 생전 활약상을 알아볼 수 있다."라고 하고 있다. 사후 출판되었다고 하는 유고로서 해당본의 존재는 미확인이나 적어도 본작이 개판(異書가 아니라면) 될 정도로 독자층을 확보하고 있었음을 증명한다. 또는 희서복제회에서 해설하는 유고란, 아오본연표(青本年表)[8] 「주신구라의 이작(忠臣蔵の異作)」에는 미게재의 『주신타누키노나나야쿠』가 아오본연표의 덴포 3년 서목에 소개되어 있으므로 이를 가리키고 있을 가능성도 있다. 호사문고・국회본 외에는

---

7) 우타가와 야스히데 : 본명; 다키치, 작화기; 분세이 경, 활동명; 야스히데. 화성(画姓); 우타가와. 화계(画系); 우타가와 구니야스(歌川国安) 문하생. 화력(画歴); 분세이 11년 건립, 초대 도요쿠니 현창비(豊国顕彰碑) 「?(えい)筆之碑」에 이름이 있다. 이상 『原色浮世絵大百科事典』에서 발췌. 잇쿠 작 『金儲花盛場(かねもうけはなのさかりば)』(十丁, 江戸 錦耕堂山口屋藤兵衛, 분세이 13년 서)의 화공(画工)으로도 근무했다.

8) 『増補続青本年表』新群書類従第七巻, 메이지 39년.

소장처가 없다.

페이지의 삼분의 일을 점하며 상단에는 『주신구라오우무이시(忠臣蔵あふむ石)』[9]라는 표제로 주신구라 등장인물의 대사를 적어간다(즉 화면의 상방에 선을 그어 구분하고 있다). 처음에 고죠(口上)처럼 소개가 있으나 '시골 축제의 지교겐(田舎の祭りに地狂言)'으로서 출품된 『주신구라』의 「성대모사」를 배역 인물의 고향사투리로 기록한 것에 독특한 취향이 있다.

우선 '오쿠비에(大首絵)'(비스듬한 옆얼굴)가 있으며, 그 오쿠비에의 인물 대사가 다음의 '오쿠비에'가 나올 때까지 이어진다. 따라서 페이지가 변해도 같은 인물의 대사가 계속되는 경우가 대부분이다. 대사의 순서를 쫓자면 고노 모로노오(高師直)(三段目), 하야노 간페이(早野勘平)(三段目), 오카루(お軽)(三段目), 오노 구다유(小野九太夫)(四段目), 가오요 고젠(顔世御前)(四段目 : 원작에는 없는 대사이다. 지금까지의 사정설명), 오노 사다쿠로(小野定九郎)(五段目), 요이치베(与市兵衛)(五段目), 오카루 모친(お軽母)(六段目), 하라 고에몬(原郷右衛門)(六段目)으로 끝난다. 이 오쿠비에와 본작 본문 중의 등장인물의 도안은 서로 유사하지 않다.

오쿠비에 인물의 대사에 골계미는 없고 거의 충실히 원작 『가나데혼 주신구라(仮名手本忠臣蔵)』에 기반을 둔 대사라고 할 수 있다.

---

9) 木村文庫本 『有喜世諺草(うきよことわざくさ)』(분세이 11년, 2권, 고칸(국서), 우타가와 구니야스작(画), 국회・히비야카가(日比谷加賀)도서관 소장. 상단은 메이와 이후에 유행했던 「鸚鵡石」 물을 모방하여 익살스러운 대사를 싣는다. 하단은 다양한 속담에 교카와 짧은 재담을 첨가하여 서술한 것이다.
木村文庫本 『道外武者太平楽(どうけむしゃたいへいらく)』 (분세이 11년, 2권, 고칸(국서), 二巻, 合巻(国書), 슌사이 에이쇼(春斎英笑)작(画), 국회, 도교대, 히비야카가도서관소장, 仙鶴堂鶴屋喜右衛門 판. 상단은 「鸚鵡石」 물을 모방하여 익살스러운 대사를 싣는다. 하단은 무장의 다양한 고사에 교카와 익살스러운 농담과 말장난을 서술한 것이다.

단, 원작의 대사가 각 지방의 사투리로 변했다는 그 차이에 재미가 있다. 예를 들면 가오요 고젠은 '스루가(駿州)' 출신으로 설정되는데 잇쿠의 고향에 대한 애착의 표현은 아닐까 하고 사추하고 싶을 정도이다. 지방 취재 여행으로 생애를 보낸 잇쿠의 진면목이 발휘된 부분이기도 하다. 잇쿠의 방언 사용법의 정확성이 의문시되는 요즘이지만 반대로 『도추히자쿠리게(道中膝栗毛)』에 의해서 대중에게 수용되고 인식된 방언이 구사되고 있다고 생각할 수도 있는 것이다.

3. 죽음의 희화화

에도 희작의 중요한 창작기교 중에 빗대기나 조롱의 수법을 이용해 고전을 역전시킴으로써 즐기는 방법이 있다.

아코 낭사 47인(赤穂浪士四十七人)의 복수담의 전말을 허실 섞어서 그린 비극 이야기(悲劇物語)가 『가나데혼 주신구라』다. 그럼 이것에 단을 발하는 일군의 에도 희작은 어떻게 원작을 빗대어 희롱하려 한 것일까. 죽음에 달하는 과정을 새로이 창작하거나 혹은 오히려 아무도 죽지 않는 스토리를 창작하는 것으로 원작과의 차이를 즐겼을 것이라 상상된다. 본고에서는 특히 후자의 창작법에 초점을 두지만 이 경우는 비극의 이야기를 희극의 이야기로 전환하려는 발상이 더욱 강하게 움직이게 된다. '주신구라물(忠臣藏物)' 기뵤시의 최초작이라는 문학사적 위상을 지니는 『아나데혼 츠진구라』((案内手本通人藏, 호세이도 키산지(朋誠堂喜三二)작, 안에이(安永) 8년 간행)에서 이미 해피엔드 주신구라는 시작되었다. 그리고 세상에 나온 '주신구라물'의 에도 희작은 죽음을 무화하기 위한 발상의 기발함을 겨루는 한편 다양한 궁리를 모았다.

『案内手本通人蔵』는 등장인물들이 모두 세상물정에 통달한 달인(通人)이기에, 칼부림 소동이나 싸움, 할복이 일어나지 않는 주신구라로 변한다. 간세이 6년 도라이 산나(唐来参和)가 낸 『다이도구샤치데마쿠나시大道具鯱幕無』에서는 「막이 없음으로 인한 실수가 오히려 행운(まくなしのゆへのまちがひがもっけのさいわい)」이 되어, 죽는 사람이 없는 주신구라로 변모하고 있다. 역시 기본테마의 취향은 면면히 이어지고 있는 것이다. 산나의 막무(幕無)란 주신구라 연극을 하는데 막도 없고 박자목(拍子木)도 없어 등장인물이 나오는 막을 틀려 판관할복의 장면에 멧돼지가 나오기도 하고, 사다쿠로(定九郎)가 모로노오(師直)의 이마를 치기도 하고, 습격의 장면에서는 지금까지 나온 적 없는 사람이 총출동하는 등등의 문자 그 대로 막 없이 인물이 등장한다는 의미로 쓰이고 있다.

『案内手本通人蔵』는 메이와(明和) · 안에이(安永)기 당대 문화의 이념으로써 성행했던 '통(通)'으로 철저하게 희화화하는 것으로 할복이나 싸움 등의 비극이 일절 일어나지 않도록 개작한다. 그럼으로써 이 작품은 교훈적인 것으로부터 완전히 벗어나 논리에 구애받지 않고 기상천외한 취향으로 경묘하게 희롱하는 것이 가능했다. 일례로서 사다쿠로를 만난 통인 요이치베는 스스로 50냥을 빌려준다. 역시 통인인 사다쿠로는 "뜻이 가상하여 일단 받기는 했으나, 당신에게 돌려드리겠소(志が忝なさにもらっておいたが、これは貴公へお返し申す)" 라고 간페이에게 사정을 이야기하고 간페이의 집에 초대된다 라고 하는 식으로 개작된다.

이 계보를 잇는 고칸 『주신구라타누키노나나야쿠』에 있어서도 엔야(塩冶) 판관이나 낭사들은 죽지 않는다. 그들을 죽이지 않으려고 구사된 취향이 본 작품의 안목이며 작자의 글 솜씨가 된다. 결론을 먼저 이야기하면, 표제가 의미하는 대로 충신인 너구리는 순간순간마다 기지를 발휘하여 여러 가지 것으로 모습을 변하면서 원작의 장면을 살리기 위해 순발력 있는 행동을 보여 준다. 가지고 태어난 스스로의 재능을 발휘해 죽은 척을 해 주변의 인간을 속이는 것이 너구리의 임무・취향이었다.

3.1 웃음에 의한 塩冶판관의 죽음의 무화

우선 원화에 있어서 엔야 판관의 죽음과 관련된 곳을 정리해 보자. 다다요시공(直義公)의 향응역(饗応役)에 엔야 판관과 모모노이 와카사노스케(桃井若狭介)가 임명되고, 이들의 지도를 고가(高家) 모로노오가 담당한다. 탈취한 닛타 요시사다(新田義貞)의 투구를 찾아내기 위해 옛날 궁중에 근무했던 가오요 고젠(판관의 부인)이 소환되어 투구를 판별한다. 가오요 고젠에게 연모의 정을 품은 모로노오가 와카사노스케와 엔야 판관을 괴롭혀 참을 수 없던 판관은 모로노오를 칼로 내리치려고 하나 혼조(本蔵)에 의해 제지당한다. 판관은 사건의 책임을 지고 할복하고 가문은 단절한다. 이 할복이라는 죽음에 이르는 무가의 비극이 본 구사조시(草双紙)에서는 어떻게 희화화될까.

본문〔一ウ・二オ〕은 '서막'에 기초한다. 닛타 요시사다의 투구판별 사건은 분부쿠 차가마솥(文福茶釜)의 판별로 변경된다. 차가마솥[10]을 다다요시공에게 바치는 가오요 고젠과 휘장 앞에 앉아 있는

10) 본 삽화의 차가마솥은 소박한 신나리가마(真形釜) 형태인 듯. 쇠고리(鐶)의 부분이 두 개인가.
신나리 [真形] 茶湯釜의 기본형식의 하나. 茶湯 이전에 사용된 湯釜의 형식을 남긴 것. 아시야가마(蘆屋釜)의 낡은 것에는 이 형식이 많다.「真形 : しころ羽がたのつかぬを鶴首真形といふ。蘆屋・天猫に多し。其後は此写しなり。古作ゆへ好しれず、底に煙返しといふて細き輪あり」〔茶道筌蹄・三〕。
아시야가마 [蘆屋釜] 지쿠젠노쿠니 아시야(筑前国蘆屋)에서 주조한 차가마솥. 일본에서 가장 오래된 것.……낡은 것은 대부분 신나리가마로, 시대가 내려감에 따

[図版 1]〔二ウ・三オ〕

모로노오・판관・와카사노스케라고 하는 장면은 진지하다.

〈二段目〉에 기초한 것이 [図版 1]〔二ウの三分の二〕이다. 너구리가 리키야(力弥)로 변해 있다. 원작에서는 오보시 리키야(大星力弥)가 이튿날의 등성시각(登城時刻)의 고죠사자(口上使者)로 온다. 리키야에게 연심을 품은 고나미(小浪)는 모친의 배려도 있어 고죠의 수취인(受取役)이 되나 두근거리는 마음에 제대로 대답도 못한다. 본 고칸에서는 사자로 온 리키야 너구리와 고나미의 희롱 장면이 전개된다. 패러디는 없이 외설적인 회화가 우스꽝스럽다. 화면 구성이 특수해서 이시동도법(異時同図法) 중에서도 한 페이지의 판면을 삼분의 일로 분할하였다(후의 八ウ・九オ도 마찬가지).

또한 [図版 1]〔二ウの三分の一・三オ〕는 〈二段目・三段目〉에 기반한다. 분부쿠차가마솥(모로노오)의 정체는 너구리라는 끝말 익살

라 많이 주조되었다.……대부분 솥전이 있다.「すはや一大事といふ時に、さしも高直なりし蘆{あし}屋の釜{かま}の甲にもなるまじ」〔浮世物語・三・四〕。이상『角川古語大辞典』에서 발췌.

(오치)이 새롭게 등장하는 것이다.[11)]

'차가마솥'이라는 설정에 맞추어 다실(茶席)이 마련되어 있고 차승려(茶坊主)(원작 三段目의 사도(茶道) 진사이(珍才)인가)[12)]가 그 소동에 놀라고 있다. 분큐(文久) 3년(1863) 11월 이치무라좌(市村座) 상연의 각본이 『아코낭사극집(赤穂義士劇集)』(일본희곡전집 15)에 개재되어 있는데 이것과 거의 동일한 각본이 쇼와(昭和) 61년 국립극장에서 상연된 대본으로써 핫토리 유키오(服部幸雄) 집필 『주신구라』 제4권(아코시 총무부 시사편집실 편집(赤穂市総務部市史編纂室編集), 1990년)에 게재된다. 양쪽을 참조하면서 인용하겠다.

「제3막 아시카가궁전내 소나무방의 장면(三段目 足利館殿中松の間の場)」에 「차승려 진사이=사도진사이 (茶坊主珍斎=茶道珍斎)」가 등장한다. 사도(茶道)는 가오요 고젠의 모로노오에게 보내는 답장이 든 문갑을 판관 앞에서 모로노오에게 건네는 역할이 주이다. 「판관이 모로노오를 칼로 내리친다. 빠른 박자가 되어 위아래에서 다이묘, 사

11) 이하 번역에 대한 원본의 가나는 적당히 한자를 섞어, 한자, 히라가나는 통용자체로 고치고, 사의(私意)에 따라 쉼표를 붙였다. 번역 및 인용문의 ( ) 안 방선(傍線), 방점(傍点)은 필자의 보충이다. 「分福茶釜は正体を顕しみん」 とて、直義公、若狭之助、塩冶판관両人におほせつけられ、「彼の茶釜を松の葉にて燻し見るべし」 との御指図により、若狭之助、加古川本蔵に言ひ付け、松の枝を切らせ、茶釜を燻し立てければ、狸堪へ難く、茶釜より手足を出して逃ぐるを、判官気の短き人にて、追っかけ差し添へを引き抜き切らんとするを、加古川本蔵走り寄って抱き止める。(本蔵) 「これさ／＼先は畜生だ。了見なされ。あの茶釜も気の利かぬやつだ。とんだ茶釜なら早く薬缶と化けろ／＼。(判官) 「おのれを松葉で燻したは、主命(しうめ)になれば是非がない。それになんぞやおのれ、おいらに食ひ付かふとした太いやつだ。打ち殺して狸汁にでもしてやらう。

12) 茶道＝茶坊主. 성안에서 근무하며 다도의 일을 맡았던 직위. 삭발, 승복 때문에 스님이라고 한다. 에도성의 다도를 담당하는 스님은 등성(登城)의 다이묘(大名)의 안내, 차・도시락의 시중, 의복・검 등을 다루었다. 안세이 4년・鼠小僧 二幕目 「茶道(さだう)珍才控へてゐる」(여기서는 다이묘인듯). 이상 『江戸語大辞典』에서 발췌. 현행 분라쿠의 『仮名手本忠臣蔵』 三段目役名에 잔재하는 단역이다.

도, 반나이가 뒤섞여 나온다. 이 때 무대왼쪽 병풍 뒤에서 이전의 혼조가 나와 판관을 뒤에서 안아서 꼼짝 못하게 한다(判官、師直に切りつける。早舞ひになり、上下より大名、茶道、伴内も打交り出て支へる。この時、下手衝立の陰より、以前の本蔵出て、判官を後より抱き留める)」는 장면의 패러디가 『주신구라타누키노나나야쿠』의 본 장면임을 알 수 있다.

또한 분카9년 7월 나카무라좌(中村座) 상연 『다이헤이키 충신강석(太平記忠臣講釈)』의 각본이 『아코낭사극집』(일본희곡전집 15)에 게재된다. 그 「제2막 아시카가궁전 거실의 장면(二幕目 足利御殿広間の場)」에 진사이를 비롯하여 다른 두 사람의 사도(茶道)가 등장, 잘못된 예복으로 등성한 판관이 옷을 갈아입는 것을 돕는다. 판관의 칙사에게 바치는 헌상품을 모로노오가 검열하는 장면에서 진사이는 그 중개자가 된다.[13)]

리쓰메이칸(立命館)대학 아트리서치센터 공개아카이브 「가부키·조루리 역할명 데이터베이스」에서 검색하면 「진사이(ちんさい)」로 11건, 「사도 진사이(さどうちんさい)」로 3건 히트하지만 본 작품이 쓰인 분세이 11년 전후의 것은 아니다. 『다이헤이키 충신강석』 二幕目, 에도 나카무라좌 분카9년 7월 15일 흥행의 「진사이」가 본 작품과 가장 가까운 시기의 등장인물이라고 할 수 있다.

본 작품으로 돌아와 보자. 혼조가 소나무가지를 자르는 것은 솔잎으로 분부쿠차가마솥을 그을려 정체가 나타나도록 함이고, 정체가 탄로나 도망가는 너구리를 베려는 판관을 붙잡아서 제지하는 혼조라는 식으로 사건을 견강부회하여 웃음을 자아낸다.

---

13) 「大バタ／＼にて、珍才、奥より走り出て来り。珍才 ： サア／＼／＼／＼、大事じゃ／＼／＼。右馬 ： 珍才々々、大変とは何事なるぞ。珍才 ： 何じゃ知らぬが切りました。こりゃ、斯うしては居られぬわえ。ト走り入る。」

목과 손발, 꼬리를 드러내고 도망가는 '차가마솥'을 향하여 칼을 휘두르는 판관이라는 삽화의 구도가 우습다. 차가마솥 판별·차가마솥을 뒤집어쓰고 도주하는 모로노오의 취향은 간세이9년 잇쿠 자화작(自画作) 기뵤시 『주신다나노우케죠(忠臣店受帖)』에 앞서 사용된 취향이었다. 즉 취향의 모방이라고 할 수 있다.

[図版 2]〔三ウ·四オ〕는〈四段目〉에 기반한다. 분부쿠차가마솥은 모로노오의 역할, 너구리는 판관을 대신한다.

소중한 분부쿠차가마솥을 상처 입혔다고 다다요시 공으로부터 할복을 명받는 판관. 대단한 상처도 아닌데 라며 미안해하는 너구리가 판관으로 변해 할복한 듯 보임으로써 검사를 속인다.「할복할 때 조용히 배를 두드리며 노래를 하고 할복한 모양(切腹のとき、心静かに腹鼓を打ちて謡ひを謡ひ、切腹せし体)」이라는 익살스러운 본문에 상응하듯이, 흰 옷차림의 너구리가 배를 드러내고 북을 치는 듯한 모습을 취하고 있는 장면이 장난스럽다. 주변은 지극히 진지하고 심각한 만큼 그 갭에서 골계가 도출된다. 울며 쓰러지는 가오요 고젠, 황송해하며 엎드리는 리키야, 입을 한일자로 다문 검사와 가신들이다.

[図版 2]〔三ウ·四オ〕

[図版 3]〔四ウ〕는 〈四段目〉에 기반한다. 너구리는 동료 너구리, 토끼는 약시지(薬事師)역할, 땔감잡목은 짐이라는 설정으로 이야기가 진행된다. 성을 내어줄 때 동료로 변한 너구리가 아름다운 하녀의 짐을 운반하고 있으려니 약시지가 「등 뒤에서 불을 붙여 운반하는 짐을 태우려는 등 나쁜 장난만 해 댄다(後ろより火を打ちかけて、運ぶ荷物を焼かんと悪じゃればかりしたりける).」 실제로 이 장면에서는 짐을 짊어진 동료 너구리를 뒤에서 부싯돌을 가진 약시지가 노리고 있어, 「딱딱산(かちかち山)」의 잡목을 짊어진 너구리 뒤에서 토끼가 부싯돌로 불을 붙이려 하자 너구리가 무슨 소리일까 이상히 여기고 토끼는 '딱딱산'이라고 답하는 그 장면을 패러디하고 있는 것을 알 수 있다. 따라서 『가나데혼 주신구라』 원작과는 그다지 관계없이 '딱딱산'의 패러디에 주안이 두어져 있다.

약시지의 얼굴을 보며 저 얼굴로는 호색꾼도 가능할 리 없다고 재잘대는 너구리 츄겐의 잡담이 익살스럽다. 원작의 「약시지는 가신들을 불러내어 집안의 모든 잡동사니를 문 앞에 내다 버리고 판관이 소유했던 도구 낭인들에게 넘겨주지 말라((薬師寺は) 家来参れと、呼び出し、家中どもががらくた道具、門前へ放り出せ。判官が所持の道具。にはか浪人にまげられな)」를, 본 장면에서는 「약시지 "이 성을 비워서 넘기게 된 이상 판관의 도구는 모두 상급의 물건, 이봐 이봐 약시지의 가신들이여 아주 조심해서, 판관 신하들에게 먼지 하나 넘겨주지 마라. 그 중에 값어치가 있어 보이는 물건이 있으면 나에게 넘기는 건 괜찮다 薬師寺「この城開け渡しになるからは、判官の手道具は皆上がりもの、こりゃ／＼薬師寺が家来どもやい、随分気をつけて家中のやつらに、ちり一本まげられるな。その内しほめのよい物があったら、こっちへまげる分は苦しくないぞ」라는 식으로 비속화하여 웃게 한다.

[図版 3]〔四ウ・五オ〕

3.2 웃음에 의한 定九郎・与市兵衛・勘平의 죽음의 무화

미남 악역(色悪) 사다쿠로, 미남자(色男) 간페이, 간페이의 장인 요이치베의 타살・자살을 둘러싼 원(原) 스토리는 이하와 같다. 사위의 군자금으로 하고자 요이치베는 오카루를 유곽에 판 돈을 받고 가는 길에, 산적 사다쿠로에게 살해당해 돈을 빼앗긴다. 때마침 간페이는 그 부근에서 사냥을 하고 있었는데 도적을 멧돼지로 착각해 우연히 오사(誤射)해 죽여 버린다. 장인을 죽였다고 착각한 간페이는 할복한다. 우연히 일어난 사건이 오해를 낳아 죽음에 이르는 이 슬픈 이야기가 본 구사조시에서 어떻게 희화화되었을까.

[図版 3]〔五オ〕는〈五段目〉에 기반하여 사다쿠로는 큰 눈(大目玉) 소년(小僧) 너구리로 변신하고, 요이치베는 역으로 사다쿠로 역할을 맡는다. 너구리는「비 내리는 밤에 착안하여 예의 큰 눈 소년이 술을 사러 가는 차림새로 사다쿠로의 등 뒤에서 오~이 오~이 라고 불러 멈춰 세우고(雨の降るより思ひ付き、例の大目玉の小僧が、酒を買ひに行くなりにて、定九郎の後ろからヲヽイ／＼と呼ひかけて、まご

つかせけ)」, 빈보 술병(貧乏徳利) · 외상장부를 손에 들고 있다(실로 이마도(今戸) 도자기의 너구리와 유사한 모습). 소년 너구리는 원작의 사다쿠로 역할, 불려 세워져 돌아보는 사다쿠로는 요이치베의 역할이란 이중역전의 패러디가 참신하다. 비극을 일으키지 않으려하는 너구리의 궁리 · 활약이 돋보이는 장면이기도 하다.

마찬가지로 〈五段目〉에 기반한 [図版 4] 〔五ウ〕에서 너구리는 멧돼지와 사다쿠로 일인이역에 도전한다.

"간페이도 비 오는 어두운 밤에 일부러 총을 짊어지고 나올 것도 없는데(勘平も雨降る暗闇の夜にわざわざ鉄砲担げて出ることはないのに)"라고 하는 본문은 트집을 잡으면서 웃게 하는 곳케이본(滑稽本)의 웃음과 근접한다. 멧돼지가 안 나오면 김이 샐 거라고 너구리가 「다시 빨리 변신해서(又早替りにて)」 멧돼지가 된다는 표현도 우습다. 인간을 실망시키지 않으려고 애쓰는 너구리이다. 「총알이 멧돼지에게 맞지는 않았지만 일부러 맞은 듯한 모양새로 쓰러져 있는 (猪にはあたらねども、わざとあたりし体にたふれたる)」 너구리는 원작과 같은 비극을 일으키지 않기 위해 활약하는 상냥한 너구리다. 간페이의 대사에는 작자 짓펜샤 잇쿠 특기인 비외(卑猥)한 웃음이 담긴다.

멧돼지로 변한 너구리의 대사 「이 산길은 험하다고 알면서도 혼자 하는 여행, 벼룩에게도 먹히지 않을 이 몸, 총알 두 번, 이라니 견딜 수 없네. 도망쳐라 도망쳐~(此山道は物騒と知って、合点の一人旅、蚤にも食はせぬ、この体、二つ玉とはコリャ堪らぬ。逃げろ/＼)」는, 센자키 야고로(千崎弥五郎)의 「이 길은 험하다고 알면서 하는 혼자 여행(この街道は無用心と、知って合点の一人旅)」 「비석이 세워질 때까지는 벼룩에게도 먹히지 않을 이 몸(石碑成就するまでは、蚤にも食はさぬこの体)」이란 유명한 대사의 빗대기다. 멧돼지가 말하도록 하는 것이 우스운 것이다.

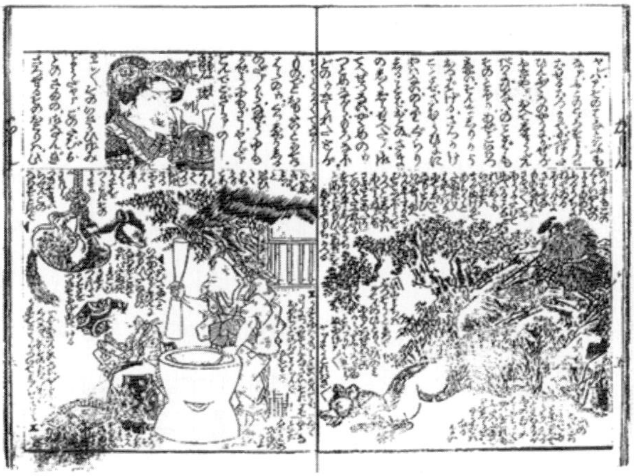

[図版 4]〔五ウ・六オ〕

〈六段目〉에 기반한 [図版 4]의〔六オ〕는 불쌍하게 여겨져 포승끈이 풀리게 되는 '딱딱산'의 세계를 답습한다. '딱딱산'의 할아버지가 본 작품에서는 간페이로, 너구리가 멧돼지너구리로, 할머니가 어머니로 전용되어 이 너구리는 외설적인 소재로 한층 비외한 대사를 뱉는다.

이리하여 너구리 덕에 사다쿠로・요이치베・간페이, 누구도 죽지 않는 이야기로 바뀌는 것이다.

3.3 웃음에 의한 九太夫의 죽음의 무화

원화에서 사다쿠로의 아버지로 대립역할(敵役)인 구다유(九太夫)는 유라노스케가 오카루의 칼에 손을 더해「이 놈의 아들이 죽인 거나 마찬가지다. 아비와 남편의 복수를 해라(こやつの息子が殺したようなものだ。父と夫の仇を討て)」라고 마루 밑의 구다유를 찔러 오카루의 오빠인 아시가루 헤이에몬(足軽平右衛門)에게 동지로 가담하기를 허락한다. 감격한 헤이에몬에게「가모강에서 물떡국을 먹여라(鴨川で水

雑炊をくらわせやい)」라고 구다유의 처치를 맡긴다. 대립역할인 구다유가 죽는 통쾌한 장면이 본 고칸에서는 생략되었고 구다유가 죽는 계기가 되는 장면이 희화화된다.

〔六ウ・七オ〕는 〈七段目〉에 기반하여 너구리는 유라노스케로 변한다. 다음과 같이 데라오카 헤이에몬(寺岡平衛門)의 대사가 본문에 삽입되어 있다. 「제가 살짝 유라노스케님의 다리사이를 엿보았더니, 광장한 고환이 늘어져 있으신 것은 어떤 일에도 동하지 않는 대장부의 혼, 믿음직하오. (わたくしそっとゆらのすけ様の御股座を覗き見ましたるところ、さも凄まじき金玉をだらりとしてござるからは、ものに驚きいはぬ大丈夫のたましい。これにはみどころあり)」 등등은 원거를 빗댐에 있어 너구리가 변신한 것(너구리의 팔장깔개八丈敷)을 능숙하게 걸면서, 외설적 소재를 살린 골계의 궁극이다. 다른 가신(三人侍)의 대사도 전부 원거를 빗대고 있다. 유라노스케의 후타쓰도모에(二巴) 문양은 초연 당시 초대 요시다 분자부로(吉田文三郎) 자신의 문양(다카기 히로시(高木浩志) 『국립문락극장 96회 공연』 해설서, 2004년 11월)이라고 한다. 장면은 자는 척 하는 유라노스케 너구리를 정중앙에, 가신 네 사람이 어이없어 하는 모습으로 그를 지켜보고 있다. 원거에 충실한 삽화로 패러디의 재미는 없다.

마찬가지 〈七段目〉에 기반한 [図版 5] 〔七ウ〕에서 이번에는 멧돼지가 처마 끝에 매다는 등롱(釣灯篭)으로 변신한다. "그날 밤 이치리키에서는 등롱을 매달지 않았기에, 너구리는 바로 등롱으로 변신해서 편지를 읽을 수 있게 융통한다(その夜、一力にては灯篭を掛けざりしゆへ、狸すぐに釣り灯篭に化けて、文を読むときの間を合はせける)." 세심하게 배려하는 상냥한 너구리의 마음씀씀이가 표출되어 등롱으로 변한다는 발상이라든지 너구리의 재치가 흐뭇하다. "유라노스케의 행동이 길어지는 바람에 등롱은 졸음을 참지 못하고 꾸벅꾸벅 졸다가 세숫대 위에서 구다유 머리 위로 굴러 떨어져 간이 콩알만 해지게 하였다.(仕打ち長く、灯篭眠ふたくなりて、こくり／＼と居眠りし、手水鉢の上から、九太夫の頭の上へ転げ落ちて、大きに肝を潰させける)" 라고 하는 본문처럼 잠자는 등롱, 굴러 떨어지는 등롱을 상상하는 것만으로도 즐거운 무엇보다 타애 없는 익살스러운 표현이다. 원거에서는 오카루의 회중거울(延べ鏡)이 떨어져, 그것으로 유라노스케가 놀란다는 장면이었는데 이것을 패러디한 것이다.

삽화에서는 너구리가 처마 끝에 매다는 등롱으로 변한다는 설정이지만, 세숫대야(手水鉢)의 위에 오른 너구리가 머리에 등롱을 이고 있는 것처럼 보인다. 등롱이 매달려 있지 않은 점과 너구리의 작은 키를 보충하기 위해 세숫대야 위에 올라서게 하는 등의 궁리를 하고는 있으나 그래도 너구리의 키가 작으므로 거기에 맞추어 유라노스케가 웅크리고 앉아 편지를 읽는다. 실제의 무대라면 편지가 길게 보이지 않으므로 유라노스케가 미에(見得)를 하기 어렵다는 점에서 그림이 되지 않겠으나, 구사조시다운 상상력이 발휘된 재미있는 장면으로 완성되었다.

[図版 5]〔七ウ・八オ〕

3.4 웃음에 의한 本蔵의 죽음의 무화

원화에서는 허무승(虚無僧)으로 변장한 혼조가 유라노스케 집에 나타나, 유라노스케 부자에게 욕설을 퍼붓고 유라노스케의 아내인 오이시(お石)와 다툰다. 화난 유라노스케의 아들인 리키야가 혼조를 창으로 죽인다, 라는 본의 아니게 사위가 장인을 죽이게 된 비극적 이야기이지만, 본 고칸에서는 어떻게 희극화 되었을까.

[図版 5]의〔八オ〕는〈八段目〉를 바탕으로 하면서, 혼조의 딸 고나미 대신 오로쿠(お六)가 등장해, 수행하는 시종(可内) 너구리가 그 오로쿠에게 들이댄다. 도안에 있어 오로쿠의 후리소데(振袖) 모습은 조루리『가나데혼 주신구라』의 '고나미'를 빗대기 위함인지, 대사에서도「저는 오후리소데의 오로쿠라고 유명한 여자 마부(わしゃ大振袖のおろくとて、人に知られた女馬子)」라며 자기소개 한다. 너구리는 수행하는 시종으로 변해 '죽마를 둘러메고', 너구리의 팔장 깔개(八丈敷)라는 외설적 소재를 살린 본문과 대사가 한층 익살스럽기 이를데 없는 장면이다.

[図版 6]〔八ウ의 삼분의 이〕는〈九段目〉의 리키야를 너구리가 대신한 장면이다. 그림구성의 구도가 희귀하게 이시동도법 가운데에도 한 장의 판면을 삼분의 일로 나눈다(앞의 二ウ・三オ도 동일). "눈 뭉치를 굴리는 첫 장면에 때마침 눈이 내리지 않는지라(雪転がしの出端に、折節此日雪が降らぬ故)" 리키야로 변한 너구리가 불알을 굴린다는 장면이지만, 이런 너구리의 기지가 본 작품의 기조를 이루고 있다. 너구리의 팔장깔개(八丈敷)를 이용한 도상과 대사가 비외하지만 익살스럽기 짝이 없는 것이다.

같은 [図版 6]의 八ウ의 삼분의 일과 九オ는〈九段目〉에 기반 하면서, 너구리는 혼조의 역할을 맡는다. 혼조가 산기를 일으켜 지각하

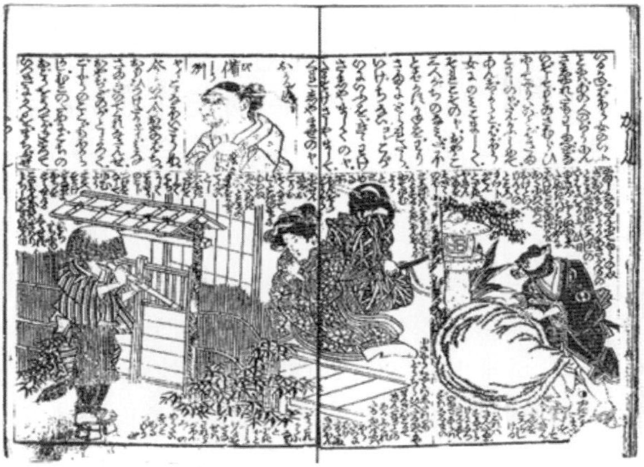

[図版 6] 〔八ウ・九オ〕

는 바람에, 본 장면의 시간에 맞추려 혼조로 변신한 너구리라는 것이다. 화면에는 삿갓·퉁소 대신, 소쿠리·불 피우는 대나무통으로 스님으로 변장한 너구리 혼조가 보인다. "도나세(戸無瀬)는 이 몸이 혼조의 대리를 맡을 예정이다"라고 속셈을 보이는 너구리가 외설적 화제를 입에 담는다.

3.5 웃음에 의한 師直·四十七士의 죽음의 무화

고난의 일 년을 견뎌낸 판관의 가신 47명은 모로노오 저택으로 쳐들어가 장작창고에 숨어있던 모로노오를 치는데, 본 작품에서는 이 〈十一段目〉 모로노오 저택 침입 장면(후퇴의 장)은, 아사쿠사 선달 대목시장(浅草歳市)의 귀가길 [図版 7] 〔十ウ〕로 비속화한다. 실제로 침입사건은 12월 14일이지만, 연말에 정월용의 식품·장식품·부엌용품·행운을 빌기 위한 물건(팔리는 물건의 자세한 내용은, 『센소지시·15(浅草寺志·一五)』에 보인다) 등을 파는 시장인 대목장으로 희화화하고 있다. 이하, 본문을 번각해 보겠다.

“유라노스케를 비롯하여 모두 마지막 11단이 되었으므로 고테, 스나아테 복장으로 외출했건만, 원래 엔야판관은 할복할 때 너구리가 대신 할복한 것처럼 보여서 검사를 속여서 무사히 끝나 엔야는 죽지 않고 건강하니, 복수를 할 일도 없고, 모처럼 야습 복장으로 외출한 김에 이 대로 귀가하는 것도 보기 좋지 않다고 때마침 오늘은 12월 17일 아사쿠사 시장에 가자고 모두 똑같은 투구 모자를 쓰고 시장에서 각자 물건을 사고 돌아오는 길에 나미키의 도모에 가게에서 배불리 마시고 용기백배하여 기분 좋게 서로 돌아가 경사스런 봄을 맞아하였다. 경사일세 경사일세. 의사들:지금부터 하세가와쵸의 모미지가게에 가서 달걀소바를 먹자. 그곳은 정말 맛있다네. 그리고 그 달걀이 굉장히 효력이 좋다는 평판일세.”
ゆらの介始めみな／＼十一段目の終はりとなりしゆへ、皆籠手・臑当てにて支度して出たれども、元より塩谷判官腹切りの時、狸代はりて腹切りし態に、検使を化かして事済みたるゆへ、塩谷は死なず今以て達者なれば、仇を及ばす、折角夜討ちの支度して出かけたれば、このままに帰へるもあまり手がなし.幸ひ今日は極月の十七日浅草の市へとて、みな／＼対の兜頭巾にて、市の買ひ物めい／＼調へて帰り掛け、並木のともへ屋[14]にて、たらふく飲みて、勇み立ち機嫌良く打ち連れ帰へり、目出度き春を迎へける.目出度し／＼　(義士達)　√これから長谷川丁のもみぢ庵の卵蕎麦[15]にしよ

14) 나미키(並木): 센소지의 후라이진몬(風雷神門) 앞의 큰길(大通り)・오모테산도(表参道)를 따라 동서 양쪽에 있는 나미키초(並木町)의 약칭. 옛날 아직 이곳이 오슈카이도(奥州街道)였던 때는 센소지의 경내에서 이 근처까지 소나무・벚꽃・팽나무의 가로수 길이 있었다고 한다. 양쪽에는 요리점(料理茶屋)이나 나라챠즈케 가게(奈良茶漬屋) 등이 늘어서 있어 쟈야마치(茶屋町)라고도 불리었다.「並木の真中巴屋につなぎ馬(九一・35)」. 이상 『川柳大辞典』『文政江戸町細見』『江戸芸能落語地名辞典』에서 발췌.

15) 하세가와쵸(長谷川町): 헷쓰이가시(竈河岸)의 북쪽, 신이즈미초(新和泉町)의 북쪽에 인접하여 하세가와마치가 있었다. 서쪽의 길이 닌교초(人形町) 길, 동쪽의 길이 모토요시와라(元吉原)의 대문이 있었기 때문에 오오몬(大門) 길의 속칭이 있다. 모토요시와라는 나니와초(難波町), 다카사고초(高砂町), 스미요시초(住吉町), 신이즈미초 쪽의 2정 떨어진 곳에 있었지만, 메이레키 3년의 대화재로 불타 소실된 후, 아사쿠사 논지대(浅草田圃)로 옮겨져 신요시와라(新吉原)가 형성되었다. 하세가와마치는 메이레키의 대화재 후에 열렸던 마치야(町屋)로, 예로부터 스기모리 이나리신사(杉森稲荷社)의 신관이 살고 있었기 때문에 네기마치(禰宜

う.あそこのは滅相に上手いと言ふことだ.そしてその卵が強勢(ごうせへ)によく利くと言ふ評判だによ.

고테(籠手, 손등장갑)・스네아테(臑当て, 종아리덮개)・투구(兜頭巾)라는 야습의 야단스러운 차림새(담배합을 허리춤에 꽂은 것은 세속화)로, 아사쿠사 대목시장(浅草市)에서 정월명절에 필요한 물건을 사고 돌아가는 일행이라고 하는, 복장과 행동의 차이가 우스꽝스럽다.

[図版 7]의 도안을 보면, 금줄장식・하마유미(破魔弓)[16](그렇다 해

町)라고도 했다. 모토요시와라에 인접한 마치야로, 큰 거리에는 화장품점, 과자점, 포목전 등이 늘어서 있었다. 이상 『江戸文学地名辞典』『文政江戸町細見』『江戸芸能落語地名辞典』에서 발췌.

★ 잇쿠의 주거에 대해서 : 간세이 7년 후반 쓰타야(蔦屋)서점을 나감과 동시에 「하세가와마치의 어느 상인의 집에 데릴사위로 들어가 수년간 살다가 교와 원년 '이혼(離縁)'하고, 분카 원년 이소(民)와 결혼, 두 사내아이가 탄생, 이소는 분카 2년 8월 17일 사망, 분카 2년 후반부터 분카 3년사이에 서둘러 에쓰(信乃)라고 하는 '처를 맞이하였고', 분카 3년 3월 4일 대화재로 자택도 유소(類焼)되고, 화재 후 가메이도(亀戸) 마을의 가메야 별장(かめやの寮)으로 이주. 이곳에서 분카 4년 가을까지 거주, 다시 도오리아부라쵸(通油町)의 미도리바시(緑橋) 부근으로 돌아왔다. 이곳이 도오리아부라쵸 鶴喜之裏店이었다.「鶴屋の裏なる地本問屋の会所を預りて其処に住ひぬ」(「 」안은 『江戸作者部類』에서). 에쓰와의 사이에는 1남1녀 탄생. 이상 中山尚夫 저『十返舎一九研究』참조발췌.

모미지안(もみぢ庵)의 달걀메밀국수(卵蕎麦): 植原路郎 저『蕎麦辞典』(東京堂出版, 1972)을 참조하면, 소바 가게(蕎麦屋)의 옥호에 무슨무슨 안(庵)이라고 하는 것이 많은 것은 도코안(道光庵)처럼 소바 애호가들이 모이자, 그것을 따라서 에도의 소바 가게에 '庵'이라는 옥호를 붙이는 가게가 늘었다고 한다. 그러나 분세이 7년에 간행된『江戸買物独案内』에도 '모미지안'은 발견되지 않는다.

柳原敏雄 편『日本料理秘伝集成』제10권(同朋社出版, 1965)에 의하면「달걀메밀국수의 조리방법: 최상급 메밀가루 한 되 정도, 현지의 달걀 15개 이내, 7개는 흰자만 넣고 잘 섞어서 덧뿌리는 가루로 조금 쌀겨를 넣어 얇게 때려 늘려서 2번 정도 삶는다. 볶은 채 찬물에 식혀 그 다음은 일반 소바와 같이 해야 한다. 사용방법은 사리 한 개에 12~3 국물, 맑은 장국 1, 그 외는 앞(계란 소면)과 같다.

16) 하마유미 [破魔弓] :정월에 남자아이에게 주었던 작은 활과 화살. 근세중엽부터는「はま」안에 화살을 세워, 높은 건물에 설치하는 장식물이 되어 화려하고 아름다운 장식을 하게 되었다.『嬉遊笑覧』4에는,「하마유미는, 하마와 활 두 가지

[図版 7]〔十ウ〕

도 거대하다. 조루리 원작의 본문에 나오는, 침입 시 간자키 야고로가 소지한 '팔척 정도의 대나무에 활을 걸쳐서 가지고 있었다' 를 비유한 것일까. 모로노오 저택의 덧문을 여는 도구)・매화 화분(모로노오의 수급(首級)의 패러디일까)・나무통을 샀다. 『가나데혼 주신구라』 메이지 24년 대본「十一段目」마지막에, 분향 후 "유라노스케는 위폐를 손에 들고, 주타로는 벤 머리(증표)를 안아서 창끝에 묶어달고" 보리사인 고묘지(光明寺)로 물러나기로 한다(핫토리 유키오 편저 『가나데혼 주신구라』 가부키 온스테이지8, 白水社, 1994년 수록).

삽화를 넣은 교카(絵入り狂歌) 평판기 『교카 주신구라 아타리부루마이(狂歌忠臣蔵当振舞)』(교와 3년 간행, 야도야노 메시모리(宿屋飯盛) 작, 나카노 미쓰토시(中野三敏) 저 『에도명물평판기집성(名物評判記集成)』 수록) 四十八ウ・四十九オ에, '야습에는 작은 배로 돌아가는 강줄기도 활과 현으로 떼내는 문(夜討には小舟てまはる川筋も弓

로 되어있다.…하마는 볏짚으로 만든다. 그것을 작은 활로 맞히는 것이 지금도 시골에 있다고 한다」라고 되어있다. 건물의 상량식에도, 하마야(破魔矢)와 함께 지붕에 장식했다. 이상 『角川古語大辞典』에서 발췌.

『月次のあそび』(菱川師宣작화, 겐로쿠(元禄) 4년~엔포(延宝) 8년 간행, 『日本名所風俗図会』 별권 풍속의 권, 角川書店, 1968년 수록)의 정월에 '하마유미'를 가지고 노는 남자아이 2명이 그려져 있다. 12월에 '화살이나 활을 사주면 아이들이 기뻐하고 따른다」라고 해서, 하마유미(破魔弓)를 파는 모습이 그려져 있다. 「江戸破魔弓図, 高さ二尺余, 大小不同あり, また精粗あり」『守貞謾稿』.

본 고칸 그림에서도 화살 2개가 한 쌍이 되어 있다. 고칸 『化物の娵入』(분카 4년 간행, 잇쿠 작・勝川春英 그림) 의 권미(十五ウ)에도 정월을 기념하여 그려진다.

とつるにてはつす戸障子)'의 평판으로, '활과 현이 비유된 것은 아마도에 아이센 아이구로로 빗나가지 않는 뛰어난 취향(弓とつるのたとへにかけられしハあまどにあひせんあひくろゝはつれのなきよい御趣向)' 이라는 우두머리의 평판이 실린다. 그 도안에는 아사쿠사 대목시장에서 정월쇼핑을 하는 인파 속에, 투구라든지 「충」이라고 쓰인 나무통이라든지, 망치, 방패, 두개의 활, 수건으로 얼굴을 감싼 의사(義士)들이 뒤섞여 그려지고 있다. 『주신구라타누키노나나야쿠』의 본 장면에 선행하는 취향이라고 할 수 있겠다.

연극상의 「료고구바시 물러나는 장면(両国橋引き上げの場)」을 그린 우키요에(浮世絵) 「충신장 야습 정문의 의사 24명, 뒷문의 의사 23명, 료코쿠바시에서 모이는 도안, 고쵸로구니사다그림(忠臣蔵夜討大手ノ義士廿四人搦手ノ義士廿三人貳国橋会合図、香蝶楼国貞画)」에서는, 간자키 야고로(千崎矢五郎)가 아닌, 다치가와 한페(立川半平)가 화살을 메고, 활 하나를 손에 들고 있다(『주간 아사히 백과 일본의 역사(週刊朝日百科日本の歴史)』 69 수록).

또, 그들의 복장은 기러기 행렬(雁木) 모양의 짧은 겉옷·투구·수건으로 얼굴을 감싸고 있는데, 고칸 『우라오모테 주신구라(裏表忠臣蔵)』(이치가와 하쿠엔(市川白猿)(=7대째 단주로(団十郎) 작, 우타가와 구니사다(歌川国貞)画, 덴포8년 간행) '마지막 장면 11단 다리의 장(大詰十一段目橋の場)'의 의사들의 복장과도 상통한다.

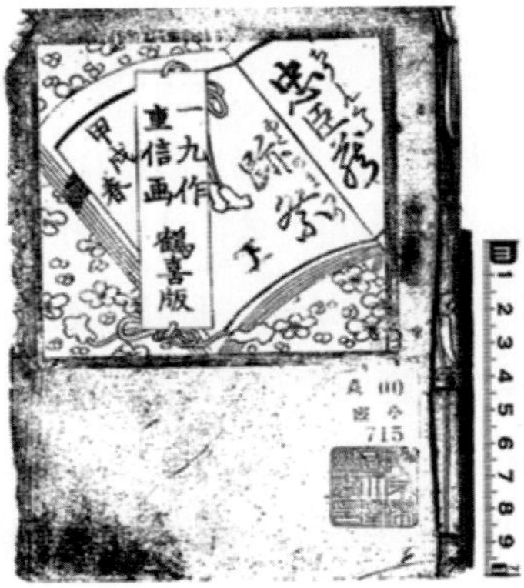

[図版 8]〔표지〕

웃음에 의한 모로노오·47무사의 죽음의 무화를 잘 알 수 있는 일례로, 여기에서 한 작품을 더 예로 들어보자.

『주신구라 아토노마쓰리(忠臣蔵跡祭)』이다.

고칸 『주신구라아토노마쓰리』의 서지사항을 조사하면 다음과 같다.

분카 11년 간행, 짓펜샤잇구작, 야나가와 시게노부(柳川重信) 画, 3권 3책(三巻三冊, 상중하 5장씩 전 15장), 고칸(국서총목록), 쓰루야 키에몬(鶴屋喜右衛門) 출판, 동경대가테문고(東大霞亭: 본고의 저본임)・동북대가노문고(東北大狩野)에 소장. 『아오본연표』「주신구라물의 이작(異作)」에 게재된 「주신구라 후제례(忠臣後祭礼), 분세이 11년판」은 이 작품이라고 추정된다. 본인이 조사한 바로는 외제・序題 모두 「주신구라 후제례」는 현재 발견되지 않고 있다.

[図版 8]의 표지 윗부분에 외제의 제첨이 발라져 있다. 이 제첨은 공들인 디자인임을 알 수 있는데, 「잇쿠작, 시게노부 그림, 쓰루키판(一九作重信画鶴喜版)」이라고 쓰인 책갈피가 꽂혀 있는 페이지를 펼치면 「주신구라아토노마쓰리 상(忠臣蔵跡祭上), 갑술년 봄(甲戌春)」이라고 기입되어 있고, 그 책 주변에 매화꽃이 흩뜨려져 있는 등 매우 공을 들인 디자인이다. 이 표지디자인과 더불어 본문의 삽화 또한 화공 야나가와 시게노부의 섬세한 묘선이 특색이라고 할 수 있다.

작품 서문에는 작자의 창작태도가 서술되어 있다. 일본어로 번각 후 해당 부분만 한국어로 번역하고자 한다.

ニウ : 自叙 「……凝てハ思案にあたはずと、遊所よりの帰るさ、嶋の財布の売無体(うらむたい)、こぢ附たる忠臣蔵、跡のまつりと題せしハ、本文(ほんもん)に洩れたる事……拾ひ集め、穿鑿抄(せんさくせう)にハ似たれども、是は新に穿った著述、一りきの蛸にはあらで、手も足もなき趣向なれど、山科の雪の朝、鳥鋭場(?てっぽうば) の雨の夕部、徒然の御眼(おめ)、さまされませうといふことしかり.」 즉 '나중의 축제라고 제목을 단 것은 주신구라 원래 본문에서 누락된 것들을 모아서 천착하고자 함이다'라고 하였다.

[図版 9]〔十二ウ・十三オ〕

원작 인형극의 결말이 그려지는 11단에서는, 눈이 내리는 밤 모로노오의 집으로 쳐들어간 유라노스케와 낭인 47명은, 그의 목을 치고 주군 엔야의 위폐에 분향하고는 주군을 모신 고묘지로 간다.

이 내용이 구사조시에서는 다음과 같이 희화화되고 있다.

12장 뒤쪽과 13장 앞쪽([図版 9])이다. 지문을 읽지 않으면 습격 장면의 일부, 즉 유라노스케 앞에 무릎 꿇고 있는 모로노오인 것처럼 보이지만, 실은 습격 때 도망갔던 가신들이 습격이 끝나고 파괴된 모로노오 저택에 되돌아온 상황을 묘사하고 있다. 굴러다니는 것은 습격 때 참수당한 목들이다. 가신들의 다음 대사에서 구사조시의 죽음을 바라보는 희화화된 사생관을 잘 알 수 있다.

> "참 큰일이었네그려. 서로 부상 안 당한 것만도 천만다행이라며 저택 안을 둘러보니, 마치 잡화점 주인이 정신 나간 것인 냥 부러진 칼이라든지, 찌부러진 창 칼집은 물론이고, 담배합, 촛대, 빗자루, 절구공이, 사라사 그릇들이 뒤죽박죽되어서 발 디딜 틈도 없을 정도이고, 그 와중에 제 동생 목이 보이질 않습니다. 어디 거기에 옆머리가 벗겨진 목은 없는지

요, 라고 수소문하고 다니는가 하면, 또 대나무 끝에 떨어진 다리를 걸쳐서는 이 다리는 누구 다리인지요, 아무래도 흙발로 나다닌 듯 하구려. 누군지 알면 좋겠는데, (해석불가) 만성습진이라도 있는지 우산 종이로 감겨져 있는 것을 보면 알 수 있으련만, 이라며 갖고 다니는가 하면, 저는 말이지요 어젯밤 소동 때 더러운 이야깁니다만, 울금색무명샅바를 잃어버렸습니다, 어디 보이지 않는지요. 말도 마시오. 나는 그보다 더 소중한 것을 잃어버렸습니다. 제 처가 어디로 도망 쳤는지 전혀 행방을 알 길이 없어서, 그것만 찾아다니다 보니까 아직 주인의 (번각불가) 조차 모르겠네 그려, 라며 허둥지둥 뛰어다니는 사람들이 많은 데, 그 중에서도 어느 눈치 빠른 남자가 여기저기 굴러다니는 목들을 주워 모으게 하더니, 일일이 머리 상투에 이름표를 붙이고, 찾으러 온 사람에게 건네준 것은, 발상은 좋은데 마치 야채가게의 수박을 보는 것 같았다"[17]

작자 특유의 황당무계한 웃음이 충만한 이 장면은, 습격이 종료된 후의 후일담으로 재창작되고 있는 것이다.

그리고 무사 앞에 엎드리고 있는 가신이 하는 말 "어젯밤 나는 단골집에 묵으러 가서 집에 없었는데, 유감이야. 내가 있었다면 제일

17) 怪我を致さぬでめでたいと、館の内を見れバ、まことに古道具屋の亭主の気の違ひし如く、刀の折れたのやら、槍の鞘のひしゃげた(押されて潰れる) のやら、煙草盆、燭台、箒、擂り粉木、更紗鉢、ごった返して足の踏み所もなき程にて、中にハ拙者の弟の首が見えません.そこらに小鬢先(こびんさき : びんのはし) のはげた首ハこざりませぬかと尋ね歩けバ、又竹の先に切り落とされたる足を引っかけ、此足ハどなたのでござる、何でも泥足で踏み歩いたと見える.これと知ったらよいにたゝみを上げて、しかも雁瘡(がんがさ : 慢性湿疹) でもあるかして、唐傘の紙で巻いてあるから、知れそうなものだと持ち歩けバ、いやわたくしめハ夜前(やぜん)の騒ぎで尾籠ながら鬱金木綿の越中褌を無くしましたが、もし見当たりハなされぬか.いや/\わたしハそれよりか大切なものを無くしました.わたくしさい(妻 ?) がどこへ逃げましたやら、一向行き方が知れませぬから、それのみにかゝって未だ主人の□□じさへ存じませぬと、うろたへ回りて、駆け歩く者ばかり多く、中にも気のきゝたる男が、そこら中に転げてゐる首ばかりを拾い集めさせ、いち/\頭の髷節(まげぶし)に札紙を付けてその名を記し、探しに来たる者へ渡してやるなぞは、思ひ付きハよけれども、どうやら前栽問屋(せんざいといや)(八百屋) のすいくわ(西瓜?) 時(どき)を見るやうなり

먼저 칼에 맞아 죽었을 것을. 모처럼 나는 마누라와 둘이서 따스하게 있었습니다."[18] 의기양양한 얼굴로 말하는 이 대사는 처참한 장면과 어울리지 않을 듯하지만, 오히려 처참한 상황을 장난스럽게 그려 보이는 것이 구사조시의 중요한 특징이기도 한 것이다. 또 다른 가신의 말 "야습 때 녀석들이 나와 맞부딪쳐 '아마'라고 지껄여대길래 이쪽에서 '자케'라고 말했더니 엄청 때려대더라."(夜討ちのやつらがおれに行き会って(でくわして) あまとぬかしたから、こっちから、ざけと言ったらごうてきに(甚だしく) ぶちのめしおった.) 이는 야습을 개시하는 신호였던 「아마가와天河」를 「아마자케甘酒」와 욕설에 빗댄 골계적 언사이며, 또 다른 가신 왈 "나는 변소에 숨어있었는데 찾아왔길래 똥 먹어라 라고 했더니 도망치더라"(おれは雪隠に隠れておったが、探しにうせたから、くそをくらへと言ったら逃げていきやアがった.)라는 말도 상황과는 어울리지 않는 비속한 대사를 뱉음으로써 처참한 장면을 장난스럽게 보이게 하는 역할을 한다고 할 수 있다.

자서(自叙)(ニウ)에서 "견강부회한 충신장, 때늦은 축제라고 제목을 단 것은 본문에 빠진 것들을 주워 모아 천착하는 것과 같지만 이는 새로운 저술(こぢ附たる忠臣蔵、跡のまつりと題せしハ、本文(ほんもん)に洩れたる事……拾ひ集め、穿鑿抄(せんさくせう)にハ似たれども、是は新に穿った著述、)"이라고 밝히고 있는 것처럼, 밤중토벌 후의 후일담을 창작해, 잇쿠의 특기인 얼빠진 웃음이 충만한 작품이며, 죽지 않는 '주신구라'가 아닌, 죽음에 대해 무관심한, 따라서 굴러다니는 목조차 웃음의 소재로 삼아 버리는 희작의 정신이 표현된 작품인 것이다.

---

18) "夕べおいらハ得手吉(お得意) へ泊まりに行って内にゐなんだから、残念な、おれがゐると一番がけに切られて死のうものを.せっかくわたくしハかゝし(女房)と二人で暖まって終はった所でござりました."

『주신구라타누키노나나야쿠』로 돌아가 보자. 죽음의 무화로부터는 벗어나나, 작자 잇쿠의 전형적인 창작법을 엿볼 수 있는 장면을 부가하는 것으로 본론의 마지막을 마무리하고자 한다. 너구리의 현저한 활약에 의해 골계감을 유발한 대표적 장면이기도하다. 『주신구라타누키노나나야쿠』〔九ウ・十オ〕는 〈十段目〉에 기초하고 있는데, 너구리는 아마가와야 기헤이(天川屋義平)의 역을 하고, 큰 궤(長持)는 토선(土船)이라는 설정이다. 포졸 및 너구리인 기헤(義平)의 대사가 본문에 삽입되어, 불알을 늘려 보이며 "남자다!" 라고 거침없이 소리치는 기헤(義平)는, 원작을 패러디함에 있어, 너구리가 변신한 것과 외설적 화제를 잘 살리고 있어 골계적이다. 원작의 포졸이 "엔야 판관의 가신 오보시 유라노스케에게 부탁받아, 무구・마구를 조달하고 가마쿠라(鎌倉)에 보낸다는 소식, ……피할 수 없다 팔을 뒤로 해"가, 본 고칸에서는 "오보시 유라노스케에게 부탁받아, 토선(土船)을 만들어, 무구・마구를 가마쿠라에 보낸다는 소식, 피할 수 없다 팔을 뒤로 해"라고 하는 식으로, 원작의 본문은 거의 그대로 인용된다. 또, "너구리 그들을 제치고 토선 위에 털썩 앉아(狸大勢をはねのけ突き退け、土船の上にどっかと座り)"라고 하는 표현도, "기헤는 덤벼들어 하인을 물리치고 뚜껑위에 털썩 앉아(義平は飛びかかって下僕を蹴退(けの)け、蓋の上にどっかと座り)"라는 원작의 표현에 기초한 인용이라 할 수 있겠다. 이처럼 대사는 원작을 답습하며 패러디하는 것으로 만들어져 있음을 알 수 있다. 너구리인 기헤(義平)의 대사는 외설적인 끝맺음 익살(불알)로 끝을 낸다.

화면에는 토선을 만들기 위한 도구 '인두'와 데이타(手板)를 양손에 들고, 토선에 올라타서 거침없이 소리치는 너구리인 기헤가 어깨를 벗은 모습으로 그려진다. '딱딱산'에서 토선을 만든 것은 토끼, 속아서 토선에 탄 것은 너구리인데, 본 작품에서는 이중으로 걸려 있는

것이다. 원작에 충실한 삽화로 패러디의 재미는 없다. 「사방의 쇠막대(四方の十手)」라고 하는 원작 그대로, 쇠막대를 손에 쥔 채 포리들이 기헤를 둘러싸고 있다. 원작에서 기헤는 선박상인으로, 큰 궤안에 무구를 넣어 운반한다고 하는 설정이므로, 큰 궤를 「배」로 변용한 것은 이치에 맞으며, 토선(가라앉는다)이라는 점이 골계를 노리는 포인트일 것이다. 원작의 세계에 '딱딱산'의 세계를 섞어 패러디하고 있는 것이다.

기헤가 자백할까 하지말까 고민하고 있는 사이에 "가만히 있을 수 없으니까 따끈한 청주 한잔 마시자. 자 대답은 어떠한가." 라는 대사 외에도, "좀 전의 술이 식어버려 완전히 기운이 없어졌다. 어서 얌전하게 팔을 뒤로 돌려라. 싫다면 안돌려도 돼. 아아 귀찮아. 아무래도 상관없어. 나는 졸립네 그려."[19]

이와 같이 긴박한 상황, 과장된 표정에 어울리지 않는 포리들의 잡담으로부터 웃음을 도출하는 수법은, 희작자 짓펜샤 잇쿠의 상투적 수법, 예를 들면 요괴물 구사조시에서 적을 향해 "도망치지 마"라고 해야 할 것을, "도망쳐 줘"라고 하는 식의 수법 중 하나이다.

4. 맺음말

본고에서 살펴 본 고칸들의 작가인 짓펜샤 잇쿠의 발문을 통하여 구사조시의 창작관을 엿볼 수 있으므로, 『주신구라아토노마쓰리』 14장 뒤쪽과 15장 앞쪽을 번각, 번역해 보겠다. 삽화 배경은 정월명절에 쓰이는 물건을 넣은 나무물통과 주신구라 의사의 투구이다.

---

19) さっきの酒が冷めてしまったら、さっぱり元気がなくなった。さあ/＼尋常に腕回せ。いやなら回さずとよい。アゝ面倒な。どうでもよいはいな。おいらは寝ぶたくなったわへ。

> "중국의 예양, 일본의 오보시라고 쌍벽을 이루는 그 이름 지금도 남아 있어 용맹하며 의로운 마음의 거울이 되고 있음은 무가의 공훈이라. 이 미덕을 장난삼아 농하는 것은 분별없어 보이지만, 관대한 마음으로 보면 신불을 팔아서 생업으로 삼는 것과 다를 바 없다. 이는 그 여광에 의해 사람들을 크게 이롭게 하니 비범한 후덕함이 고마울 따름이다. 특히 연극 중에 봄의 소가, 가을의 충신장은 항상 손님들이 만원사례를 이루어서 출자자를 두둑하게 하고 극단을 활기차게 하여 관객의 눈을 끄는 효능이 있는지라 오로지 이 연극의 빠른 약효를 본받고 싶을 따름이다. 그런데 희작자가 중개소의 간판 하에 물건을 파는데 환약으로 만들기도 하고 가루약으로 만들기도 하고 연고로 만들기도 하는 등 굽거니 삶거니 다양하게 궁리하는 가운데 누락된 것을 여기에 모았으니, 희귀하기도 하면서 어처구니없기도 하다. 거짓말인가 싶지만 거짓도 아니며 정말인가 싶지만 정말도 아닌, 거짓말에서 나온 정말인지 정말에서 나온 거짓말인지 모르겠다."[20]

『가나데혼 주신구라』 패러디물 창작에 임하는 태도를 장황하게 부연설명하고 있는 이 내용은 즉 '희작관'이기도 하다. 본 작품은 작자 잇쿠의 창작태도를 엿볼 수 있는 절호의 작품으로 평가할만하다.

---

20) (跋文)「唐土(もろこし)の豫讓日本(よじゃうにっぽん)の大星と一對(いっつい)の名今に残りて勇壮義心の鏡ハ曇らぬ武門(ぶもん)の功(いさほ)とや。此美徳を戯(たはふれ)に慰(い)する事こころなきに似たれど、寛仁大度(くわんじんたいと)の器より視れバ神仏を売(うり)て生業(なりわい)とするものにひとし。是其余光によりて人に益ある事大なるハ凡(ぼん)ならぬ厚徳(かうとく)の有りがたさ。就中戯場狂言(しばゐけうげん)に春の曽我より秋の忠臣蔵いつも独参湯(どくじんとう)にして金主(きんしゅ)の脾胃(ひゐ)をつよくし一座の元気を増(まし)見物の気をひきたつる功能(かうのう)ひとへに此義士の精法薬力(せいほうやくりき)の速(すみやか)なる事仰(あおぐ(ママ))ぐべし尊(たっと)むべし。しかるをさうしの戯作者が取次(とりつぎ)所の看板をかけて是を売るに丸薬(がんやく)とし散薬(さんやく)(こなぐすり) とし又煉薬(ねりやく)として煮たり焼たりさま／＼の趣向の内もれたる事をこゝに拾ひ集(あつむ)れバあやしうも又馬鹿／＼しけれ。食言(うそ)かと思へバ嘘にもあらず実(まこと)かと思へバ誠にもあらず嘘から出た誠かまことから出たうそかわからず。」

한편, 주신구라물 작품군은 에도시대부터 조루리・가부키뿐만이 아니라, 구로혼(黒本)・아오혼(青本) 이래의 에도희작, 그 밖의 소설류에까지 사용되는 대중적 소재이다. 21세기의 이 시대에도 『가나데혼 주신구라』가 국립 분라쿠 극장(国立文楽劇場)(2004년 11월)에서는 전막(토오시)으로, 五段目, 六段目를 중심으로 오사카 쇼치쿠좌(大坂松竹座)(2006년 1월)에서 상연되고, 주신구라 외전물 『충신연리의 화분(忠臣連理の鉢植)』『마쓰우라의 북(松浦の太鼓)』이 각각 2005년 9월과 같은 해 12월 가부키좌에, 『호리베야베(堀部彌兵衛)』『시미즈 잇카쿠(清水一角)』『마쓰우라의 북(松浦の太鼓)』이 2007년 12월 국립극장의 무대에 올랐다. 이 뿌리 깊은 대중적 소재에 착목하여 생애에 걸쳐 계속 집필한 잇쿠야말로, '대중소설가'란 이름에 걸 맞는 존재가 아닐까.

> "구사조시라고 말해도 기뵤시와 고칸과는 질에 있어서도 소재에 있어서도 완전히 다른 것이다. 내용으로 말하자면 요미혼에 보다 가깝고, 게다가 문장은 평범하고 속되며 비록 골계미는 없지만 재미있는 그림이라도 보여주자고 하는 이 구사조시의 형식은 교덴(京伝)의 자질에 맞았던 것이 아닐까."[21]

이라는 논평에서도 알 수 있듯이, 고칸은 기본적으로 웃음과는 관계없는, 전기적 경향이 강한 장르이다. 그러나 어떠한 장르에 있어서도 '골계성'을 잊지 않는 것은, 역시 잇쿠의 특색이고, 창의・재능이라 할 수 있다. 따라서 본 작품은 진지한 내용의 장편 고칸이 행해지고 있던 시대에, 10장이라는 단편 기뵤시의 체제를 흉내 내어 '딱딱산'이

21) 「草双紙といっても黄表紙と合巻とは質においても題材においてもまったく異なるものである。内容からいえば読本により近く、しかも文辞は平俗であり、滑稽味こそないものの絵図の面白さでも見せようという、この草双紙の形式は京伝の資質に合っていたのではないか」 清水正男(1998) 前掲論文.

라는 옛날이야기를 주신구라의 틀 속에 짜 넣으면서 집필한 이색의 소품으로, 그 문학사적 위치를 되돌아보지 않으면 안 된다.

원래 주신구라물 기뵤시는 비극인 『가나데혼 주신구라』를 해피엔드로 하고 싶다는 대중의 열망을 담아서 출발했기에, 대개 엔야 판관도 의사들도 죽지 않는다. 본 고칸 『주신구라타누키노나나야쿠』에 있어서도 마찬가지로 그 누구도 죽지 않는다. 이는 너구리가 원작의 장면을 살리기 위해 세심하게 신경을 써서 순발력 있는 행동을 보였기 때문이다. 죽은 척 해서 주위 인간을 속이는 것이 너구리의 역할·임무인 것이다. 잇쿠의 주신구라물 기뵤시 작품군의 다수가, 동음이의어(地口)·가케고토바(掛詞)·연어(縁語)의 나열 등과 같은 언어유희에 의한 웃음을 의도했던 것을 졸고에서 논한 적이 있지만, 본 고칸 『주신구라타누키노나나야쿠』에 있어 말장난에 의한 골계성은 전무에 가깝다. 그 대신 대사 및 본문과 사건을 원(原)이야기에 기반하여 패러디하고, 그 견강부회에 의한 웃음을 추구하려 했다. 게다가 잇쿠 작품의 외설적 취향이, 거의 매 장마다 등장하여 비근한 웃음을 주고 있다. 이상과 같이 에도희작 최대의 정신 '웃음'의 정신이 '죽음'까지 무화하기 위해 이야기에 짜 넣은 작자의 장치를, 고칸의 문장과 삽화에 밀착하며 읽어내는 작업을 통해 명확히 한 바이다.

[참고문헌]

喜多川守貞著・朝倉治彦編, 『守貞謾稿』, 東京堂出版.

北村一夫著(1985), 『江戸芸能落語地名辞典』, 六興出版.

中村幸彦, 岡見正雄, 阪倉篤義編(1982-1999), 『角川古語大辭典』, 角川書店.

中野三敏著(1987), 『江戸名物評判記集成』, 岩波書店.

中山尚夫著(2002), 『十返舎一九研究』, おうふう.

高木浩志(2004年 11月), 『国立文楽劇場96回公演』, 解説書.

立命館大学アート・リサーチセンター公開アーカイブ, 「歌舞伎・浄瑠璃役名データベース」.
前田勇編(1974), 『江戸語大辞典』, 講談社.
粕谷宏紀編(1995), 『新編川柳大辞典』, 東京堂出版.
清水正男(1998), 「山東京伝の趣向と転用ー読本から고칸へ」, 『江戸文学』 十九号, ぺりかん社.
拙稿(2003年 5月), 「十返舎一九の「忠臣蔵もの」黄表紙展開史」, 『語文研究』第九十五号, 九州大学国語国文学会.
朝倉治彦ほか編(1988), 『日本名所風俗図会』別巻風俗の巻, 角川書店.
渥美清太郎編纂(1928-1932), 『赤穂義士劇集』日本戯曲全集十五, 春陽堂.
板坂則子(1993), 「馬琴の短編合巻と読本の趣向について」, 『読本研究』 第七輯上套.
植原路郎著(1972), 『蕎麦辞典』, 東京堂出版.
柳原敏雄編(1985), 『日本料理秘伝集成』第十巻, 同朋社出版.
吉丸雄哉(2002年 10月), 「式亭三馬作『田舎芝居忠臣蔵』についてー『田舎芝居』の系譜ー」, 『日本文学』五十一号, 日本文学協会.
浜田義一郎監修(1997), 『江戸文学地名辞典』, 東京堂出版.
羽鳥哲哉(2005), 「生と死とユーモアー笑いによる死の無化は可能か、文学作品の場合ー」, 『笑いと創造』第四集, 勉誠出版.
服部幸雄執筆(1990), 『忠臣蔵』第四巻, 赤穂市総務部市史編纂室編集.
服部幸雄編著(1994), 『仮名手本忠臣蔵』歌舞伎オンステージ8, 白水社.
『国書総目録』(1989-1991), 岩波書店.
『増補続青本年表』(明治39年), 新群書類従第七巻.
『原色浮世絵大百科事典』(1982), 大修館書店.
『週刊朝日百科日本の歴史』六十九(1987).
『広辞苑』

10 희작자 잇구의 다복녀 취향

에도희작의 삽화에서 보는 잇구의 다복녀 취향에 대하여[1)]

1. 서 론

합권이란 페이지마다 그림과 글이 들어가는 에도희작의 한 장르로서 19세기 초반에 융성한 어른용 그림소설책이다. 분량적으로는 단편소설에서 점차 장편소설로 주류가 바뀐다. 짓펜샤 잇구는 합권의 양산작가이나, 「滑稽本」이라고 하는 장르를 도출한 그 인만큼 합권에 있어서도 「滑稽・웃음」은 독자를 매료하는 장점으로 작용하고 있다고 생각한다.

그 일례로서 본고에서는 文政三年刊 合巻『色男大安売』(いろおとこおおやすうり、勝川春扇画)[2)]를 주제재로 하여 삽화를 축으로 잇구의 웃음을 해독해가고자 한다. 본 작품은 산토 교덴(山東京伝)의 황표지『江戸生艶気樺焼』(えどうまれうわきのかばやき、天明五年刊、自画作) 이래의 엔지로(艶二郎)물[3)] 계보를 잇고 있다. 그러나 이 작품이 패

---

1) 「江戸戯作の挿畫からみる一九のお多福趣向について」『일본어문학』 30, 2006년 9월.

2) 텍스트로서 ① 国立国会図書館所蔵本 ② 静岡市立中央図書館所蔵木村文庫本 ③ 名古屋蓬左文庫本은 同版으로 판단되므로 적절하게 참조하면서 이용한다. 翻字는 필자가 쉼표를 찍고 現代仮名법으로 고쳤다. 図版 引用은 国会本에 의한다. 書誌的事項은 拙稿 「『色男大安売』 考一翻字と解題〈Ⅰ〉」(『文学研究』 94号, 日本文学研究会, 2006年 4月)를 참조하기 바란다.

3) 『黄表紙・川柳・狂歌』(新編日本古典文学全集 79, 小学館, 1999年) 解題에 艶

러디하고 있는 원전을 모르는 독자도 웃을 수 있는, 나아가 본문·대사를 읽지 않더라도 우스운, 따라서 즉물적인 화면을 구축하고 있는 몇 가지 삽화로부터 베스트셀러 작가 잇구의 원동력을 찾고자 한다. 그와 같은 삽화를 해독하는 키워드로서 본고에서는 〈다복녀〉를 중심으로 고찰한다.

2. 다복녀의 취향

여자 무리·일행 중에 다복녀[4]인 추녀(큰 입에 두꺼운 입술, 납작

二郎물黄表紙에 대한 소개가 있음. 『江戸生艶気樺焼』는 염문을 퍼뜨리고 싶은 탕아 艶二郎의 갖가지 愚行譚.

4) 오타후쿠 [御多福]: ① 「오카메」와 같음. 「오후쿠」라고도. ② 醜女. 또는 여자를 매도해서 하는 말.
오카메(お亀): ① 이마와 양쪽 볼이 높고 코 낮으며 웃는 얼굴을 한 여자. 또는 그것을 흉내 낸 가면. 오타후쿠. 오후쿠. ② 다이카구라(太神楽)에서 오카메의 분장을 하고 골계스런 동작, 재담(軽口) 등으로 관객을 웃기는 배역(以上 『江戸語大辞典』 前田勇, 講談社, 1974年).
오카메: 얼굴아래 쪽이 부푼 둥근 얼굴로 짱구에다가 낮은 코, 볼이 튀어나온 여자 가면. 쳐진 눈에 온화한 웃음을 띤 표저에는 가련한 애교와 건강한 성적매력이 있다. 도리노이치(酉の市)의 구마데(熊手)에 장식되듯이 그 복스러운 얼굴은 招福의 相이라고 한다. 江戸時代中期以来, 正月의 복웃음(福笑い)의 얼굴에도 사용되고 있는데, 이 또한 웃는 얼굴에 복이 온다(笑う門には福来る)라고 하는 초봄의 축하와 관련하고 있는 듯하다. 狂言가면 중에 오토(乙)라고 하는 醜女·처녀귀신(姫鬼)등의 배역에 사용하는 가면이 있는데, 그 형상은 오카메와 비슷하다.……文楽의 골계(三枚目)배역 중 오후쿠(お福)머리는 오토(乙) 및 오카메에 근접한 표정을 한다. 民族芸能에서는 오카메 가면을 사용하는 것이 각지에 있다. 江戸의 사토카구라(里神楽)에서는 下女역할이나 효토코(ひょっとこ) 시늉을 하는 남자 골계가면과 짝을 지어 등장해서 우스꽝스러운 동작으로 웃음을 준다.……太神楽系의 카구라사자무용(神楽獅子舞)에 수반되어서 오카메(おかめ)·횻토코(ひょっとこ)의 비외한 연기를 섞은 춤이 있으며,……이는 子孫繁栄·豊作祈願으로부터 출발한다. 한편 오카메는 여성에 대한 멸시어인데, 近世에는 이세(伊勢)·오와리(尾張)地方에서 역참창녀(宿場女郎·飯盛女)를 오카메라고도

한 코, 둥글고 살집 좋은 얼굴윤곽, 이중 턱으로 그려짐 : 『色男大安売』 8장 앞면에 다복녀를 연상시키는 문구 있음[5])를 한사람 섞는 것은 잇구 삽화의 특징이라고 할 수 있을 것 같다.

20대 초반 무렵 오사카에서 지카마츠 도난(近松東南)의 문하생이 되어 지카마츠 요시치(近松余七)라고 하는 이름으로 죠루리(浄瑠璃)도 집필하고 있었던 짓펜샤 잇구이다. 이후 에도 희작계에 등단하여 베스트셀러 작가로서 명성을 얻게 된 창작술은 이 오사카 시절 개척, 연마된 것이라고 보는 것이 자연스러우리라. 잇구 작품에 장르 불문하고 면면히 흐르는 대중적 골계성은 오사카에서 작가활동을 시작했기 때문에야말로 익힌 기술이라고 생각할 수 있다. 그와 같은 잇구의 진가(골계를 자아내는 취향)를 엿볼 수 있는 소재 중 한가지로서 '다복녀' 또한 해독하는 게 가능하지 않을까.

원래 인형극(人形浄瑠璃)에는 '오복'(於福:오후쿠)이라고 하는 머리[6])가 존재하는 것으로부터도 추측할 수 있으리라. 『고모치야맘바(嫗

했다. (本作에서는 絶世美人의 이름이 오카메라고 하는 아이러니) 『日本社会民俗辞典』(日本民族学協会, 誠文堂新光社, 1960年完.)

구마데 : 아사쿠사토리노이치(浅草酉の市)에서 파는 부적(縁起物). 熊手에는 보물선(宝船)・볏섬(米俵)・금박(金箔)・오타후쿠가면 등을 장식한다. 『川柳大事典』(東京堂出版)

5) 「わたしハこんなに、うつくしいけれど、女だけで、だれもはだかで、もらはふとハ、いはないも、どほり。もらったところが、きりやうのよいばかりで、はながひらたくて、三つくちで、こびんさきがはげてあって、めがさんかくで、●くちがひろくて、そのかはり、いろがまっくろで、そしてはりしごとがきらいで、かみもじしんにハ▲できず、ぶしやうもので、あさねがすき、といふものだから、はだかでハもらいてがないはづだ。」(引用文中의 傍点・括弧内筆者의 보충. 以下同). 자신의 용모가 뛰어남을 자랑한다고 하는 것이 결국 추녀라는 것, 게으름뱅이라는 것을 나열하고 있다. 대사의 처음과 마지막이 논리에 부합하기 때문에 담고 있는 말이 더욱더 역설적으로 들린다. 滑稽本風억지논리. 画面的으로는 이 말을 하는 하녀의 용모는 미인에 가깝다. 중년여인을 표상하는 도메소대모습(留袖姿).

6) 오후쿠 [福] ; 文楽人形머리. 젊은 여자머리로 납작코의 골계스런 얼굴을 한다.

山姥)』(正徳二年1712년七月頃大阪竹本座初演, 近松門左衛門作) 「유곽이야기의 단(廓噺の段)」에서 약혼자의 안전을 걱정해서 비탄에 잠긴 오모다카아가씨(沢瀉姫)를 위로하려고 하는 여관(腰元) 중 한명인 사라시나(更科)의 목이 '오복'(お福)으로 골계역(三枚目)으로서 애교있는 머리이다(国立劇場150回文楽公演2005年2月 팜플렛참조). 또는 『무용극 경단장수(景事 団子売り)』(二世桜田治助作清元『玉兎月影勝』를 義太夫化해서 幕末부터 明治初年頃만들어진 『音冴春臼月』가 원래 제목)에서는 길거리에서 경단을 파는 부부가 장단에 맞추어 노래하며 떡 찧는 모습을 피로한다. 그 도중 오우스(お臼)가 '오복'(お福) 가면을 쓰고 경쾌하게 춤을 추는 장면이 있다.

『저승의 파발꾼(冥途の飛脚)』(正徳元年1711년大阪竹本座初演、近松門左衛門作)「淡路町의 段」에서 오복 머리의 하녀 '만'이 발단에 등장, 가메야츄베(亀屋忠兵衛)를 유혹하지만 거절당하는 골계스런 역할을 보여준다 (国立劇場151回文楽公演2005年5月). 또는 에도 실조작인형(江戸糸操り人形)[7]이라고 하는 가설흥행연극(見せ物) 중에 「술주정뱅이(酔いどれ)」[8]가 있는데, 술에 만취한 아저씨가 춤추는 도중

이른바 오카메로 여자 골계역이라고 할 수 있다……『仮名手本忠臣蔵』九段目의 下女오린,……등의 단역에 사용한다. 顔面의 움직임은 없다. 『演劇百科大事典』平凡社.

浄瑠璃 『仮名手本忠臣蔵』九段目戸無瀬・小浪를 안내하는 由良之助집안의 하녀 린의 머리는 「오후쿠」.

7) 南京操 ; 실로 조정하는 ……작은 인형을 사용한다. 江戸時代初期부터 보인다. 손으로 조종하는 인형(手遣い人形)의 발달에 압도되어, ……그 후에는 실조정(糸操)라고 불리며 인기를 되살렸지만……가설흥행예능(見世物芸)이 되고 말았다. 『演劇百科大事典』平凡社.

8) 2005年 3月 27日 江戸東京博物館에서 「江戸博寄席, 江戸糸あやつり人形」上條充上演.

술주정뱅이(酔いどれ) ; 「축제에서 귀가하는 남자가 지나치게 마신 나머지 잔뜩 취해버립니다만, 장단(お囃子の調子)에 흥겹게 춤추기 시작합니다. 이 춤에서는 일본에 옛날부터 전해 내려오는 인형조작 '순간적으로 변하기(引抜き) 기술을 피

에 복스런 다복녀(おかめ) 목으로 바꾸어 관객을 웃게 하기도 한다. 이와 같이 일일이 예를 들 수 없을 만큼 연극과 다복녀의 관계는 깊다하겠다.

2.1 주역인 과부 다복녀

잇구 작품 삽화에 있어서 여자들 무리 중에 다복녀인듯한 여자를 한명 자연스럽게(또는 일부러) 섞음으로써 웃음을 자아내게 하는 방법이 있다. 이 경우는 대체적으로 대사조차 부여되지 않는 단역에 불과한 다복녀가 많으므로, 화면에서 이를 발견하고 그 장소에 부적절한 위화감을 느끼는 독자에게만 흥취를 불러일으키는 역할을 하는 측면이 있을 것이다. 후술하는 다섯 예는 전부 이에 해당된다.

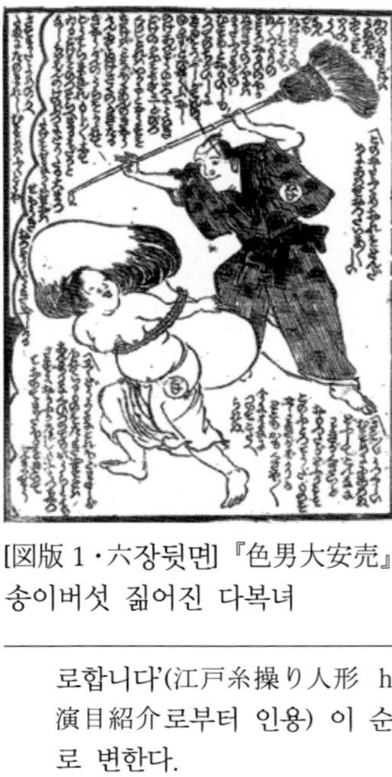

[図版 1・六장뒷면] 『色男大安売』 송이버섯 짊어진 다복녀

그런데 『色男大安売』에서는 '다복녀'(お多福)라고 하는 단어를 본문에서 명확하게 내세우면서 주인공으로 하는 에피소드가 들어있다.[9)]

로합니다'(江戸糸操り人形 http://www3.plala.or.jp/yana-co2/edoito/edoito-01.html 演目紹介로부터 인용) 이 순간적으로 변하는 기술로 주정뱅이는 오카메의 머리로 변한다.

9) 「うはきごけ(は)……何とぞぬけさくのかたへえんづきたく、こゝろやすきいしゃぼくあんをたのみけれども、ぬけさくハもとより……きりゃうごのみなれバ、ごけの**おたふく**なか／＼ぬけさくのきにハ入まじと、ぼくあんさくしゃ(策者)にて、心やすきところのきりゃうよきむすめ、……此うはきごけ、きりゃうハ、ふためともみられぬ、ひけものなれども、……もじ／＼している、ごけをひっとらへ、まるはだかとなし、ちゃばんのけいぶつにとりたる、大まつたけを、せなかにせおはせ、ほうきおっとり、たゝき出しける。」

[図版 1]은 속치마 한 장 차림의 알몸인 채 거대한 송이버섯을 짊어지고 도망가는 과부 다복녀(배가 나온 뚱뚱한 모습. 웃는 얼굴)를 내쫓으며 빗자루를 휘두르는 누케사쿠, 라고 하는 구도의 골계스런 삽화이다. 화면만 보면 외설적인 웃음을 노린 황당무계한 취향으로 보이지만, 본문을 읽어보면 실제로 있을 수 있는 상황[10]이었음을 납

---

10) 도안은 황당해 보이지만 실은 의외로 時代風俗에 입각한 도안이었을 가능성이 있다. 抜作는 茶番의 경품으로 하려고 커다란 송이버섯을 만들어 두었던 것인데, 『茶番狂言早合点』二編(式亭三馬作, 文政七年刊)에 「다치마와리 교겐(立ち廻りの狂言) 중에서 유모어 있는 것을 니와카교겐(俄狂言)이라고 한다. 경품을 내는 것에 주안점이 있어서, 그것에 다양한 취향 논리들을 견강부회하여 웃게 하는 것을 챠반(茶番)이라고 한다」라고, 경품을 내거는 茶番이 행해지고 잇었음을 우선 확인할 수 있다. 그 송이버섯은『無事志有意』「歳暮年の市」(談洲楼(烏亭焉馬)作、寛政十年刊、日本古典文学大系 『江戸笑話集』所収。)에 「어느 저택에서 아사쿠사 시장의 선물로 종이로 만든 송이버섯을 여관들에게 물건 구입자로부터 진상한다(あるお屋敷にて、浅草の市の土産に、張子の松茸を、奥女中へ小買い物方より進上す。)」라고 있듯이 종이로 만든 송이버섯(張子の松茸)을 이미지한다면 이 [図版 1]의 화면도 납득할 수 있으리라.
明治시대 東京에 남는 江戸風俗을 그림으로 표현하고 그것에 설명을 덧붙인 伊藤晴雨著 『江戸と東京風俗野史』(宮尾與男編注、国書刊行会、2001年)「縁起物」項目에 「부적인 가메이도의 츠룬보(縁起物の亀井戸の吊ン坊)」가 그려져, 낚싯대에 매달린 송이버섯으로부터 남자가 머리와 손발을 내밀고 일장기를 흔드는 인형 외에, 웃는 얼굴의 여자가 송이버섯에 달라붙어있는 풍경(風鈴)형태 인형이 있다. 그 밖에 「종이로 만든 송이버섯을 모시는 부적선반(張子の松茸を祀る縁起棚)」도 그려진다. 編著者의 注에 「千客万来의 장사번창을 기원해서 후쿠스케(福助)・오타후쿠(お多福)・마네키네코(招き猫)・에비스다이코쿠(恵比寿大黒) 등을 선반에 두거나 남근의 형태를 한 金精大明神을 모시는 경우가 많다. 신사불각의 縁日이라든지 年末의 浅草寺 도시노이치(年の市)등에서 팔리며, 川柳에도 "신전의 부적 사찰에서 사네(神棚のゑんぎ仏の庭で買)"라고 읊어진다」。広重 그림 『絵本江戸土産』 四編(嘉永三年1850刊)권두그림에도 대나무장대 같은 막대기에 꽂힌 커다란 송이버섯에 웃는 얼굴의 여자가 달라붙어 있다. 이와 같이 실제로 팔리고 있던 縁起物에 作者一九는 도판과 같은 힌트를 얻은 게 아닐까. 아울러 아사쿠사도리노이치(浅草酉の市)에소 판 縁起物이었던 熊手에는 오타후쿠 가면과 같은 장식을 붙였다. 이와 같은 시대배경에 더하여 외잡한 재미를 추구한 도상임을 말할 나위도 없다. 추녀를 표현하는 관용어구 중에 「송이버섯 짊어진 오타후쿠(まつだけ背負った御多福)」가 있다. 기타 상세한 논설은 拙稿「『色男大安売』考－翻字と解題〈Ⅰ〉」 참조를 바란다.

득하게 된다. 즉 황표지와 같은 넌센스한 세계가 아닌 것이다.

알몸의 다복녀가 도망 다니는 취향은 충신장물 황표지 및 우키요에에서도 찾아볼 수 있다.

『木秀師直開帳』(おっかぶせもろのおかいちょう、寛政九年、一九作[図版 1－1]:東京都立中央圖書館藏本(59－12, M.25－64－17)의 마지막 페이지에 그려지는 開帳그림에는 습격 당시 도망 다녔던 사람들과 충신장의 소도구가 보물로서 나열된다. 「사요고로모단자쿠(さよ衣短冊)」를 중심으로 양측에는 「다복녀벤텐(於多福弁天)」(속치마모습, 각등을 들고 있음)과 「맹인보살(座頭菩薩)」이 서 있다. 그 단자쿠가 걸려있는 문지방(鴨居)에는 알몸 남자가 필사적으로 매달려 있다(승려의 대사에서 그를 「나 몰라라 관음(尻くらい観音)」이라고 소개한다). 그 남자의 샅바가 장문편지처럼 아래에 늘어뜨려져 있다. 이 세 명의 도안은 도라이 산나(唐来参和)가 3년 전에 간행한 『大道具䲔幕無』(だいどうぐしゃちでまくなし:東京都立中央図書館藏本67 7, M.25－69－11) [図版 1－2]를 그대로 답습하고 있는 것으로 생각된다. 산나의 그것에는 엔야한간(塩冶判官)이 칼부림하며 쫓아오자 웃으면서

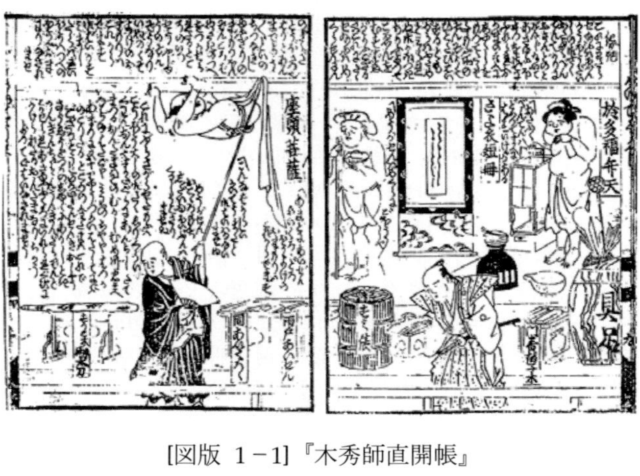

[図版 1－1]『木秀師直開帳』

도망치는 알몸 맹인과 하녀(각등을 들고 있다)가 그려져 있었다. 또한 마치 편지인 것처럼 유라노스케(由良之介)가 손에 들고 보고 있는 것은 찻집 문지방에 매달려있는 남자의 살바가 아래로 늘어진 것이었다.

『木秀師直開帳』의 이 그림은 「忠臣蔵開帳톤다霊宝、故十返舎一九作」(「かわら版忠臣蔵の噂」『図説忠臣蔵』로부터 그림確認 [図版 1－3]) 라고 하는 광고전단지(瓦版)에도 그대로 전용되어진다.

[図版 1－2] 『大道具鯱幕無』

[図版 1－3] 「忠臣蔵開帳とんだ霊宝」

[図版 1－4]『画事素人狂言』

『画事素人狂言』(えごとしろうときょうげん、享和元年、一九作 [図版 1－4] 東京都立中央図書館蔵本:59－9, M. 25－64－14)의 습격장면에는 산나의 『大道具鯱幕無』(寛政六年刊)이래 이와 같이 잇구의 충신장물에 종종 모습을 보이게 된 상반신 알몸의 살찐 하녀가 각등을 가진 채 '{갈팡질팡} 도망친다 예 예 예 말이 아니다 말이 아니다'({うろたへ} にげるハイ／＼／＼馬でなし／＼)라고 동음이의어를 말하면서 웃는 얼굴로 도망친다.

우키요에 「新板浮絵忠臣蔵夜討之図」(独酔舎歌川国直筆(文化九～天保十五)地本問屋丸屋文右衛門梓, 東京足立区立郷土博物館蔵, 이하 우키요에는 특기하지 않는 경우는 전부 同館所蔵)에 맹인의 손을 잡아끌며 도망가는 속치마차림의 하녀(다복녀 같음)가 멀리 조그맣게 그려진다. 가장 먼 곳의 군중은 흑점처럼 그려지는 외에, 천장에 붙어있는 샅바차림의 남자, 기둥에 매달려있는 남자의 샅바를 밑에서 포졸이 잡아당기는 등, 잇구의 황표지 습격장면과 유사한 부분이 있다.

우키요에 「浮世忠臣蔵十一段目の図」(歌川豊国画、大てん馬三丁目吉兵衛板)에서도 기둥에 매달려있는 남자의 샅바를 포졸이 잡아당기

[図版 1－5]『仮名手本忠臣蔵』

고 다복녀 같은 속치마차림의 하녀가 도망간다.

흑본 『仮名手本忠臣蔵』(鳥居清経作画・刊年不明、国文研마이크로필름이용, 바크레미츠이소장 [図版 1－5])「十一たん目」에도 담을 넘으려고 하는 종복의 엉덩이를 긴 창으로 찌르고(피가 흐르고 있음), 상반신을 벗은 살찐 하녀가 각등을 가진 채 웃는 얼굴로 도망가고 있다.

이와 같이 '도망 다니는 알몸의 다복녀 하녀'는 충신장물에 있어서 일종의 화제(画題)로서 정착한 느낌이 있는 것이다.[11] 죠루리(浄瑠璃)작가로서 출발한 잇구가 충신장물에 재빨리 주목하여 양적으로도 압도적인 숫자의 충신장물 작품들을 간행하고 있었던 만큼, '송이버섯 짊어진 다복녀'(まつだけ背負ったお多福)라고 하는 형용문구를 사용하면서 칼 대신에 빗자루를 휘두르는 누케사쿠에게 쫓기도록 조작

11) 崔京国『江戸時代における「見立て」の研究』(2005, J&C)에, 文化九年七月中村座公演『太平記忠臣講釈』의 絵本番付가 수록된다. 그「十一段目大切」에 도망치는 알몸 하녀와 맹인이 등장하는 것으로 보건데 실제로 상연되었을 가능성이 높다고 서술된다. 본고에서 거론한 우키요에라든지 연극그림책(芝居絵本)類와 동 장면의 존재는 위 논설의 증거가 될 수 있다.

한 것이 아닐까. 거기에 잇구의 얼버무림(茶化し)정신이 보이는듯하다.

그리고 합권의 본 에피소드의 주인공인 과부 다복녀에게는 성격까지 부여하고 있다.

> (누케사쿠) 「이 다복녀 년[추녀 년]! 내게 뜻밖의 변을 당하게 하다니. 원통한 지고~」 (누케사쿠) 「거참, 아름다운 아가씨에게 어울리지 않네, 어째서 이렇게 겨드랑이 악취가 심한 걸까 싶었는데, 그럼 그렇지, 이런 뚱뚱보 여자인 것을. 젠장, 겨드랑이 냄새뿐만 아니라, 여기저기 다 냄새야 냄새~. 아직도 냄새가 코를 찔러서 못 참겠군.」[12]

누케사쿠의 이와 같은 모욕적인 언사에도 굴하지 않고, 다음과 같이 웃어넘기는 실로 건강한 다복녀이다.

> (과부) 「아아~ 욕심이 과하군요! 이토록 반해있는 저를 내쫓다니 너무하구려. 달려들어 물고 늘어지는 한이 있더라도 이 원한 풀지 않고 가만둘 수 있으랴. 아님, 이제 (누케사쿠는) 내버려두고[상관 말고] 또 다른 사내나 알아볼까.」[13]

이 다복녀의 재빠른 사고전환이 골계스러우며 바람기 다분한 과부의 본성을 드러내는 꽁트로 이 소란은 수습되는 것이다.

2.2 단역의 다복녀

『色男大安売』의 표지는 가부키 「助六」 장면을 패러디해서 그려 넣

---

12) (ぬけ作)√このおたふくめ、おれをとんだめに、あはせおった。いま／＼しい。(ぬけ作)√さて／＼うつくしいむすめに、にあはぬ。どふしてこんなにわきがくさい、とおもったが、どふりこそ、このふとってうだものを。エヽわきがばかりか、とこもかも、くさや／＼。今にはなについて、こたへられぬ。

13) (後家)√エヽどうよくな。これほどわたしが、ほれているものを、たヽき出すとハ、あんまりな。くひついても此うらみ、はらさずにおかふか。たゞしもふ、うっちゃっておいて、またほかを、きいてみませう。

[図版 2・表紙]『色男大安売』 스케로쿠와 다복녀

은 그림표지이다. 당시 '미남'의 대명사이기도 한 스케로쿠를 비트는 것과, 본 작품『色男大安売』의 제목이 잘 융화하는 표지그림이 되고 있다.

기무라문고소장본(木村文庫本)과 호사문고소장본(蓬左文庫本)은 전편・후편의 각각의 표지로서 그림이 나누어져 있다. 그러나 같은 판본이라고 생각되는 국회소장본은 전편・후편을 한권으로 합철하면서 한 장에 들어가도록 그림을 배열하고 있다 [図版 2]. 애당초 이 그림표지에는 전편・후편의 표시가 기무라문고 소장본 및 호사문고 소장본에도 없으므로 그림을 나란히 놓으면 가부키「스케로쿠」의 「담뱃대의 비」[14] 장면으로 통일된다는 화제로서도 마침 적절한 것이었다.

---

14) 막이 열리면 盛装한 유녀 여섯 명(「並び傾城」)이 무대에 등장한다. 그리고 상쾌하게 등장한 助六에게 저마다 손에 손에 담뱃대(朱羅宇煙管)를 가지고 다가가 담뱃대 전부를 가지게 한다. 유녀는 「담배에 불을 붙인(吸付け煙草)」 담뱃대를 친애의 정을 담아 유객을 접대하는데 스케로쿠 자신 「담뱃대의 비가 내리는 것 같구나(キセルの雨が降るようだ)」라고 말하듯이 여자들에게 인기를 누리는 호남의 모습을 형용한다. 助六가 「오오몬(유곽출입문)을 쑥 얼굴을 내밀면 나카노쵸 양쪽에서 아는 유녀들의 불을 피워 건네는 담배가 비가 내리는 것 같도다 (大門

그리고 이 표지그림에는 담뱃대의 비를 내리게 하고 있는 유녀들 중에 다복녀 풍채의 여자가 한명 보이는 것이다.

본 스토리에 들어가면 3장 뒷면·4장 앞면에 걸쳐서 엔지로를 차지하려고 서로 다투는 여자들의 결투소동이 화면에 가득 그려진다[図版 3]. 이른바 칼이 아니라 절구공이를 든 유부녀(留め袖) 다섯 명과 아가씨(振り袖) 두 명이 절구공이 싸움을 펼치고 있는, 외설적인 취향을 담은 골계스런 삽화이다. 이 여자들의 난투극 정중앙에 가장 용맹한 모습(한쪽 어깨를 벗어던지고 상반신 알몸으로 절구공이를 드높이 휘두른다)으로 그러나 변함없이 웃는 얼굴의 다복녀 한명이 위치한다. 이 특이한 풍채와 위치관계에 의하여 두드러지는 존재이나, 다른 여자들에게는 대사가 주어지는 반면 그녀에게는 대사조차 할당되지 않으므로 단역이라고 하지 않을 수 없다.

[図版 3·3장뒷면 4장앞면]『色男大安売』 절구공이 싸움하는 다복녀

をぬっと面をだすと、仲之町の両側から、近付の女郎の吸付たばこが、雨のふるやうナ)」라고 호언하는데, 미남자(色男)의 대사로서 유명하다. :『図説日本の古典』에서 발췌. 이 장면에서 아게마키(揚巻)는 등장하지 않는다.

이 다음 페이지에는 누케사쿠의 대타인 엔지로와 과부의 대타인 오카메와의 찻집 앞에서 맞선보는 장면이 그려진다. 맞선장면에 어울리게 일행은 화려한 복장을 하지만 여자들 행렬(수행하는 하녀)에 다복녀 같은 모습의 여성이 섞인다.

이어지는 대타끼리 혼례를 올리는 장면(7장뒷면·8장앞면)에서는 참석한 하녀들 세 명 중 한 명이 다복녀 풍이다.

[図版 4·7장뒷면 8장앞면]『通人寐言』목욕재계 중인 다복녀

한편 잇구에게는『色男大安売』외에도 황표지라고 하는 장르에 있어서 엔지로물을 집필한 경력이 있다. 가령 享和二年刊『通人寐言』(つうじんのねごと:동경도립도서관본62-16, M. 25-66-11)는「엔지로 2대째(艶次郎二代目)」라고 하는 角書로부터도 알 수 있듯이 처음부터『江戸生艶気樺焼』를 패러디하는데 집필목적이 있음을 알 수 있는 작품이다. 그 가운데 원거의「여자들의 맨발 참배(女達の裸足参り)」장면에 입각했다고 여겨지는 '강에서 하는 목욕재계'(川垢離) 장면 [図版 4]가 있다. 즉 원거에서는 엔지로의 의절이 용서받도록 여자예능인(芸者)들로 하여금 아사쿠사관음(浅草観音)에게 맨발참배를

시키고 있었는데, 『通人寐言』에서는 헨지로에게 부탁받은 잇구(一九)와 기쿠마로가 처자들에게 병의 쾌유를 기원하기 위하여 료코쿠강(両国川)에서 목욕재계를 하게 하는 것이다. 그 강에 들어가 있는 총인원 8명의 처자들 중에 오직 한명, 큰 들창코(団子鼻)의 처자(쳐진 눈, 삼각형 얼굴윤곽, 팔뚝에 애인의 이름이 들어간 '목숨(命)'의 문신 있는 것은, 같은 들창코의 엔지로가 색남 시늉을 하느라고 문신을 하고 있었던 일화[15]의 패러디인 듯)가 섞여 있는데, 이와 같이 삽화에서 무심한 듯 치는 장난이 잇구다운 골계감을 더하고 있는 것이다.[16]

아울러 센류(川柳)에서 읊어지는 다복녀를 살펴보면, 「다복녀의의 눈물 돌아서 떨어지네(おた福の泪落るにまはりみち)」(『柳多留』 92編 32장), 「다복녀의 눈물은 귀로 흘러들어가네(おた福の泪は耳に流れ込み)」(『柳多留』 139編37장)는 사전류에도 수록되어 있는 바, 양쪽 다 다복녀의 외모(특히 광대뼈가 튀어나온 얼굴)를 거론하고 있다. 또, 「다복녀 넘어져도 코 다치지 않네(おたふくこけても鼻打たぬ)」는 센류(川柳)와 마찬가지로 외모(납작코)를 나타내는 속담이지만, 「감주에 취한 다복녀처럼(甘酒に酔うたおたふくのよう)」이라고 하면 못생긴 외모 외에도 「에비스신이 감주에 취한 듯(恵比寿様の甘酒に酔うたよう)」과 같은 뜻으로 애교 있고 복스러운 얼굴로 생글거리는 모

---

15) 『江戸生艶気樺焼』의 「엔지로는 먼저 문신이 바람의 시작이라고 양쪽 팔, 손가락 사이까지 2, 30개 정처 없는 문신을 새기며 아픔을 참고 여기가 중차대한 것('목숨과 같은 사람')이라고 기뻐하였다 (艶二郎はまづ彫り物がうわきの始まりなりと、両ほうの腕、指のまたまで、二三十ほどあてもなき彫り物をし、痛いのをこらへて、こゝが命だとよろこびけり)」의 삽화는 물론이고 上巻의 그림표지(絵大簽)에도 한쪽 어깨를 벗은 엔지로가 팔에 문신을 새기는 장면이 선택될 만큼 유명한 장면이다.

16) 자세하게는 拙稿 「一九の黄表紙『通人寝言』·『夏木立恋重荷』序説」(『雅俗』 七号、雅俗の会、2000年)참조를 바란다.

습을 말한다. 혹은 明和九年『楽牽頭』「面屋」에는 다복녀 가면을 주문 받은 가면가게가 견본을 찾아서 다복녀 집을 엿보았더니 결혼중매를 위한 예비조사라고 지레짐작하는 꽁트도 실린다.

3. 결 론

이상 살펴 본 바와 같이 여자들 집단 속에 다복녀를 한명 섞어서 그리는 것은 잇구 삽화의 특징이라고 할 수 있을 것 같다. 치장을 하고 있든 반나체 상태로 있든, 똑같이 웃는 얼굴로서 주변 여성들과 달리 눈 꼬리는 쳐지고 코는 납작하게 묘사하는 것이 잇구 작품의 삽화에 있어서의 그녀들의 최소한의 공통점이었다. 목욕재계, 스케로쿠, 결전, 맞선, 혼례 등등 모든 장면에서 그러하다. 집단의 일원으로서 뿐만 아니라 주인공으로서 '다복녀'라고 하는 명칭까지 부여되는 본 작품의 과부를 보면 그 공통된 화상(画像)인식은 더욱 명확해진다. 이와 같은 다양한 장면에서의 다복녀의 존재 설정은 서민적인 웃음을 추구하는 작자 잇구의 의도(화가의 의도라고 하기보다는), 익살이었다고 생각해도 되리라.

이른바 엔지로(艶二郎)물의 계보 속에서 탄생한 合巻『色男大安売』이지만, 그 패러디의 원전을 모르는 독자도 웃을 수 있는, 즉물적인 화면을 구축하고 있는 몇 가지 도안으로부터 베스트셀러 작가 잇구의 원동력을 탐색해 보았다. 삽화를 해독하는 키워드가 된 '다복녀'는 민족예능에서도 친숙하여 민중에게 익숙한 골계역이기 때문에야말로 흥취를 자아내기 쉽다. 쳐진 눈에 납작코 애교 넘치는 표정은 자연히 독자들의 얼굴에 웃음꽃을 피웠으리라. 『色男大安売』 외에 잇구의 다른 구사조시 작품들에서도 그녀들은 주역 또는 단역으로서 종종 그 사랑스러운 얼굴을 보여주고 있었던 것이다.

[附記]

본고는 「『色男大安売』 考一翻字と解題〈Ⅰ〉」(『文学研究』 九四号、日本文学研究会、二〇〇六年四月), 및 〈Ⅱ〉(『超域文化科学紀要』 十一号、東京大学大学院総合文化研究科、二〇〇六年九月刊行予定)에 이어서 작성된 것이다. 함께 참조하길 바란다.

[참고문헌]

水野稔他校注(1999), 『黄表紙・川柳・狂歌』 新編日本古典文学全集79, 小学館.

前田勇編著(1974), 『江戸語大辞典』, 講談社.

長友千代治校注(2002), 『浄瑠璃集, 仮名手本忠臣蔵』 新編日本古典文学全集79, 小学館.

河竹繁俊監修(1967), 『演劇百科大事典』, 平凡社.

拙稿(2006), 「『色男大安売』 考一翻字と解題〈Ⅰ〉」『文学研究』 九四号, 日本文学研究会.

拙稿(2000), 「一九の黄表紙『通人寝言』・『夏木立恋重荷』 序説」『雅俗』 七号, 雅俗の会.

西山松之助監修(1998), 「かわら版忠臣蔵の噂」『図説忠臣蔵』, 河出書房新社.

『日本社会民俗辞典』(1960), 日本民族学協会, 誠文堂新光社.

『川柳大辞典』(1995), 東京堂出版.

『ことわざ大辞典』(1982), 小学館.

武藤禎夫編(1996), 『江戸小咄類話事典』, 東京堂出版.

柏谷宏紀校注(1995), 『柳多留名句選』, 岩波書店.

崔京国著(2005), 『江戸時代における「見立て」の研究』, J&C.

11 잇구의 엔지로물 그림소설(1)

짓펜샤잇구의 엔지로물 구사조시[1)]

文政三年에 간행한 合巻『色男大安売』(十返舎一九作・勝川春扇画、以下『色男』이라고 약칭. 일본 제일가는 미남으로 태어난 엔지로가 자만의 결과 몰락하기까지의 이야기[2)])는, 산토 교덴(山京伝作画)의 황표지『江戸生艶気樺焼』(天明五年刊、以下『樺焼』라고 약칭) 이래의 엔지로(艶二郎)물의 계보를 이어받는 작품이다. 엔지로물 황표지로서 잇구는 이미『艶次郎二代目通人寐言』(喜多川菊麿画)를 1802년에,『色外題空黄表紙』(いろけだいうわきびょうし, 잇구그림. 艶二郎가 경영하는 「정사 시중(色事お世話)」드는 가게 번창하는 이여기)를 1803년에 출판하고 있으므로 엔지로물은 잇구에게 있어서 익숙한 소재라고 할 수 있다. 이와 같이 전거를 같이 하는 작품이 다른 장르에서 동일 작가에 의해 집필됨으로써 동시대의 장르 인식, 즉 대중

---

1) 「十返舎一九の艶次郎もの草雙紙」『江戸文学』35, 2006년11월, ぺりかん社.

2) 書誌的事項은 拙稿 「『色男大安売』 考一翻字と解題〈Ⅰ〉」(『文学研究』 九十四号、日本文学研究会、二〇〇六年四月) 참조를 바란다. 佐藤至子氏의 「합권의 엔지로가 조역에 지나지 않는 것은 합권의 스토리 제작방법과 관계있을 것이다. 합권의 주인공은 대체적으로 어떤 세계에 의거하고 있다. 세계를 가지지 않고 우행이 웃음을 유도할 뿐인 엔지로는 조역일 수 밖에 없다(合巻の艶二郎が脇役にとどまるのは、合巻の物語作法と関係があるだろう。合巻の主人公は概して何らかの〈世界〉に依拠している。世界を持たず、愚行が笑いを誘うだけの艶二郎は脇役にならざるを得ない)」(「仇気屋艶二郎の変容」平成十六年度日本近世文学会秋季大会要旨) 라고 하는 논설의 예외로 本作『色男』는 위치할 것이다. 그 밖에 馬琴作春亭画의『敵討仇名物数寄(かたきうちあだなものずき)』(文化九年刊)・三馬作国直画の『たわけの安売』(文化十一年刊)에서도 엔지로에 준한 인물이 주인공이 되고 있다. 상세한 논고는 다음 논문을 기한다.

작가였기 때문에야말로 그 작품을 즐기고 있던 대중의 장르 인식이 자연히 부상하는 비교분석하기에 적합한 작품이 갖춰지는 셈이다. 환언하면 전거작과의 비교에 의하여 대중소설가 잇구의 참모습을 확인하기 위해서는 구상·그림·에피소드에 있어서의 전용 방법을 분석해가지 않으면 안되는데, 지면의 형편상 소고에서는 레토릭에 유사점과 특징이 보이는 점으로부터 표현·문체 면을 중심으로 언급하고자 한다.

황표지 『樺焼』의 웃음은 세세한 '천착'에 의한 웃음이 많고, 동시에 과장된 '우행'이 불러일으키는 웃음이 있다는 것은 선행연구에 의해 대부분 인정되는 부분일 것이다. 엔지로의 들창코라든지 표정에는 애교가 있으며 화면으로부터도 웃음이 유발된다. 각 장면마다 무대배경이라든지 소도구가 장소가 비좁을 정도로 꽉 차게 그려져 있고, 그 배경 속에는 '천착'의 내용이 숨겨져 있는 경우도 있다.

황표지 『通人寐言』는 '넌센스'한 대사에 의한 웃음이 주를 이루며, 천착적인 내용도 다소 있다.[3)]

합권『色男』에는 천착보다도 주된 레토릭으로서 거의 모든 페이지에 등장하는 '외설적 소재·농담(駄洒落)' 외에, 동음이의어(掛詞·地口)·비유·견주기(見立て)가 다양하게 구사되고 있으며 골계스런 도상에 의한 우스움도 두드러진다. 작품전체의 3분의 1은 배경 없이 인물 중심으로 그려지는데, 배경이 있는 경우에도『樺焼』에 비하여 대략적으로 그려진다. 이는 양 작품의 장르의 차이에 입각한 문체의 차이 때문일 것이다. 황표지『通人寐言』도 모든 화면에 배경이 그려져 있고 합권과 같이 인물만의 도안은 전혀 없다.

---

3) 자세하게는 拙稿「一九の黄表紙『通人寝言』·『夏木立恋重荷』序説」(『雅俗』七号、雅俗の会、二〇〇〇年) 참조를 바란다.

[図版 1]『色男大安売』九장뒷면 · 十장앞면

그 일례로서 [図版 1]을 보자. 세 명에게 손과 발을 잡아당겨지면서 비명을 지르는 엔지로 라고 하는 우스꽝스런 구도인데, 본문과 대사를 읽어보면 그 사정을 알게 되어 우스움이 배가한다. 즉 본처 오카메의 여동생이 자신에게 반하는 바람에 바람을 피우는 엔지로인데, 결국 엔지로를 둘러싸고 자매간의 싸움이 벌어지는 것을 본 장인이 중재역으로 나서서 둘째 딸까지 사위의 첩으로 준다. 15일씩 근무하도록 사위에게 부탁하는 장인, 납득하는 세 사람[4]. 장인이 두 딸을 주며 주위를 설득시키는 그 논리(「りづめ」)는 억지소리(「屁理屈」)

4) 「아버지 도쿠스케[德助] 아주 호인으로 둘 다 어여쁜 친딸, 여동생이 괘씸하지만 어쩔 수 없다고 둘 사이의 싸움에 끼어들어 쌍방에게 조근조근 이해가 가도록 설득하였다. 형제지간에 서로 사이좋게 지내는 게 좋다고, 엔지로를 두 사람 것으로 해서 "상순15일은 언니의 사내, 하순15일은 여동생의 것으로, 수고스럽지만 사위님 양쪽을 책임져주게." 라는 판결. 빈틈없는 여동생, "그럼 큰달과 작은달에는 하루의 손익이 있어요. 이건 어찌합니까?" 라고 부친에게 따졌다. 과연 도쿠스케, "그것은 당연한 일, 엔지로는 원래 언니의 것이므로 작은달의 하루 이익은 언니 몫이다." 라는 논리정연한 말에 여동생 하는 수 없었고 그로써 쌍방 매듭을 짓는다. 재미 보는 자는 엔지로 한 사람. 이런 연분[남녀사이]이 세상천지에 또 있을까.」

의 수법으로 잇구의 골계본에 자주 사용되는 레토릭5)이다. 이 판단에 납득한 듯한 오카메이지만 남편을 잡아당기면서 내뱉는 그녀의 골계를 가장한 잔혹한 대사에는 숨겨진 질투심과 분노가 표출되는 것이다. 기타 각자의 입장에서 뱉는 대사는 외설적 소재이기도 하고 작자자신의 희화화이기도 하고 황당무계한 넌센스이기도 하고 장소에 어울리지 않는 태평한 발언이기도 하여 웃음을 배가시킨다.

한편 각각의 작품에 있어서 다음과 같은 문체의 특징은 작자의 특징이라고 하기보다는 장르의 특징으로서 생각하는 편이 좋을 듯하다.

황표지 『樺焼』(全十五장)는 본문과 대사의 구역이 확실히 나누어진다. 그리고 낭비 없는 컴팩트한 문장이 사실적(写実的)인 무대화면 속에 알맞게 들어간다. 황표지 『通人寐言』(全十장)도 대체적으로 마찬가지라고 할 수 있다.

그러나 합권 『色男』(全二十五장)에서는 본문과 대사의 구별이 확연하지 않은 경우가 많다. 즉 본문 속에 대사가 간접화법 형태로 섞여들어 등장인물들이 발하는 회화 형태로 본문이 진행되면서 직접화법에 의한 대사구역은 생략되어버리는 경우가 많은 것이다. 문장의 양적 증가에 의해 배경을 그려야 하는 여백까지 빼앗긴 듯하다. 본문속의 대사와 대사영역(書入)속의 직접대사가 병존하는 경우에는 동일한 내용이 반복되어지거나 하여 작품전체의 분량을 늘리기 위하여 일부러 대사영역을 덧붙인 듯한 인상마저 준다. 이 중복의 경향은 사건에서부터 문장의 레벨까지 다채롭다.

잇구희작의 근본정신은 장르를 불문하고 '웃음'이며, 거기에 잇구의 창의성・개성이 발휘된다. 소고에서 자세하게 지적할 수는 없었지만 구상・화면・에피소드에 있어서 전용할 때에도 격식 없는 '웃음'의

5) 文化八年부터 十年까지 간행된 滑稽本 『로쿠아미다(六あみだ)』는 비논리적인 억지주장을 피로해 보임으로써 웃게 하는 것에 취향이 있다.

정신이 상실되는 일은 없었다. 당시의 전기적(伝奇的) 경향의 합권이라고 하는 주된 흐름에서 일탈되는 이와 같이 골계미를 전면에 내세운 합권을 창작하고 있었던 것은 구태의연하다고 뭉뚱그려 판단해서는 안된다고 생각한다. 소고에서 거론한『色男』외에도 작품 하나하나를 읽어보면 잇구의 합권에 빠져들었던 대중의 존재를 느낄 수 있다. 패러디하는 원전을 모르는 독자들조차 웃을 수 있는, 나아가 본문・대사를 읽지 않더라도 우스운 따라서 즉물적인 화면을 구축하고 있는 삽화로부터도 베스트셀러 작가 잇구의 원동력은 엿볼 수 있으리라. 시대를 넘어 국경을 넘어 후세까지 불변할 '보편성'이야말로 잇구 작품의 기조이며, '고전'이란 무엇인가 라고 하는 문제까지 숙고하게 하지 않는가.

[附記]

소론 작성에 있어서 延広真治씨를 비롯하여 草双紙研究会의 회원 여러분, 또한 二又淳・吉丸雄哉氏로부터 자료의 제공 및 조언을 받았습니다. 깊이 감사드립니다.

12 잇구의 엔지로물 그림소설(2)

엔지로물 패러디의 전용과 취향
-짓펜샤잇구작 합권『色男大安売』를 통하여-[1]

1. 서 론

'대중문화의 일반적 경향으로서 카피나 리메이크는 결코 부끄러워해야 할 비판받을 행위가 아니다. 따라서 기세키(其磧)에 대해 독창성이 결여된 면으로부터 평가를 낮추는 것은 타당하지 않다고 내 자신도 생각 한다'[2]라는 에지마 기세키(江島其磧)에 대한 언사는 짓펜샤 잇구(十返舎一九)의 경우에도 그대로 적용될 것이다. 독창성이 결여된 작가라고 비난받기 쉬운 잇구이나, 그것은 대중작가였다는 사실을 비판, 부정하는 것과 마찬가지이다.

잇구로 하여금 대중작가로서 성립시킨 것은 장르를 불문하고 발휘된 '골계성', 이것이 그의 무엇보다 큰 특색이며 재능이었기 때문이 아닐까, 라고 하는 생각은 잇구의 알려지지 않은 작품 군을 접할 때마다 새삼스럽게 느끼게 된다. 예를 들면, 합권은 기본적으로 웃음과는 무관하게 전기적(伝奇的)경향이 강한 장르라고 일컬어진다. 그러

---

1) 「艶二郎もののパロディーの趣向と転用－十返舎一九作合巻『色男大安賣』を通して」『国語国文』77권3호(통권883호), 2008년3월, 京都大学文学部, 中央図書出版社.

2) 倉員正江「佐伯孝弘著『江島其磧と気質物』書評」『日本文学』54巻2号、2005年2月　「大衆文化一般の傾向としても、コピーやリメイクは決して恥ずべき批判される行為ではない。よって其磧がオリジナリティ欠如の面から評価を下げるのは妥当ではないと、私自身も考える。」

나 골계가 주된 요소・취향으로서 작품전체를 뒤덮고 있으므로 '웃음'의 문학이라고 부를 수 있는 文化4년 이후 간행된 구사조지 일군을 〈황표지풍의 합권〉[3]이라고 하는 용어로 정의지어서 생각할 수 있다. 잇구작 합권 중에서 여행물 합권・교카나열 합권을 제외하고 이른바 〈황표지풍의 합권〉으로서 보다 황표지의 넌센스한 웃음에 근접한 작품만 관견의 범위에서 헤아리더라도 최소 26작품[4] 이상 잇구는 〈황표지풍의 합권〉을 계속 창작하고 있었다고 하는 사실이 있다. 다른 희작자에 비하여 그 작품수가 군계일학으로 많은 점, 합권 제작 전 시기에 걸쳐 분포하고 있다는 점으로부터 잇구의 기호에 의한 바가 많았다고 추찰할 수 있으리라.

본고의 고찰대상인 『色男大安売』[5](文政三年刊, 一九作・勝川春扇画, 全二十五장)도 이와 같은 골계미를 전면적으로 내세운 합권으로서 〈황표지풍의 합권〉에 넣어야 할 작품이다.[6] 그리고 본 작품에 이

---

3) 이 용어는 吉丸雄哉 「式亭三馬の〈黄表紙風の合巻〉」(『国語国文』 74巻4号, 2005年 4月)으로부터 시사받았다.

4) 文化四年刊 『化物の娵入』『欲皮千枚張』, 文化五年刊 『妖怪一年草』『多羅福注文帳』『質流人の行末』, 文化六年刊 『加古川本蔵建立』, 文化十年刊 『敵討余世波善津多』, 文化十一年刊 『忠臣蔵跡祭』, 文化十二年刊 『往昔者こんな物語』, 文化十五(文政元) 年刊 『仙術独稽古』『七福神屑籠』『息子穴這入』, 文政二年刊 『一の富当眼』『八百屋料理青物語』『怪談ねこの娵入』『万福きつねの嫁入』, 文政三年刊 『色男大安売』『昔噺桃太郎』『昔噺舌截雀』, 文政五年刊 『欲皮乗合噺』, 文政九年刊 『再建御膳浅草法』, 文政十年刊 『唐渡仙人揃』, 文政十一年刊 『忠臣狸七役』, 文政十三(天保元) 年刊 『御誂替島廻』『新製小人嶋廻合戦』, 一九사후인 天保四年刊 『化皮太鼓伝』.

5) 『色男大安売』의 底本은 同版이라고 생각되는 ① 国会図書館所蔵本, ② 静岡市立中央図書館所蔵木村文庫本, ③ 名古屋 蓬左文庫本을 적소에서 참조하면서 이용한다. 翻字方針 및 자세한 서지사항은 拙稿 「『色男大安売』考一翻字と解題〈Ⅰ〉」(『文学研究』 94号, 日本文学研究会, 2006年 4月), 「同〈Ⅱ〉」(『超域文化科学紀要』 11号, 東京大学大学院総合文化研究科, 2006年 9月)에 의한다. 단 底本의 仮名를 漢字를 혼용하여 고치지 않기로 한다.

6) 本合巻이 〈黄表紙風의 合巻〉인 이유로서 내용면뿐만 아니라 『金々先生栄花夢』

르기까지의 엔지로물[7]의 계보로서 『江戸生艶気樺焼』[8](天明五年刊, 山東京伝作画, 全十五장), 『艶次郎二代目通人寐言』[9](享和二年刊, 一九作・喜多川菊麿画, 全十장), 『色外題空黄表紙』(享和三年刊, 一九作画, 全十五장) [10]와 같은 선행 황표지[11]를 염두에 둘 필요가 있다.

(安永四年刊、恋川春町作画) 以来, 黄表紙에서 설정되는 경우가 많은 構成法을 계승하고 있는 것을 지적할 수 있다. 즉 양자로 맞아들여져 → 속세의 즐거움을 만끽하고 → 놀이가 지나쳐 의절당하고 → 각성한다. 라고 하는 큰 틀이 本合巻 『色男大安売』에 있어서도 적용되는 것이다.

7) 아울러 엔지로물은 아니지만 『色男其所此処(いろおとこそこでもここでも)』(天明七年刊、万象亭作、鳥居清長画) 는 유복한 젊은 은퇴자로 나르시스트 요시로(与四郎)가 여자들에게 인기를 얻기 위하여 고심을 하는데 상식적인 말을 제 마음대로 곡해해서 악전고투하는 부분 등, 본合巻 『色男大安売』와 일맥상통한다.

8) 『江戸生艶気樺焼』의 原文 및 図版 引用은 『黄表紙・川柳・狂歌』(新編日本古典文学全集79, 小学館, 1999年)에 의한다.

9) 『通人寐言』의 底本은 東京都立日比谷図書館加賀文庫本(62－16, M. 25－66－11)을 사용한다. 翻字에 있어서 清濁은 底本대로 했으나, 旧字体를 新字体로 고치고 필자가 쉼표를 보충하였다.

10) 『色外題空黄表紙』(大東急記念文庫所蔵本. 棚橋正博 『黄表紙総覧』 後編二〇五頁에 一九自画作이라는 지적이 있음)는 여성편력이 지나쳐 정력이 쇠퇴한 바람집 엔지로(うわ気屋艶二郎)가 사람들의 「연애를 도와드립니다(色事お世話仕候)」라는 간판을 내걸고 장사수완을 발휘함으로써 가게는 번창한다고 하는 내용이다. 다양한 인간의 연애를 기발한 착상으로 이뤄 주는 일화가 옴니버스식으로 전개된다. 本合巻 『色男大安売』와 상통하는 취향은 ① 손님으로부터 대필을 부탁받은 엔지로가 판목에 새기게 하는 점, ② 남녀동반자살연극을 해보고 싶다는 손님에게 『樺焼』 이후의 거짓자살극을 꾸미는 점, ③ 손님이 된 一九가 이웃들에게 대저택 아가씨로가 지신에게 반했다고 자랑하여 미치광이로 여겨지는 점, 이상의 세 가지이다. 제목과 人名을 『樺焼』로부터 취하긴 했으나 스토리 상의 공통점은 적고, 엔지로는 중년(화면상으로는 四十～五十代)의 용모로 그려진다. 후반부에 作者 一九스스로 등장하여 주인공이 되어서 장기인 처절한 자기비하(히게만:卑下慢)를 피로하는 등, 인물조형이 原拠(나르시스트에 추남)와 판이한 작품이 되고 있다.

11) 그밖에 黄表紙는 아니지만 艶二郎에 준하는 인물이 주인공이 되어 활약하는 先行合巻으로서 다음 두 작품을 들 수 있다.
(1) 馬琴作春亭画의 『敵討仇名物数奇(かたきうちあだなものずき)』(「文化八年閏二月つくる同九年春正月発行」,

따라서 본론에서는 잇구작 합권 『色男大安売』를 통해서 엔지로물의 패러디 전용방법과 취향의 일단을 엿보고자 한다. 그것은 전거작과의 비교에 의해 대중작가 잇구의 수완을 확인하는 과정과도 저절로 연결될 것이다.

2. 구상의 역전에 의한 웃음

원거인 『江戸生艶気樺焼』(이하 『樺焼』라고 약칭)의 줄거리에 논리 전개의 편의상 번호를 매기겠다. (1) 백만냥 부잣집 아다키네(仇気

国会図書館所蔵本). 「나르시스트추남(自惚れな醜男)」(七オ) 아다나노스케(仇名之介)가 이름을 알리고 싶어서 돈의 힘으로 모색하는 다양한 궁리는 전부 실패로 끝나고 영락하여 돌아가신 부친의 훈계로 꿈에서 깬다고 하는 기본적 틀이 『樺焼』를 답습한다. 나아가 『樺焼』와 공통된 취향은 ① 유녀 데코토와 거짓야반도주를 하는 점, ② 자신의 연애를 연극대본으로 쓰게 하는 점, ③ 유곽사환에게 발로 밟히는 도안(十ウ), ④ 부친으로부터 훈계 받는 점, ⑤ 아다나노스케(仇名之介)의 모습에 주먹코(獅子鼻)가 그려지는 점 등이다.

(2) 三馬作国直画의 『たわけの安売』(文化十一年刊、慶応大学所蔵本). 「나보다 나은 미남자란 없을 것이다 라고 하는 굉장한 자아 도취자(俺より他に色男といふものは有るまいと、大の自惚れ)」(三オ) 노로마츠가 이름을 알려서 연애를 하고자 한다. 노로마츠의 행동은 『樺焼』로부터 여러 가지 취향을 빌리고 있음을 알 수 있다. ① 시라뵤시(白拍子: 무희)에게 돈을 주고 자기 집에 뛰어들게 하고, ② 그 일을 호외판 신문장수에게 부탁하여 낭독하고 다니게 하는 것, ③ 우와키노를 상대로 오히야리코벤스케에게 사도록 해서(揚げ詰め) 자신은 견습유녀를 사는 척 하는 것, ④ 마지막에 부친과 가게지배인이이 나와 지금까지의 일들은 노로마츠를 벌하기 위한 연극이었다고 알리는 것 등은, 『樺焼』를 그대로 표절한 취향으로 문구까지 베낀 부분도 많다. 화면의 구상과 구도 또한 4군데 정도 그대로 옮기고 있기도 하다. 또 노로마츠가 ⑤ 미남자는 맞는 것이라고 해서 일부러 맞는다든지, ⑥ 메리야스음곡(メリヤス)을 만들거나, ⑦ 일부로 신분을 영락시키거나, ⑧ 開帳에 초롱을 봉납하거나, ⑨ 여기저기서 끌어당기게 하거나, ⑩ 야반도주 하는 등 이들도 『樺焼』의 艶二郎의 행위를 흉내낸 것이라고 할 수 있다. 八オ에 저명한 선생에게 러브레터를 쓰게 하고, 남녀간에 주고받는 서약서(起請)를 목판에 새기게 하는 장면이 있는데 이들은 엔지로물의 여러 작품에서 즐겨 구사된 취향이기도 하다.

屋)의 외아들 엔지로(艶二郎)는, (2) 추남인 주제에 자기도취자로, (3) 어떻게 해서든 연애문제로 세상에 스캔들을 퍼뜨리고 싶다고, (4) 패거리인 방탕아 기타리 기노스케(北里喜之介)라든지 (5) 알랑쇠 의사 와루이 시안(悪井志庵)과 상담하여, (6) 돈의 힘으로 갖가지 시도를 하지만, (7) 바보라는 평판만 얻을 뿐, (8) 그 결과 겨우 각성해서 결혼한다.

이상의 줄거리 틀 속에서 황표지 『通人寐言』는 전개하고 있으며, "(6) 돈의 힘으로 시도하는 갖가지 우행" 중에서 잇구는 특히 두세 가지 일화를 선택, 변형시켜서 사용한다. '艶次郎二代쨰' 라고 하는 제목(角書)에서 알 수 있듯이 모방을 표방하는 작품인 만큼 가장 근본적으로 유사한 부분은 인물관계 설정과 몇 가지 사건의 소재이다. 『通人寐言』는 『樺焼』를 모방함에 있어서 원작의 옴니버스식 진행으로부터 벗어나 흥미의 초점을 압축하고 있는 것으로 생각된다. 즉 사건을 일으키는 목적과 사건의 결말, 인물관계 등은 원작을 답습하면서 과정에 있어서 그다지 원형을 남기지 않는 스토리를 창작하고 있다. 특히 소재선택 면에 있어서 가장 큰 상이점으로서 원거의 클라이맥스라고 할 수 있는 '동반자살 연극(心中狂言)' 장면을 완전히 제거하고 '질투'의 장면을 확대 재편해서 구사하고 있는 것을 들 수 있다. 게다가 원거의 등장인물 중 한명, 와루이시안(悪井志庵: 나쁜 생각)을 작자인 잇구 자신에게 대응시켜서 삽화라든지 대사에서 희화해 보여주는 점 또한 잇구의 장기인 장난을 쳐 보이는 취향이다.

이와 같이 『通人寐言』의 전체적 취향으로서는 모방과 작자의 희화화를 들 수 있겠으나, 부분적 취향으로서의 천착 등은 『樺焼』의 그것에는 도저히 미치지 못한다고는 할지라도 서민생활과 관련되는 신변잡기적 소재를 다소 천착하고 있다. 또한 황당무계한 대사에는 잇구다운 앳된 웃음이 담겨있다. 작품의 결말형식은 원거를 모방해서일까 교훈조로 마무리하고 있으나, 한편 작자의 초상을 싣기도 하고 당시 유행하던 물건을 선전하는 대사를 부가하는 등의 당대성이 가미되었다.[12)]

그러나 합권 **『色男大安売』**에서는 원거 황표지의 구상을 일일이 뒤집어서 역전시키는 수법을 새롭게 피로한다. 즉 주인공이 전반부는 '미남' 후반부는 '무일푼'이므로 야기되는 사건을 그려 보이는 것이다.

원거 황표지의 줄거리 전개에 입각하여 역전의 양상을 화살표 이후에 적으면 다음과 같다.

(1) 백만냥 부잣집 아다키네(仇気屋)의 외아들 엔지로(艶二郎)는 → '아주 외딴 풀숲 깊은 곳에 출생한 엔지로[艶二郎]라는 자가 있었다.'[13)] 벽촌에 태어난 엔지로. 성인이 되자 넘치는 연애편지를 폐지상에게 팔아서 용돈을 번다. 부유한 출생이 아님을 짐작할 수 있다.

(2) 추남인 주제에 자기도취자로 → '이 아이 태어나면서부터 실로 삶은 달걀처럼 예뻐',[14)] 태생적으로 수려한 용모의 엔지로, 성인이 되면서부터는 연모하다가 죽는 여자가 나올 만큼 <u>인기를 누리게 된다</u>. 그 인기는 다음과 같은 일화로 그려진다. ① 연애편지에 답장을 하기 위하여 인쇄공을 거느린다. ② 정사를 할 여자를 순위 표라든지 제비뽑기로 정하지만 그 여자들끼리 절구공이결투소동으로 번진다. ③ 맞선의 대타를 부탁받았는데 상대 쪽도 대타로 나온 여자로 엔지로에게 반해 버린다. ④ 간청 받은 대로 빈 몸으로 데릴사위가 되는 엔지로. ⑤ 마누라의 여동생까지 자신에게 반하는 바람에 장인으로부

---

12) 이상의『通人寐言』의 부분은 拙稿「一九の黄表紙『通人寝言』·『夏木立恋重荷』序説」(『雅俗』七号, 雅俗の会, 2000年)에 상세하게 논하고 있으므로 참조를 바란다.

13)「ぐっとばすへのくさふかきところにて、しゅっしゃうしたるゑん二郎といふものあり。」

14)「この子生れつき、まことににぬきの玉ごのごとく、きれいにして。」

터 자매를 받는 엔지로. ⑥ 유녀조차 돈을 주고 엔지로를 사려고 한다. 이 시점에 이르러 엔지로의 '자만'의 의식이 처음으로 본문에 명시된다. 즉 미남이기에 주변 여자들로부터 애지중지되고[15], 자연히 서서히 나르시스트가 되도록 이야기가 전개된다. 원거의 완전한 역전적 발상이다.

(3) 어떻게 해서든 연애문제로 세상에 스캔들을 퍼뜨리고 싶다고 → 염문이 지나치게 퍼진 결과의 소동이 전술한 ①~⑥의 인기를 누리는 모습으로서 전반부에서는 역전 묘사된다. 후반부가 되면 젊었을 때와는 180도 바뀐 엔지로는 어떤 여자도 상대해 주지 않으므로 원화와 비슷한 상황에 놓인다.

(4) 패거리인 방탕아 기타리 기노스케(北里喜之介)라든지 → '허물없는 사이(心やすき中なる)'인 흔기치 · '또 허물없는 사내'(また心やすきおとこ)라고 하는 두 명의 친구가 등장한다. 그들의 권유를 받아들이는 엔지로는 지참금이 많다는 친구의 말에 중년여인을 마누라로 맞아들이지만 무일푼이었다거나, 젊어서 은퇴한 여자은거인이라고 생각해서 받아들인 이야기가 남색상대였다거나 한다. 원화(에서는 도와주는 역할)와 달리 두 명의 친구는 악역에 가깝지만 하나의 에피소드를 형성하는 매개인의 역할만 하므로 그들은 조역 중에서도 미미한 존재이다.

(5) 알랑쇠의사 와루이 시안(悪井志庵)과 상담하여 → 과부에게 있어서 '허물없는 의사 보쿠안(こゝろやすきいしゃぼくあん)'[16]은, 대타

---

15) 「엔지로가 여자들에게 인기를 얻고 유녀에게 인기를 얻는다고 역전시킨 작품이었다(艶二郎が女にもて女郎にもてると逆転させた作であった)」고, 紫色主作 『男一面髭抜亀鑑(おとこいちめんひげぬきかがみ)』(寛政十二年刊)에 대해서 『黄表紙・川柳・狂歌』(前掲書)에서 지적하고 있다. 또한 이 黄表紙와 本合巻 『色男大安売』와 공통된 취향이 많은 작품이리라는 것을 佐藤至子 「합권에 있어서의 『江戸生艶気樺焼』의 향수−등장인물의 이용을 중심으로−」(『近世文芸』 85号, 2007年 1月) 六五頁에 적힌 『男一面髭抜亀鑑』의 줄거리로 엿볼 수 있다.

사건에서 누케사쿠를 속인다. 또한 보쿠안은오카메와 엔지로의 중매쟁이 역할도 한다. 이와 같이 친소의 인간관계를 원거와는 달리하고 있으며 등장인물이 증가하는 본 합권에서는 알랑쇠의사의 역할도 다양화하지만, 전반부에서만 등장하는 조역이다.

(6) 돈의 힘으로 갖가지 시도를 하지만 → 무일푼이 된 엔지로는 궁색한 시도를 하지 않을 수 없다. 즉, ① 유녀(花魁)를 마누라로 맞이하려고 하지만 속는다. 그리고 나서 '엔지로는 동네사람들[나가야] 앞에 면목 없어 어떻게든 급히 아름다운 물건을 마누라로 갖고 싶다고 여러모로 궁리해 봐도, 미남[용모]은 이제 시들어 이렇다 할 연애도 할 수 없다. 그러나 엔지로는'[17] 아직 자만심을 잃지 않고 ② 큰 머리 탈을 뒤집어쓰고 지나가는 여자의 옷소매를 잡아당기며 연정을 부탁하지만, 거지라고 오해받는다. ③ '색남 대바겐세일(色男大安売り)'이라고 쓴 광고전단지를 뿌리며 걷는다. ④ 지참금이 많다고 하는 이야기에 솔깃하여 중년여인을 맞아들이나 예상 밖이었다. ⑤ 여장해서 젊은 은퇴자의 남색상대가 된다. ⑥ 여자와의 야반도주가 성공인 듯싶었는데 도중에 상대를 착각하는 바람에 투옥된다. ⑦ 우산같이 쓰기 작전으로 여자를 획득한 듯싶었는데 먹기만 하고 줄행랑치는 바람에 입었던 옷까지 요리값으로 빼앗긴다.

한편 후반부가 되면 엔지로는 원화와 비슷한 상황에 놓이면서 (7) '미치광이'라는 평판을 얻고, (8) 그 결과 겨우 각성해서 결혼한다.

---

16) 京伝作洒落本『通言総籬』(『洒落本大成』14, 1981年)의「알랑쇠의사 와루이 시안(たいこいしゃわる井しあん)」에 준하는 인물일 것이다. 典拠의 이름처럼 本合巻에서「보쿠안(ぼくあん)」은 철두철미하게「궁리(시안, 思案)」를 해대는 역할을 부여받는다.

17)「ゑん二郎ハながやのてまへ、めんぼくなく、何とぞきうに、うつくしいしろものを、女ぼうにもちたく、いろ／＼とくふうしみても、いろ男ハはや、すがれとなりて、おもはしきいろごともできず、されどもゑん二郎ハ、」

3. 그림 · 에피소드의 개변에 의한 웃음

3.1 황표지『江戸生艶気樺焼』로부터 합권『色男大安売』로

이야기 자체는 거의 새롭게 창작하면서도 〈그림〉만을 전용한 예를 몇 가지 들 수 있다.

1) 원거의 호외판 신문장수(読売) · 부채종이장수(地紙売)가 합권에서는 광고전단지장수(引札配り)로 변용되었다고 생각한다.

원거의 엔지로는 결혼시켜달라고 예능인(芸者)을 자기 집에 쳐들어오게 하여 소동을 일으켜서 이른바 특별뉴스(瓦板)의 소재로 삼게 한다. 호외판 신문으로 부탁하여 그 내용을 판에 새겨서(読売を頼み、此のわけを板行に起こして)' 에도 전체에 뿌리게 한다. 고용된 신문장수가 낭독하며 뿌리는 그 어투는 진지하다.

본 합권에서는 '급히 연애상대를 찾아다녔지만 이렇다 할 자리도 없어서 광고전단지를 내고자, 소개 문구를 목판에 새겨' '이 광고전단지를 뿌리며 다니는'[18] 것이다. 잇구는 본 작품의 제목으로도 삼고 있는 '색남 대 바겐세일(色男大安売り)'의 골계스럽기 이를 데 없는 소개 문구를 엔지로 스스로에게 쓰게 하여 자신의 피알 광고와 같이 광고전단지(引札: 이른바 상품선전용 전단지)라고 하는 형태로 바꾸고 있다.

또한 교덴의 엔지로는 의절 당한 후 부채종이장수(地紙売)로 나서는데 이를 보고 비꼬는 찻집 여자가 그려져 있었다. 이 호외판 신문장수(読売:4장뒷면)와 부채종이장수(地紙売:11장앞면) 두 개의 장면이 잇구의 광고전단지 장수 장면(引札配り:14장뒷면 · 15장앞면)에는

18) 「きうにいろことをたづぬれとも、これぞといふくちもなきゆへ、ひきふだをせんとおもい、こう上がきして、はんかうにほらせ、この引ふだを、ひきあるく」

융합된 것으로 볼 수 있다. 이야기 자체에는 그다지 유사성이 없으므로 거의 새로운 창작이라 할 수 있으나 그림을 전용하고 있는 일례이다.

2) 이야기는 전혀 판이하지만 불량배들에게 맞는 장면이 양 작품에 그려진다.

원거의 엔지로는 가부키를 보고 미남자(色男)이라고 하는 것은 맞는 것이라고 생각하여, 자꾸만 맞고 싶다고 '동네 불량배'(地回りのきおひ) 너 댓 명 고용하여 때려 달라고 부탁한다. 그리고 두 명의 남자에게 발길질당하는 엔지로. 장소는 요시와라 나카노쵸거리(吉原仲の町通り)이다(9장 뒷면). 이 그림의 전용이라고 볼 수 있는 본 합권의 장면은 유녀로서의 고용기간이 끝나면 마누라가 되기로 약속했던 여자가 행방불명이 되어 찾아 나선 엔지로, 여자와 함께 있던 장인풍의 남자 두 명에게 멱살을 잡히고 다투게 되는 장면(12장 뒷면, 13장 앞면)일 것이다. 멱살을 잡은 남자와 이에 장단을 맞추는 머리띠 비틀어 맨 남자는 둘 다 한쪽 소매를 벗어던진 게 협객기질임을 알 수 있다.

[図版 1]『江戸生艶気樺焼』

3) '맨발 여인과 신사경내'라고 하는 관점에서 공통된 도안이 부상한다.

원거의 엔지로에게 고용된 인기 있는 예능인 일곱 여덟 명은 의절이 풀리도록 아사쿠사관음(浅草観音)에게 맨발참배를 한다[図版 1]. 맨발의 여자예능인들의 배경에는 둘러친 갈대발과 걸상이 보인다. 아사쿠사관음 경내에 있는 이쑤시개가게(「御やうじ所」라는 간판) 이다. 그려진 바둑판모양

[図版 2]『色男大安売』국회본

포석 길로부터 경내임을 재확인할 수 있다.

한편 본 합권에는 비 오는 날, 맨발 여인에게 엔지로가 기름종이 우산(大黒傘)을 내미는 장면 [図版 2]가 있다. 본 그림에 있어서 여성의 맨발은 의도적으로 보인다. 왜냐하면 남에게 빌려 입고 온 ('옷은 남의 것을 빌려서 왔습니다.') 옷으로 멋을 부리면서 맨발인 것이 복장에 어울리지 않고 부자연스러워 보이기 때문인데, 혹은 짚신을 신고 있던 그녀는 소나기가 내리는 바람에 벗어버렸을 가능성도 있으리라. 그러나 벗었다는 설정이라면 그녀의 손에 있어야 할 짚신이 보이지 않는다. 배경에는 신사입구문인 돌기둥아랫부분과 신사에서 사용되는 담벼락(井垣・玉垣)이 있고, 그 옆에 찻집(갈대발과 걸상)이 있어서 원거처럼 경내로 생각된다. 본문에서는 맨발에 대해서도 경내(단지 '길가(みちばた)'라고 표시된다)에 대해서도 일절 언급이 없으나 삽화에서 그려 보임으로써 잇구가 패러디하고자 한 의도를 읽을 수 있으리라. 에피소드에 관련성은 전혀 없으나 화면만 바라보았을 경우 원전의 '맨발 참배'의 그림자를 엷으나마 스며들게 하고 있다고 생각된다.

이상과 같이 그림면의 패러디는 주로 엔지로가 영락한 뒤에 취해지는 웃음의 방법으로서 선택되고 있음을 알 수 있다.

유사성이 보이는 **〈에피소드〉** 또한 몇 가지 찾을 수가 있는데 그 개변과 각색 정도가 심한 것은 말할 것도 없다.

1) 우선은 결말짓는 방법의 유사성이다. 친구의 소개로 식모였던 여자를 마누라로 맞아들여 뒷골목 집으로 이사한날 밤, 조왕신(荒神様)이 출현하여 자만심을 거두고 정사도 삼가 하도록 교훈을 한다. 황송해하며 엎드려 있는 엔지로 부부이다. 그러나 원거의 엔지로 부친은 진지하게 교훈을 하고 있었다. 마찬가지로 반성은 하지만 잇구의 엔지로 부부는 밤낮 가리지 않고 일하여 큰 부자가 되고 노인이 되고나서도 건강하여 밤일에도 힘을 쓴다, 경사일세, 경사일세 하고 익살을 떤다. 이에 비하여 교덴의 우키나(浮名)는 엔지로의 못생긴 외모는 참고 '다른 곳에 갈 마음도 없는지라 부부가 되어, 원래부터 재산에 부족함도 없으므로 영원히 번창(ほかへゆく気もなく夫婦となり、もとより身代に不足もなく、末繁盛に栄へ)」한다고 하는 신분에 어울리는 그러면서도 쿨한 조롱이 깃든 결말을 짓고 있었다.

2) 원거에서는 유녀놀이에 나서서 갖가지 우행을 펼치는데 본 합권에서도 유곽놀이에 빠진다. 그러나 오히려 유녀가 돈을 내고 사고 싶어 할 정도로 인기를 누리는 엔지로이다.

3) 원거에서는 돈의 힘으로 '견습유녀사기(新造買い)'라고 하는 부자유스런 상태를 연출하면서 고급유녀(花魁)와 밀회하지만, 본 합권에서는 실제로 영락한 엔지로가 단골 유녀와 밀회하는 장면이 있다. 그러나 이미 유녀는 변심한 상태라는 것이 진짜 풍류객(色男)의 격자문 앞에서의 사랑(格子先の恋)이라는 유형과는 다르다. 돈이 끊어지면 인연도 끊어진다는 사실을 알아차리지 못하는 엔지로는 결국 비웃음의 대상으로 전락하고 만다.

4) 원거에서는 돈으로 고용한 첩에게 질투를 해달라고 해서 시샘을 받지만, 본 합권에서는 본처 오카메의 질투가 대사를 통해서 자연스럽게 표출된다.

5) 의절당하고 싶다고 하는 원거의 엔지로는 기간을 정해서 겨우 의절허가를 받는다. 본 합권에서는 유녀놀음에 넋을 잃은 데릴사위 엔지로를 실제로 의절해버리는 장인이다.

이와 같이 에피소드의 패러디・비틀기는 엔지로가 몰락하기 이전부터 취해진 웃음의 방법이라고 할 수 있다. 영락하기 이전까지 엔지로는 여자들에게 일본 전국에서 최고의 인기를 구가하는 미남자(色男)로서 원화를 뒤집었기 때문에, 원거를 역으로 이용하는 개변이 이루어진 것이다.

3.2 황표지『江戸生艶気樺焼』・『通人寐言』로부터 합권『色男大安売』로

황표지『通人寐言』집필에 있어서『樺焼』중에서 잇구가 선택한 소재는 유녀놀음, 여자가 쳐들어오다, 견습유녀사기, 맨발참배, 첩의 질투에 대응한다고 생각되는 장면들이나, '답습'이라고 하기 어려울 정도로 원형을 그다지 남기지 않는 창작을 하고 있었다. 그럼에도 불구하고 모방의 일환이라고 졸고(「一九の黄表紙『通人寝言』・『夏木立恋重荷』序説」『雅俗』七号, 雅俗の会, 2000年)에서 논했던 것은 그 사건의 목적・결말・인간관계가 동일했기 때문이다.

합권『色男大安売』집필에 있어서 선행하는 두 작품으로부터 변함없이 잇구가 받아들이고 있는 취향으로서는 다섯 가지를 들 수 있다. 개변이 심한 가운데 그 변천과정을『樺焼』→『通人寐言』→『色男大安売』로 추적해 보겠다.

1) 맨발 참배(의절 용서 기원을 위한 아사쿠사관음 참배) → 강에서의 목욕재계(료코쿠강에서 병 쾌유 기원) → 맨발의 여인(소나기 내리는 날 경내를 맨발로 지나가는 여자)

2) 첩의 질투(돈으로 고용되어) → 본처·첩의 질투(재산 목적) → 본처 오카메의 질투(진실)

3) 유녀놀음·견습유녀사기(돈으로 부탁받아 일부러 견습유녀를 사는 것으로 하여 단골 유녀와 만나다) → 격자문 앞에서의 사랑(돈으로 부탁해서 일부러 격자문 앞에서 만나다) → 격자문 앞에서의 사랑(영락해서 격자문 앞에서밖에 만날 수 없다)

'격자문 앞의 사랑'이라고 하면 몰락한 정부(色男)가 참된 사랑을 약속한 유녀와 만날 돈도 없으므로 기생집 문 앞에서밖에 못 만나는 것을 지칭하는 샤레본(洒落本)의 전형적인 한 장면이다.

원거의 天明二年刊 『樺焼』에서는 값싼 견습유녀를 사서 단골 유녀는 몰래 불러내서 만난다고 하는 연애를 동경하는 엔지로였다. 享和二年頃이 되면 한층 영락한 미남자들이 가부키나 샤레본의 세계에서 기생집 2층에 올라가지 못하고 격자문 앞에서 절절하게 진실된 사랑의 이야기를 나누는 장면이 종종 등장한다. 그와 같은 연애를 동경하는 2대째 엔지로, 즉 『通人寐言』의 헨지로이다. 이 황표지 『通人寐言』와 본 합권 『色男大安売』의 전 삽화 중에서 방향만 바꾸었을 따름으로 가장 유사하게 그려지는 도안이 격자문 앞의 장면인 것이다.

이와 같이 화면만 바라보면 아무런 특징도 없는 '격자문 앞 사랑' 장면이지만, 본문과 대사를 읽는 순간 이 도안의 의미는 180도 변한다. 황표지 『通人寐言』에서는 격자문 앞에 유녀를 불러내고 싶은 헨지로, 그러나 뜻대로 되지 않자 돈을 뿌려서 간신히 만나게 된다는 골계한 해프닝 끝의 장면 [図版 3]이며, 본 합권의 엔지로는 샤레본 세계의 정부처럼 실제로 영락해 버리는데 단골유녀가 이미 변심해

[図版 3]『通人寐言』동경도립도서관본

[図版 4]『色男大安売』국회본

있다는 복선이 깔린 장면 [図版 4]인 것이다. 돈이 없어지면 정분도 없어진다는 사실을 모르는 본 합권의 엔지로에게 있어서 이 밀회의 장면은 불행의 전주곡을 연주하고 있는 장면인 셈이다. 지금까지는 일본 최고의 미남자로 인기를 누려 영광에 빛나고 있던 사내가 그저 자기 분수를 모르는 중년 아저씨로 탈바꿈하려고 하는 최초의 실패담이 바로 뒤에 기다리고 있음을 암시하는 도안인 것이다.

4) 여자의 뛰어듦(돈으로 고용되어 울며 매달리다); 울고 있는 여자예능인(女芸者)을 중심으로 양친, 엔지로, 상점지배인이 늘어앉아 있는 그림 → 축시의 저주참배(丑の時参り: 돈으로 고용되다.); 그 후 병상의 헨지로와 무당, 양친, 친구가 늘어앉아있는 그림 → 자매의 읍소(진실); 양친과 자매가 마주보고 앉아있는 그림

5) 결말 방법; 원거에서 단지 '일생의 염문의 마지막을 기념하여 지금까지의 일을 구사조시로 써서 세상에 널리 알리고 싶다고 교덴에게 부탁하여 사람들의 바람기를 훈계하노라.'[19]라고 맨 마지막에 유형적으로 적었을 따름의 부분을 →『通人寐言』권말에서는 한 페

이지가 덧붙여지면서 '지금까지 헨지로가 갖가지 바보짓을 한 것을 아이들을 위한 좋은 훈계, 바람기 있는 짓을 해서는 안 된다고 이야기하다가 겸사겸사하여 잇구가 이를 위해서 올해의 신판으로 견강부회할 따름이노라.'[20]라고 같은 취지의 본문을 사용하면서도 일부러 작자 잇구와 화공 기쿠마로의 초상을 넣은 삽화를 그리고 있다. → 합권 『色男大安売』에서도 권말에 한 페이지가 덧붙여지면서 할아버지 할머니가 된 부부가 초롱으로 정월의 떡을 찧고 있는 외설적 취향의 도안을 넣으면서 열심히 일하여 부자가 된다고 하는 본문으로 막을 내린다.

4. 결 론

이상, 잇구의 엔지로물에 대해서 구상 · 그림 · 에피소드 면에서[21] 논해 온 바, 장르를 불문하고 골계미 넘치는 내용을 담고 있었던 것을 간취할 수 있었다고 생각한다.

작가 한명이 여러 장르에 걸쳐 동일한 소재를 계승한 것은 주목할 만한 현상으로 다재다능한 잇구의 진가를 엿보게 하는 대목이다. 동시에 장르간의 경합 · 섭취 · 영향을 한 작가의 동일제재 작품을 고찰함으로써 확인할 수 있게 해주었다.

원래 황표지는 페이지마다의 에피소드를 연결해 감으로써 한 작품

19) 「一生の浮き名の立ち納めに、今までの事を草双紙にして世間へ広めたく、京伝を頼みて、世上の浮気人を教訓しける」

20) 「これまでへんじろうがばかをつくしたること、お子たちへのよきいましめ、うわきなことをせぬものと、はなしのついてに一九がこれをひろ□やくして、ことしのしんはんとこぢつけるのみ」

21) 한편, 문체 · 레토릭 면에서 잇구의 엔지로물에 대해 논한 칼럼 「十返舎一九の艶二郎もの草双紙」(『江戸文学』 35号, ぺりかん社, 2006年 11月)도 같이 참조하기 바란다.

을 형성하는 경우가 많다. 황표지 『樺焼』는 풍류객을 동경하는 엔지로의 흉내가 옴니버스 식으로 묘사되고 있었다. 그러나 황표지 『通人寐言』는 원작만큼 철저한 옴니버스 식 진행은 하지 않고 '질투'장면에 많은 지면을 할애하고 있었다. 그리고 합권 『色男大安売』는 엔지로의 일대기풍으로 스토리가 진행되고 있다고도 간주할 수 있는 것이다. 갓난아기 때부터 주름투성이 영감님 엔지로까지 도상에서 확인할 수 있기 때문이다. 즉 원거를 큰 틀에서 이용하면서도 10장이 증가하는 이야기 속에 융화시키기 위하여 잇구가 취한 스토리 구축 방법이라고 할 수 있으리라. 이것은 전거작에 '잇구다움'을 살린 취향을 섞어 짜면서 합권 구성의 기본을 알고 있는 잇구가 자기 나름의 궁리를 다한 결과라고 인정할 수 있다.

그러나 여기에서 주의해야할 것은 교덴 황표지 『樺焼』가 과장된 '우행'의 갖가지가 야기하는 웃음을 의도하고 있었던 것과 마찬가지로, 잇구 고칸 『色男大安売』는 과장된 '인기'모습이라든지 궁색한 '시도'의 갖가지가 초래하는 웃음을 의도하고 있으므로, 합권 장르의 주류였던 기승전결의 이야기를 전면에 내세우고 줄거리의 재미를 추구하는 작품들과는 성격이 다르다는 점이다. 즉 합권 『色男大安売』의 웃음은 황표지의 웃음에 가깝다고 하는 것이다. 『色男大安売』를 본고의 서두에서 논한 〈황표지풍의 합권〉 중 한 작품이라고 간주한 이유가 바로 여기에 있다.

[附記]

본고작성에 있어서 자료의 제공 및 조언을 주신 延広真治, 아담카밧, 浅川征一郎, 二又淳, 津田真弓, 小林ふみ子, 吉丸雄哉 여러분 및 도판게제를 허가해 주신 国会図書館, 東京都立図書館 담당자님께 감사드립니다.

近世日本の大衆文学「江戸戯作」と「十返舎一九」研究

■ 日文目次

第3部 草双紙

7. 江戸戯作の作者演出方法

江戸後期戯作の作者演出方法について

−『屈伸一九著』を軸として−

8. 〈忠臣蔵もの〉の系譜

大衆文化としての〈忠臣蔵もの〉、その転用と趣向

9. 死の戯画化の文学、〈忠臣蔵もの〉の草双紙

合巻の笑いによる死の無化(草双紙『忠臣狸七役』に現れた死の戯画化)

10. 戯作者一九のお多福趣向

江戸戯作の挿絵からみる一九のお多福趣向について

11. 一九の艶二郎もの草双紙(1)

十返舎一九の艶二郎もの草双紙

12. 一九の艶二郎もの草双紙(2)

艶二郎もののパロディーの趣向と転用

−十返舎一九作合巻『色男大安賣』を通して−

■ 日文要旨

1.「19世紀日本のベストセラー『膝栗毛』の大衆性確報様相研究 −狂歌を中心に」[1)]

『膝栗毛』 が二十一年間ベストセーラになることができた、即ち大衆性が確保出來た一因として、狂歌という観点から近づいてみた結果、『膝栗毛』 のそのような夥しい人気は、現在学会の一角で言われているように偶然もしくは紛れ当たりではなかったことがわかった。滑稽の現れ方から考察する時、合巻 『方言修行金草鞋』 と比較して、狂歌の詠み手を確実にした執筆意図によって主人公の性格を差別化する効果をもたらし、言語遊戯を豊富に盛り込む等、執筆目的の相違による狂歌の変化を分析することが出來た。合巻と滑稽本というジャンルの変容における趣向の特色も狂歌を通すとき、更に鮮明に見えてくることがわかる。また、享和二年 『膝栗毛』 初編と同時に刊行された 『南総記行旅眼石』 の狂画・狂歌と、『膝栗毛』 八編の挿絵一つを媒介に江戸狂画壇を鑑み、一九の趣向の特色をその先駆性から探ってみた。このように一九が苦心して創案した 『膝栗毛』 は全国規模の読者を獲得し、江戸文芸の地方流通における大きい推進力になる商品であったという点からも、その歴史的意義は深いと言わざるを得ない。

2.「〈膝栗毛もの〉絵双六の表象と表現」[2)]

〈膝栗毛もの〉絵双六における人物と文体、『五十三駅滑稽膝栗毛道

---

1) 「19世紀日本のベストセーラ『膝栗毛』の大衆性確保の様相研究 −狂歌を中心に」『日本語文学』20号, p.173~193, 韓国日本語文学会, 2004年 3月.

2) 「膝栗毛もの絵双六の表象と表現」『国際日本文学研究集会会議録』 第30回, p.95~108, 国文学研究資料館, 2007年 3月.

中図会』(以下『図会』と略称) の趣向、という側面から探ることで、絵双六の在り方を問うてみた。双六群の絵柄に注目すれば、『膝栗毛』に挿絵があってそれに基づく場合も単なる模倣のみではなく、創案・発案された図様も多々見受けられる。また、毎丁絵と書入と本文が合わさって一作を成すという草双紙における画面の構成法は、玩具として遊ばれた絵双六に応用されることがあった。その代表的絵双六が『図会』だが、『膝栗毛』本文は地の文と会話で構成されているなら、『図会』は会話を取ることで、絵柄のみでなく文章からも滑稽味を醸し出している点に特色がある。もう一点『図会』の特色として、生活道具が事細かく描かれており、調度品を通して『膝栗毛』当時の暮らしぶり、街道筋の風俗が視覚的に見えてくることも指摘した。

3. 「〈膝栗毛もの〉絵双六に現れた江戸表象文化考」[3]

江戸時代だけでも千種以上刊行されたと言われる絵双六の全貌究明の一歩として、本稿では同じ刊行物である読み物の世界との関連に着目し、滑稽本『東海道中膝栗毛』を踏まえた〈膝栗毛もの〉絵双六の注釈分析を行う。その結果、小説から浮世絵へ越境する江戸表象文化を垣間見、絵双六の趣向と転用ーその受容と創造ーを明らかにしていきたい。

考察テキストとしては、一猿斎国升戯画『五十三駅滑稽膝栗毛道中図会』(『図会』と略称)、一立斎広重狂画『浮世道中膝栗毛滑稽双六』(『浮世』と略称)、広重狂画『伊勢参宮膝くりげ道中寿語録』(『伊勢』と略称)、歌川重宣画『新板膝栗毛道中双六』(『新板』と略称) を取り上げる。

一枚物の玩具である絵双六は、読み物の世界を取り込む際、絵師の

3) 「〈膝栗毛もの〉絵双六に現れた江戸表象文化考」『日本研究』39号, 韓国外国語大学校日本研究所, 2009年.

発案よりは模倣の方に軍配が上がるだろうということで、創造性に乏しいジャンルとして思われがちである。しかし、絵双六のコマに一つ一つ注釈的分析を行ってみると、その創造性が発見できるのである。即ち、原話に基づきつつ新しい絵柄を発案する場合や、また、原話に基づかない絵師の創案・発案による図像の場合がある。原話のエピソードを持ってくる場合も、創作された台詞に合わせて絵柄・状況ともに原話とは一味違う工夫が施される。

原話の挿絵継承は、踏襲と脚色というふうに考えられる。そして原話の挿絵をそのまま踏襲するよりは、何等かの工夫を施す場合が大半を占めるのである。『膝栗毛』 挿絵と絵双六図柄における捉え方の相違点を一言で述べると、原話の挿絵がまだ事件の序幕・終幕を描いているなら、絵双六の方は事件のクライマックスを描こうとする点と言えよう。絵双六が 『膝栗毛』 挿絵を転用する際、その主旨はここにあったのではなかろうか。

以上、滑稽本 『膝栗毛』 に端を発する絵双六の注釈分析を通して、小説から浮世絵へ越境する江戸表象文化、いわば冊子を受容して一枚物の絵画へと広げる江戸独特の文化現象の一面を垣間見た次第である。

4.「浮世絵に見る『東海道中膝栗毛』滑稽の旅」[4)]

初代広重画 『道中膝栗毛』・『膝栗毛道中雀』 の揃物を中心に論じた。考察過程で改板本 『膝栗毛』 の挿絵が、広重の浮世絵から構想を頂きながら描き改められた可能性が極めて高いことが検証できた。更に、同画題であっても、一九の原話挿絵に比して、広重浮世絵は人物

4)「浮世絵に見る『東海道中膝栗毛』滑稽の旅」『浮世絵芸術』151号，p.15～33，国際浮世絵学会，2006年 1月．

の一瞬の動きを捉え、滑稽に、或いは誇張して描くところに狙いがあったということから、冊子と絵画というメディアの相違についても論じた。

もう少し詳言すると、十返舎一九作画『膝栗毛』の挿絵を下地にするか、もしくは原話の絵画化を独自に目論んだ、初代広重画「道中膝栗毛」・「膝栗毛道中雀」揃物を中心に論じてきた。その考察過程で『膝栗毛』の改板本の挿絵が、広重の浮世絵から構想を頂きながら描き改められた可能性が極めて高いことが考証できた。即ち、改板本『東海道中滑稽五十三』が初板本『膝栗毛』の挿絵を意識したことは当然であろうが、それに加えて先行する広重の浮世絵から用いた構想が結構あるということである。文久二年(一八六二)の時点になると、既に広重の浮世絵は知れ渡り、その図様は類型化の様相を帯び、滑稽本であっても改板本では、今更クライマックスを隠す必要がなかったからであろう。重言すれば、滑稽本であるゆえか、一九作画『膝栗毛』挿絵では、敢えて事件のクライマックスを避ける傾向があったのである。

一方、合巻『絵本膝栗毛』では、一件のクライマックスを描き込むことに躊躇しなかったことから、ジャンルの特色も考究できた次第である。渓斎英泉は合巻『絵本膝栗毛』に描く際、先行する滑稽本『膝栗毛』の挿絵と広重の浮世絵から同時に想を得て、幾つかの丁に渡り振り分け、起承転結を描いていた。更に、同画題であっても、一九の原話挿絵に比して、広重浮世絵は人物の一瞬の動きを捉え、滑稽に、或いは誇張して描くところに狙いがあったということから、冊子と絵画というメディアの相違も考えることができた。

5.「日韓近世大衆小説様式の比較研究－江戸戯作と坊刻本小説を中心に－」5)

19世紀始めに行われる江戸戯作と坊刻本小説は、狭義の影響関係から離れて対照研究ができる。膨大な研究テーマであるので、先ず本稿ではパンそり系小説『春香伝』と後期洒落本の比較研究可能性について詳論した。両ジャンルが同時代の大衆・通俗・恋愛小説であるという点、人物設定と舞台背景が相似する点、国文短編小説として日本と韓国の文学史上における文体的位相が同一であるという点を確認した。

6.「『春香伝』と後期洒落本の喜劇構造の比較研究ー笑劇と漫談的形式を中心に」6)

本稿では『春香伝』と後期洒落本を中心に、『膝栗毛』と『興甫伝』をも参照しながら、「笑劇」と「漫談」の形成技法という側面で、日韓文学の滑稽表現の趣向について追究する。両者の同質性の根底は、先ず滑稽的な登場人物の類型が共通するところにある。後期洒落本では男女主人公の他に、〈滑稽人〉という人物像が登場する。この後期洒落本の〈滑稽人〉に相当する役割をする人物が、『春香伝』では李夢龍と卞使道といえる。笑劇とは、三馬洒落本に典型的に駆使されているように、大体人物の行動が主で会話が従の形態を以て騒ぎを起す演劇的性向の滑稽譚を称したい。漫談とは、『膝栗毛』に典型的に駆使されているように、人物達が調子に合わせてトントン拍子で茶化した会話を遣

---

5)「日韓近世大衆小説様式の比較研究－江戸戯作と坊刻本小説を中心に」『外国文学研究』27号, p.3～22, 韓国外国語大学校外国文化研究所, 2007年 8月.

6)「『春香伝』と後期洒落本における喜劇構造研究ー笑劇と漫談的形式を中心に」『日本語文学』34号, p.185～200, 韓国日本語文学会, 2007年 9月.

り取りする場合を想定したい。このように後期洒落本などに往々として使われる滑稽の手法を、『春香伝』よりも見出すことができる。具体的な例文を通じてその事実を確認し、特に、主客転倒の趣向、茶番劇の描写において、笑いを醸し出すために笑劇と漫談という形式を如何に効果的に取り込んでいるか、両者の類似性と異質性について考察した次第である。

7.「江戸後期戯作の作者演出方法について－『屈伸一九著』を軸として」[7)]

江戸戯作中には作者自らが登場する場合もあるが、一九はその頻度や程度が激しいことを考察した。享和二年刊 『屈伸一九著』 には全体的趣向として、作品の案じに苦しんで失敗を重ねる 「作者戯画化」の全ての要素が惜しみなく発揮される。主役として全丁に渡り似顔絵を見せ、彼の戯作者としての卑下慢の精神がよく表れた作品であった。翻字と脚注を付して補足とする。

もう少し詳言すると、本稿では 『屈伸一九著』 が十返舎一九の著作物の中でも、文学史的価値が高い作品であるにも関わらず、今まで翻字及び、綿密な分析さえ行われたことがないことに着目し、江戸後期戯作の 「作者演出の方法」を考究する橋掛りとして取り上げてみた次第である。

『屈伸一九著』の三年前に刊行した『十返舎戯作種本』で、一九はあたかも自分の失敗譚であるかのように自らを出演させることによって、戯作における創作の要素を表明した。それから、享和二年に一九は十三種の黄表紙を刊行、その中の九作に直接、或は間接的に出演するのである。それだけ作中で様々な自己演出を試みることになるが、その中

---

7)「江戸後期戯作の作者演出方法について一『屈伸一九著』を軸として」『日本学報』60号, p.267～284, 韓国日本学会, 2004年 8月.

でも殊に『十返舎戲作種本』の戲作者の樂屋内話を全体的趣向として引き継いだ作品が『屈伸一九著』である。『屈伸一九著』は創作の新趣向産出に苦しみながら失敗を重ねる一九自身の樂屋内的話である。即ち、自らを戲画化するのに全力を尽したような作品である。ストーリのしまいの型は黄表紙誕生以來、使われ続け陳腐化した「夢」をまたもや利用しているが、一九は更に「古い」を「物尽くし」技法を以て弄び戲文化する。古い趣向であればこそ良いものである、と逆説して見せることから、彼の戲作者たる創作思想を垣間見ることができる。

黄表紙の最大量産作家であった一九は、自らを道化役として失敗譚の中に登場させることに躊躇しなかった。戲作趣向の要素自体をテーマにして、その要素を悟るまでの愚行を告白したり、創作の苦しみを失敗と結び付けて吐き出したりする。戲作上のフィクションであることを、読者たちも十分承知の上、自分の容姿さえ笑いの対象とする一九の大衆小説家としての徹頭徹尾たるサービス精神が読者をして親近感を覚えさせたのであろう。ミハイル・バフチンが「我らを笑わせる全ては、身近にあるものであり、喜劇的創造性は最大限近接した領域で発揮されるものである。」と言ったように、一九の「作者演出法」こそ、一般読者をして心置き無く笑うことができるようにしてくれるという、優れた効用性を持つ手法であったのである。

8.「大衆文化としての〈忠臣蔵もの〉、その転用と趣向」[8]

忠臣蔵ものの転用を通して、その趣向の流れにおける特色をつかむことを本稿の目的とした。1701年の赤穂事件、1748年の『仮名手本忠臣蔵』、それから〈忠臣蔵もの〉ともいえる膨大な話型が様々なジャンル

8)「大衆文化としての忠臣蔵もの、その転用と趣向」『日語日文学研究』48号, p.115～133, 韓国日語日文學会, 2004年 2月.

において生まれた。これを可能にした背景として、大量出版時代としての江戸時代という文化的背景を見逃す手はない。だからこそ、戯作という小説散文類だけでなく、各種のメディアの中から忠臣蔵の世界は発見できるのである。その中から本稿では、浮世絵・絵双六・謎絵・黄表紙・滑稽本というマスメディアを取り上げたのみである。同時に、江戸のメディアの中心作家として創作世界を広げ、新しい創造に苦心していた山東京伝・十返舎一九を対照してみることによって、江戸という都市のものの感じ方や考え方(例えば、遊びの文化としての影絵、絵文字、文字絵という判じ物の大流行)が考察できた次第である。

9. 「合巻の笑いによる死の無化(草双紙『忠臣狸七役』に現れた死の戯画化)」[9)]

赤穂浪士四十七人の敵討の顛末を虚実交えて描いた悲劇物語が『仮名手本忠臣蔵』である。では、これに端を発する一群の江戸戯作は、どのように原作を捩って茶化そうとしたのであろうか。死へ至る過程を新たに創作したり、或いは、むしろ誰も死なないストーリーを創作することで原作とのギャップを楽しんだだろうことが想像されよう。本稿では特に後者の創作法に焦点を置くが、この場合は、悲劇の物語を喜劇の物語に転換しようとする発想が殊更強く働くことになる.。この系譜を受け継いだ作品として文政十一年に刊行された十返舎一九作合巻『忠臣狸七役』(歌川安秀画、全十丁) が挙げられる。

そもそも忠臣蔵もの黄表紙は、悲劇の『仮名手本忠臣蔵』をハッピーエンドにしたい大衆の熱望を籠めて出発するゆえ、大概塩冶判官

9) 「草双紙『忠臣狸七役』に現れた死の戯画化」(『日本学研究』26号, p.201~222, 檀国大学校日本研究所, 2009年 1月 15日), 「合巻の笑いによる死の無化」(『東アジアの生死観 : アジア文化原型叢書』p.523~554, 全南大学校アジア文化原型事業団, 2009年 2月 30日).

も義士達も死なない。本合巻 『忠臣狸七役』 においても同様に誰も死なない。塩冶判官・定九郎・与市兵衛・勘平・九太夫・本蔵・師直・四十七士の死は無化され、戯画化する。それは狸が原作の場を生かす為に気を利かせて、瞬発力ある行動を示すからである。死んだふりをして周りの人間を化かすのが狸の才能・任務なのである。詞章や事件を原ストーリーに基づいてパロディする、その故事付けより笑いを誘おうとした。且つ又、一九お手の物の下ネタが、殆ど毎丁に鏤められており、卑近な笑いを伴っていた。以上のように、江戸戯作最大の精神 「笑い」の精神が、「死」まで無化する為に物語に組み込んだ様々な作者の仕掛けを、本作における詞章や挿図に密着しながら読み解く作業を通して明らかにした次第である。

10.「江戸戯作の挿絵からみる一九のお多福趣向について」[10)]

山東京伝の黄表紙『江戸生艶気樺焼』(天明五年刊、自画作)以来の、艶二郎ものの系譜を踏んでいる文政三年刊合巻『色男大安売』(勝川春扇画)を取り上げながら、挿絵を軸に一九の笑いを読み解いてみた。そのキーワードになったのが「お多福」であるが、垂れ目で平べったい鼻に愛嬌たっぷりの表情は自然と読者の顔を綻ばせたことだろう。『色男大安売』 の他、一九作草双紙で彼女たちは、主役或いは端役として度々その愛くるしい顔を見せていたのである。もはや女の集団の中にお多福を一人混ぜて描くのは、一九の挿絵の特徴といえまいか。着飾っていようと裸同然でいようと、同じく笑顔であっても廻りの女性達と違って目尻は下がり、鼻は平べったく描写するのが一九作品の挿絵の共通項として見て取れる。川垢離、助六、打ち合い、お見合い、婚礼の場揃っ

---

10)「江戸戯作の挿絵からみる一九のお多福趣向について」『日本語文学』30号, p.169～184, 韓国日本語文学会, 2006年 9月.

て然り。このような多様な場面でのお多福の存在・設定は、庶民的な笑いを狙った作者一九の意図、イタズラだったと思ってよかろう。いわゆる艶二郎ものの系譜を踏んで創作された合巻 『色男大安売』 であるが、そのパロディ以前の原典を知らない読者も笑えるような、即物的な絵面を構築している幾つの図柄から、ベストセラー作家一九の原動力を探ってみたところである。

11.「十返舎一九の艶二郎もの草双紙」[11)]

典拠作との比較によって、大衆作者一九の真骨頂を確認する為には、構想・絵柄・話柄における転用の仕方を分析して行かなければならないが、紙幅の都合上、小考ではレトリックに類似点と特徴が見られることから、表現・文体面を中心に触れたい。合巻 『色男』 には、穿ちよりは主なレトリックとして、殆ど毎丁に登場する「下ネタ・無駄口(駄洒落)」の他、掛詞・地口・比喩・見立てが様々使われており、滑稽な図柄による可笑しさも際立つ。合巻『色男』(全二十五丁) では本文と書入の区別が判然としない場合が多い。つまり、本文の中に台詞が間接話法の形で沢山入り込み、登場人物達が発する会話の形で本文が進み、書入は省略されてしまう場面が多々あるのである。文章量の増加によって背景を描く余白まで奪われた感がある。本文台詞と書入台詞が併存する場面では、同じ内容が繰り返されたりして、作品全体の分量を多くする為に、わざと書入を付け足しているかのような印象さえ与える。この重複の傾向は事件から文辞レベルまで多彩である。

11)「十返舎一九の艶二郎もの草双紙」『江戸文学』35号, p.64~66, ぺりかん社, 2006年 11月.

12. 「艶二郎もののパロディーの趣向と転用－十返舎一九作合巻『色男大安賣』を通して」[12)]

十返舎一九の膨大な作品群に流れる根本精神の最たるものは、ジャンルを問わず「笑い」であり、そこに一九の個性・才能がある。その一つに文政三年刊合巻『色男大安売』が挙げられる。山東京伝の黄表紙『江戸生艶気樺焼』以来の、艶二郎もの草双紙の系譜を踏んで作製された本合巻を中心に、一九自らの更なる先行作黄表紙『通人寐言』をも考察範囲に入れつつ、艶二郎もののパロディーの転用と趣向の一端を垣間見る。典拠作との比較によって、大衆作家一九の腕の見せ所を確認するのが本稿の狙いである。

合巻『色男』では、原拠黄表紙の**〈構想〉**を悉く逆転させる手法を新たに披露する。つまり、主人公が前半は「美男」、後半は「無一文」であるがゆえに惹起する事件を描いて見せるのである。**1. 黄表紙『樺焼』から合巻『色男』へ**；話自体(話柄)はほぼ新しく創作しながら、**〈絵柄〉**のみを転用した例を拾うことができる。このような絵柄のパロディーは、主に艶二郎が零落れてから取られる笑いの方法として選択されていることが分かる。類似性が見られる**〈話柄〉**をも拾うことができるが、その改変・脚色甚だしい。このような話柄の振りは、艶二郎が零落れる以前から取られる笑いの方法であるといえよう。零落れるまで艶二郎は、モテモテの日本一の色男として原話を逆転させたがゆえに、原拠を逆手にとった改変が施されているのである。**2. 黄表紙『樺焼』・『通人寐言』から合巻『色男』へ**；合巻『色男』執筆において、先行する二作から一九が頂いている趣向としては、五つほど挙げられ

12) 「艶二郎もののパロディーの趣向と転用一十返舎一九作合巻『色男大安賣』を通して」『国語国文』77巻3号(883号), p.21～31, 京都大学文学部国語国文学研究室, 2008年 3月.

る。改変甚だしいが、その変遷を『樺焼』→『通人寐言』→『色男』というふうに辿ることができる。

合巻は基本的に笑いとは関係なく、伝奇的傾向が強いジャンルといわれる。しかし、以上のように構想・絵柄・話柄の面から論じることで、本合巻は滑稽が主要な要素・趣向として作品全体を覆っていることが確認できた。殊に、合巻ジャンルの主流であった物語性を全面に押し出し筋の面白さを追求する作品と、『色男』とは、性格が異なる点は注目すべき特色であろう。合巻『色男』の笑いを通して、大衆作家一九におけるジャンルの意味を垣間見た次第である。

■ 저자 약력

강지현

1991년 제주대 일문과 학사졸업 후 한국외국어대일본어과 석사 취득, 일본문부성국비유학생으로서 九州大学 국문학전공 석·박사학위를 취득하였다. 일본학술진흥회 특별연구원으로 東京大学 종합문화연구과 객원연구원으로 근무. 2000년 2월 여수대학교 부임 후 현재 전남대학교 국제학부 부교수로 재직 중이다. 일본 및 한국에서 30여 편 이상의 논문을 발표하였다.

근세일본의 대중문학

2009년 11월 10일 인쇄
2009년 11월 20일 발행

저자 강지현
발행 김윤수
발행처 전남대학교출판부

등록 1981. 5. 21. 제53호
500-757 광주광역시 북구 용봉로 77
TEL. (062) 530-0571~3
FAX. (062) 530-0579
http://altair.chonnam.ac.kr/~cnup

값 13,000원

ISBN 978-89-7598-766-3 (93830)

이 도서의 국립중앙도서관 출판시도서목록(CIP)은 e-CIP홈페이지 (http://www.nl.go.kr/cip.php)에서 이용하실 수 있습니다.
(CIP제어번호: CIP2009003547)